U0811248

移动互联网

O2O社群微营销

移动互联网销售业绩提升手册

张守辉 编著

電子工業出版社
Publishing House of Electronics Industry
北京•BEIJING

内 容 简 介

本书详细讲解了移动互联网 O2O 社群微营销的本质是什么，传统企业或者个人如何做移动互联网 O2O 的全网营销，如何通过 O2O 社群微营销获取客户资源，如何使用移动互联网及社群保持客户关系，通过内容创作和维护达到粉丝二次传播的目的；个人如何做个人互联网品牌塑造以提高转换率，如何自己运营社群通过粉丝获取行业资源或者自己加入其他社群获取销售线索。

本书适合那些在传统营销和传统渠道苦苦挣扎的大企业或中小微品牌，特别是具有利用全体员工参与的移动互联网特征，需要提高每位员工具体的移动互联网营销销售的技巧，从而提高销售额和服务水平的企业老板及销售人员阅读，是传统企业整合新媒体营销及网络全渠道运营管理的一本指导手册。

再次强调：本书力争提供的是移动互联网 O2O 社群微营销带来销售的具体操作技巧和方法，不过多讲解高大上的理论层面的内容。希望这些能成为本书的特色，给读者带来收益。

未经许可，不得以任何方式复制或抄袭本书之部分或全部内容。
版权所有，侵权必究。

图书在版编目（CIP）数据

移动互联网 O2O 社群微营销：移动互联网销售业绩提升手册 / 张守辉编著. —北京：电子工业出版社，2016.2

ISBN 978-7-121-27705-4

Ⅰ. ①移… Ⅱ. ①张… Ⅲ. ①网络营销 Ⅳ. ①F713.36

中国版本图书馆 CIP 数据核字（2015）第 285579 号

责任编辑：董　英
印　　刷：三河市双峰印刷装订有限公司
装　　订：三河市双峰印刷装订有限公司
出版发行：电子工业出版社
　　　　　北京市海淀区万寿路 173 信箱　　邮编：100036
开　　本：720×1000　1/16　印张：16.75　字数：322 千字
版　　次：2016 年 2 月第 1 版
印　　次：2016 年 2 月第 1 次印刷
印　　数：4000 册　定价：49.00 元

凡所购买电子工业出版社图书有缺损问题，请向购买书店调换。若书店售缺，请与本社发行部联系，联系及邮购电话：（010）88254888。

质量投诉请发邮件至 zlts@phei.com.cn，盗版侵权举报请发邮件至 dbqq@phei.com.cn。

服务热线：（010）88258888。

自　序

自 1998 年开始接触互联网，1999 年进入互联网邮件杂志行业从事电子邮件的运营和营销工作以来，特别是最近 10 几年进入高校当互联网营销老师并创立网络营销外包公司，一直想在网络营销的培训及传播上做些什么。4 年前 PC 互联网比较流行，有出版社曾经找我约过书稿，虽然自己有参与或单独创业运营过几个互联网平台，做过很多企业互联网营销外包案例的素材，但一直不敢轻易动笔，主要的原因是工作繁忙，没有时间静下心来思考，大量的素材很零碎，没有形成自己独立的知识体系，怕误导及影响了读者。

最近 1 年来，自己更多的时间转向企业的培训，公司也配备了几个专职的助理，这样不但有时间独立思考了，而且在一场场培训的过程中，慢慢把互联网特别是移动互联网 O2O 如何运营的知识体系完善了起来。在电子工业出版社董老师的推动下，在几个助理的帮助下，以我的几个课程体系（如线下连锁实体企业的 O2O 及全渠道营销、移动互联网和商业模式创新、移动互联网 O2O 微营销及销售人脉的提升）为基础，在半年不到的时间内，从选题到初稿、终稿、审核、出版全部完成。相信这本经过很多企业内训验证的书能帮助到大家，同时充实下移动互联网 O2O 实战执行的书籍市场。

为什么会选择移动互联网 O2O 这个话题呢？从市场的角度，最近请我去上课的 80%以上的企业，是需要这个方面的话题的；培训课程也是一个产品，从产品运营的角度，满足市场需求及客户需要是一切的前提。同时从现实社会发生的情况看，中国移动互联网的用户一直在增长，由于移动互联网的随身携带性、实时性、碎片化性，占用了网民越来越多的时间。用户在哪里，企业的市场营销或者网络营销就应该在哪里。

我们不得不研究移动互联网的特征及对网民的影响，以及企业能够使用的营销手段；随着伴随互联网长大并且更加以自我为中心的 85 后、90 后甚至 00 后走向消费的前台，他们更加偏重自我体验、关注感觉、重视朋友间的推荐，他们对互联网的使用已经随心所欲；移动互联网的特征，也使他们和品牌的接触成本越来越低。在这种状态下，企业特别是零售企业怎么通过移动互联网和这些群体建立关系及链接，满足他们的知情权和参与感最终达到良好的自我体验，让他们在自己的好友之中推荐我们帮助我们做口碑传播；大家使用的最多的微信里面的一些功能刚好满足了这些条件，如公众账户可以发布信息给粉丝并影响他们，粉丝的朋友圈可以帮助影响更多的意向客户，达到自媒体传播效果，微信的群（社群）可以在粉丝群体里面做更加深入的交流互动并传播。对于 B2B 企业，大客户销售需求比较多，销售人员如何做个人品牌，通过微信了解客户并和客户建立信任关系，如何在行业社群里面获取人际关系和销售线索信息。对于线下连锁实体企业如何做 O2O，连锁店每天有很多进店的意向人群，能否让这些人进入我们的移动互联网及微信系统里面（不只是公众账户），建立链接及关系，通过移动互联网（很多企业是朋友圈及社群）和他们保持沟通和链接，达到影响他们及能二次购买的目的。这些都是市场需求的并且也是被培训市场及我们的一些客户所验证的。同时对于大的连锁零售企业，除了这些具体的技巧外，他们如何通过复杂的 IT 系统和 O2O 结合，提供对客户更好的服务及统一管理，也是他们需要被满足的。另外从企业主的角度，移动互联网对商业模式有什么影响，我们整个企业的上层结构怎么变革来适应移动互联网，在书的最后我们也使用了一节进行讲解。以上这些内容是我们在培训里面都已经解决的，也是本书期望给大家展现的，希望我们能够做到，并且对大家有一些实实在在的帮助。

最后感谢我的助理王好，赵海莉，薛淑芳，电子工业出版社的董英老师及我的家人，她们在我的培训体系的形成中发挥了很大的作用，并且和我一起完成了这本书的写作和出版，很感谢大家。

前 言

随着市场竞争的加剧及一些新技术的出现，如移动互联网、O2O（线上线下结合）、LBS（基于位置服务）、自媒体、微营销、社群等更多地影响到消费者，以销售为主的传统企业，不得不使用更新的和互联网有关的营销手段，抓取新客户维护老客户。

如 B2C 零售企业通过 O2O 的方式整合各种资源，运营自己的移动互联网社群系统和老客户保持互动，同时引爆老客户做自媒体传播；B2B 企业的销售人员通过自媒体运营个人品牌，通过社群获取行业新客户信息；移动互联网和 LBS 的出现，使连锁实体企业的单店营销可以精准定位到自己周围的客户，并且移动互联网社群营销的成熟，使连锁实体企业可以通过移动互联网微营销及社群沉淀线下进店客户到线上（O2O），通过移动互联网的线上运营维护客户关系，达到使客户二次消费的目的。

本书力求全面讲解移动互联网 O2O 及基于移动互联网的微营销和社群营销运营知识。在介绍全面知识的同时，以中小微企业或者个人能够执行的移动互联网为目标，不追求高大上的商业模式转型，而是通过具体的技巧和手段达成企业或者个人销售的目的。如本书提供了很多基于中小微企业的实际的操作案例，具有很强的执行性；另外本书作者有自己的网络营销公司，并且活跃在市场培训的第一线，案例和方法已经接受了其他被培训的公司的考验，使用了大量的他在培训现场使用的培训图片及资料，也使这本书具有了更大的贴近市场和可以执行性，具有很好的阅读和学习价值。

书籍对象：

1. 线下连锁实体零售企业的老板及销售人员
2. B2B 企业的销售营销相关人员
3. B2C 企业的营销销售相关人员
4. 其他对移动互联网 O2O 社群微营销感兴趣人员

书籍价值体现：

1. 讲解现实的企业类型及对应的移动互联网 O2O 营销模式
2. 讲解最新的移动互联网 O2O 社群微营销运营思路
3. 讲解传统企业或者公司员工如何运营社群微营销
4. 讲解传统企业如何利用社群朋友圈完成销售
5. 讲解实施社群需要知道的传播学及营销等思维知识
6. 讲解最新的实体店电商、实体店移动互联网 O2O 运营思路
7. 讲解实体店电商 O2O 移动互联网转型如何整合资源及实施

目　录

第一篇
概念篇

第一讲：移动互联网、O2O、社群营销概念

本讲主要内容：

- 移动互联网及影响
- LBS 和 O2O 历史
- O2O 和企业类型
- 社群及社群营销
- 移动互联网和社群
- 移动互联网和个人销售
- 社群营销和个人销售
- O2O 社群营销和企业销售
- 大数据时代的企业及个人数据库
- 全网营销及全渠道营销
- 最新互联网营销理论
- 传统企业可以整合的闲置资源

1. 移动互联网及影响

要理解移动互联网的影响，我们先要知道什么是移动互联网。简单来说，移动互联网就是移动设备联网，我们可以用手机、PAD 等掌上设备，轻松走进

互联网的世界。在我国比较偏远的三线城市和乡村，移动互联介入的人群数量已经远超电脑联网的数量；在印度也是，很多地方电力供应成为稀缺品，人们无法使用 PC 等必须插电的设备联网，手机就成了人们联网的唯一渠道，手机的价格、操作简便性和普及程度成为移动互联网普及的关键因素。

移动互联网的出现，带来了网民数量的增加，对我们的生活产生了巨大的影响，从最流行的移动应用着手，我们都可以感受到这些影响。

- 移动支付：支付宝和微信支付已经渗透到各个行业，在面包店、超市、肯德基，我们都可以使用这些移动支付设备，移动支付已经和银联卡一样方便。
- 移动社交：微信的横空出世带给了我们不一样的朋友圈，你常联系或不常联系的朋友，都可以在微信中点个赞来个互动，社群也是移动社交的产物。
- 移动电商：2014 年的双 11，阿里、京东移动端交易额均超过 40%，各种购物 APP 如雨后春笋，躺着就能把东西买了，简单快捷的购物方式让移动电商开始腾飞，图 1-1 是 2011~2018 年中国网购交易额中 PC 端和移动端的占比（根据统计模型核算）。

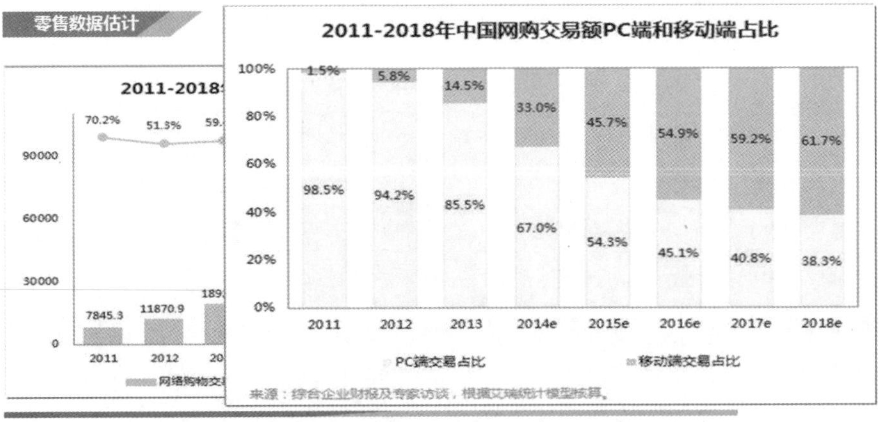

图 1-1　网购交易额中 PC 端和移动端的占比

- 手机游戏：随着全民打飞机游戏的流行，手机游戏进入我们的视野，再也不用考虑各种电脑配置、各种复杂装备，手游成了打发碎片时间的神器。

- O2O：移动互联不仅仅影响了普通网民，对企业的重大影响就是 O2O，手机让线上和线下变得更紧密，而 O2O 让企业与用户也变得更亲密。

2. LBS 和 O2O 历史

马云说过“不懂技术但敬畏技术”，移动互联影响企业和用户的两大技术是 LBS 和 O2O，我们可以不懂技术的具体实现，但要尊重技术带来的变革，并让企业顺应这种变革。

LBS 的全称是 Location Based Service，翻译为基于位置的服务。LBS 的概念虽然大家熟悉的时间不长，但其发展已经有相当长的一段历史。LBS 首先从美国发展起来，起源于以军事应用为目的所部署的全球定位系统（Global Positioning System，GPS），随后在测绘和车辆跟踪定位等领域开始应用。当 GPS 民用化以后，产生了以定位为核心功能的大量应用，直到 20 世纪 90 年代后期，LBS 及其所涉及的技术才得到广泛的重视和应用。

我国的 LBS 商业应用始于 2001 年中国移动首次开通的移动梦网品牌下的位置服务。2003 年，中国联通又推出了“定位之星”业务。用户在使用这项服务时，只要在手机上输入出发地和目的地，就可以查到开车路线；如果用语音导航，还能得到实时提示，该项业务还能够实现 5～50m 的连续、精确定位，用户可以在较快的速度下体验下载地图和导航类应用的复杂服务。

今天随着智能手机的普及，地图、微信等第三方软件，让 LBS 的应用平民化，个人可以通过地图方便地进行导航，企业可以通过授权过的微信获取客户的位置信息等。

从企业应用的角度，简单来说，可以将 LBS 理解为，到了某一个位置，附近的商家就能给你提供服务。

O2O 是 Online 到 Offline，就是线上到线下。将 LBS 和 O2O 两个技术连接在一起，就是在某个位置，商家可以提供线上到线下的服务。比如最早的维络城，是一个比较典型的基于服务的 O2O，我们到一个商场里，首先看到维络城，它是一台固定在商场某地的机器，我们可以在里面选择商场内所有店家提供的优惠券，然后直接在机器上把优惠券打印出来，去商家消费即可。这是最早的 O2O 形式，但有了手机，我们不再需要打印，不再需要商场里的这个机器。当我们拿着手机打开定位、打开微信地图软件、大众点评等，就可以通过 LBS 技术自动搜到附近的对应店家，同时也能看到他们提供的电子优惠券。所以，维络城消失了。

LBS、O2O 和最常用的微信就构成了我们常用的移动互联网场景，如图 1-2 所示。

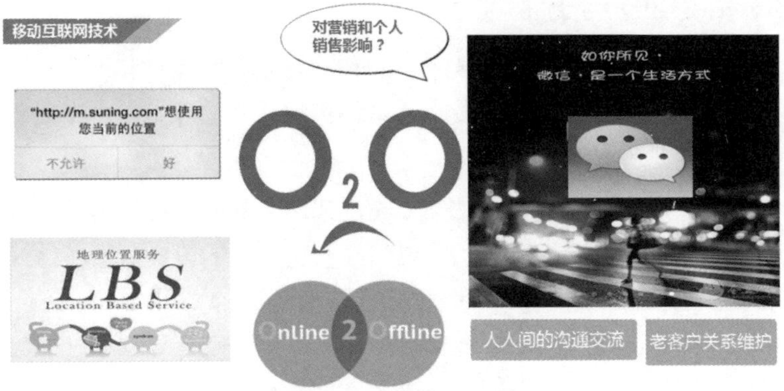

图 1-2 移动互联网技术

手机改变了我们的生活，当然也改变了很多企业的命运。

从个人角度来讲，依赖手机的 O2O 从衣、食、住、行这些我们生活中的每一个维度开始渗透，逐渐把我们包围，形成每天的生活场景，图 1-3 就是喜羊羊从起床开始的生活轨迹，几乎每一步都离不开 O2O。

从线下实体企业角度来讲，O2O 的优势就是结合移动互联网，除了线上为线下带来客户服务外，更有价值的是充分利用线下企业原有资源，和线上结合，利用线上移动互联网的优势，盘活线下资源，发挥更大的效率。

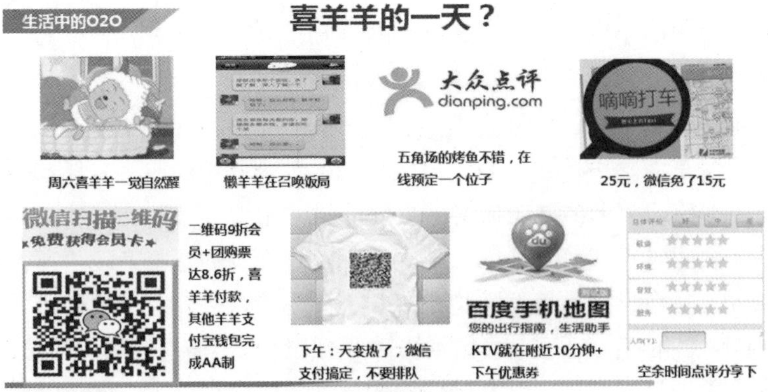

图 1-3 喜羊羊的一天

3. O2O和企业类型

O2O 出现后，由于它的特色是结合线下和线上，所以对不同的企业类型影响是不一样的。这里我们主要介绍 5 种类型，如图 1-4 所示。

图 1-4　使用 O2O 的企业类型

1）O2O 本地化服务的商业模式创新

第一种是影响最大的，我们叫 O2O 本地化服务的商业模式创新，是 O2O 出现后，产生的新的商业模式，也是 O2O 在商业中占比最大的一种模式。如线上打车服务，O2O 洗衣服务，京东、大众点评或者生活类网站的到家服务。

这种模式的核心是用户通过 APP、微信、网站下单，服务商直接就近上门服务，节约了用户的时间，同时服务商可以规模化地提供产品或者服务，提高了效率，优化了社会资源的配置。

2）渠道平台企业

第二种是以苏宁为首的渠道平台企业，他们本来具有线下的优势及强大的 IT 解决方案和能力，在 O2O 上不惜重金，建立线下和线上完全融合的系统，如会员管理系统、积分系统、会员消费行为系统、供应商商品管理系统，从而达到个性化满足和服务客户需求、线上和线下同价、网络订单就近派送、供应商实时监控库存量精准营销客户等。

平台通过大数据及 IT 等系统的运营，尽量地节约各种成本，提高效率，最终把效益反馈给供应商和客户，达到平台、供应商、客户三方共赢的目的。

3）具有线下店的单一品牌连锁企业

第三种类型是具有线下店的单一品牌连锁企业，这类企业相对比较关注产品生产质量和客户的服务工作，他们没有强大的支撑能力建立复杂的 O2O 系统，他们更多关注：

- 客户的购买习惯及促销。
- 网络订单如何就近派送。
- 如何让每天进店的客户进入企业的互联网，特别是移动互联网系统。

他们希望在移动互联网系统里面和客户互动，使客户在线上或者二次到店来购买，在这套移动互联网系统里面，如何建立 KPI、跟踪是哪个店或者哪个营业员的客户、通过 KPI 对营业员进行激励、做全民销售等，是效率能够最大化的关键。

4）没有线下店的企业

第四种类型是我们见到最多的没有线下店的企业，如 B2B 企业（自己是企业，服务的客户也是企业），对于它们来说，O2O 分为：

（1）正向 O2O（即线上到线下），也就是我可以在网络上做营销推广，客户在网络上获取企业的信息，给企业电话或者留言，销售和服务在线下完成；

（2）另外一种是线下到线上，但这类企业的线下场景很少，比如展会和行业会议等是他们的线下活动，在这个线下活动中，如何能够让意向客户或者行业人士进入企业的移动互联网系统，通过移动互联网互动，建立关系最终达成销售，是反向 O2O（线下到线上）的内容。

5）产品生产或者品牌企业

第五种类型是一些产品生产或者品牌企业，利用网络特别是移动互联网服务自己的客户，如联想、海尔，建立自己完备的微信 APP 服务系统，用户只要通过这些系统就能很好地获取各种服务，不但提高了自己的服务效率，同时提升了客户的满意度，这也是线上到线下的一种模式，即做服务。

4. 社群及社群营销

社群在广义上来说，是某一区域内的群体活动，移动互联网中的社群，则是一批特定的人群，他们有一致的行为规范、有持续的互动关系、有相同的群体意识。比如有人喜欢听高晓松的“晓说”，这些人组成了一个圈子，这个圈子内可以第一时间知道高晓松的最新发布，可以购买高晓松的图书，他们都喜欢听高晓松侃大山，经常一起交流、完善和拓展“晓说”的内容，这个圈子就是社群。社群就是给粉丝一个家，靠社交关系增加粉丝黏性。

社群营销则是一种商业行为，在这个圈子里面进行各种营销，促进交易转化。从概念上来说，社群营销就是基于相同或相似的兴趣爱好，通过某种载体（微信、微博、QQ 群）聚集人气，再通过产品或服务满足群体需求而产生的商业形态。

社群营销对企业最大的好处就是增加更多与用户直接交流的机会，增加用户对品牌的了解，而且能第一时间得到用户的反馈，及时调整产品的发布计划或性能特点等。

其实社群在过去就存在，比如党派、QQ 群，但这些都没有形成商业氛围，随着小米和罗辑思维的崛起，企业对于社群营销的关注也多了起来。那么企业究竟该如何玩转社群呢？先看图 1-5 给出的问题。

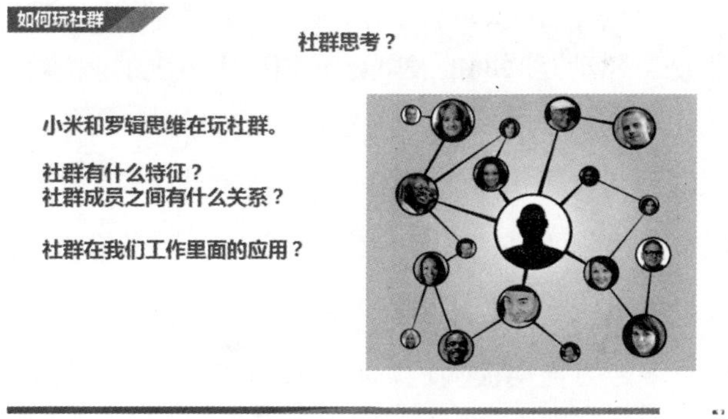

图 1-5　玩转社群要思考的问题

先来看小米手机，它坚持“为发烧而生”的设计，时尚好看而且高性能，自带 MIUI 界面，每周更新一次，几乎满足了用户对手机的所有需求。在小米社区中，有一群米粉，他们及时反馈小米手机的 Bug、设计缺陷或性能需求，每周的更新中可能就会增加这些需求。爆米花是小米官方组织的大型线下活动，自 2012 年至今，小米公司已在中国大陆地区举办过上百场爆米花活动，每场规模在 300～500 人，有抽奖、游戏、才艺、互动等多个环节，小米联合创始人也会到现场与米粉们一起互动。这是典型的社群线上线下联合互动。

再来看罗辑思维，它的理念是打造互联网知识社群，提出 “有种、有趣、有料” 的口号，倡导独立、理性的思考，通过 “在知识中寻找见识” 的价值观聚拢了一批人，这些人围拢在罗辑思维的公众号中，分享自己的知识和见解。有了社群后，罗辑思维开放第一批会员后，半天就入账 160 万，真可谓一呼百应。

小米和罗辑思维都通过社群的方式来进行商业活动，社群成员具有一些共同的特征，比如共同的爱好、价值观，成员之间是网状的平等关系。同时，社群成员首先是粉丝，其次是互动频繁，相互信任。一旦企业的用户组成社群，企业就获得了用户的信任，也获得了用户使用产品的第一手资料。我们做销售，第一步要做的就是建立与用户的信任关系，而社群搭建了这一促进信任的桥梁。

5. 移动互联网和社群

社群营销并不是移动互联网的产物，但移动互联网让社交、群体互动变得更快捷，成本更低，所以社群的发展离不开移动互联网。

在早期的互联网中，BBS 是社群的早期体现，有共同爱好又互相不认识的人都活跃在 BSS 上，然后是 QQ 群，只要我们上网就能参与群讨论，再后来智能手机的发展带动了移动互联网的发展，我们用手机上的微信群也可以随时随地参与到群讨论中，比以前更便捷。

目前移动互联网的社群主要表现为如下 3 种形式。

- 公众账号：企业使用较多，一对多的关系，不适宜点对点沟通。
- 微信群：成员相互平等，但不可控别人说的舆情。
- 个人朋友圈：方便交流沟通，既可以直接也可以间接地影响自己的好友粉丝。

6. 移动互联网和个人销售

移动互联网对个人销售的影响更加密切，首先来看具体的实现步骤（图 1-6）。

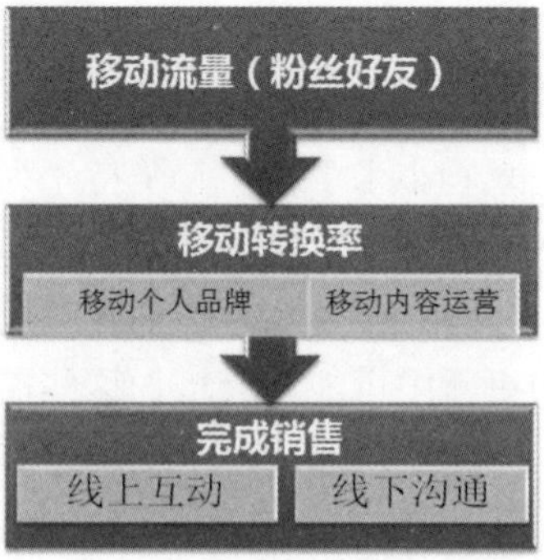

图 1-6　移动互联网时代个人销售步骤

（1）移动互联网建立了很强的人与人之间的连接，我们通过添加好友的方式来获取移动流量。通过 QQ、微信建立粉丝关系，加强相互之间的影响力。

（2）每个人在移动互联网上都会给别人留下印象，我们通过打造个人品牌和运营自己的微信内容来让客户产生信任，毕竟销售要先建立信任，才便于达成成交。

（3）如果是微店或纯粹的在线商店，我们通过微信等在线方式就可以完成销售；如果是必须线下完成的客户，如 B2B 企业，可以先在线上互动沟通建立信任感，线下见面及沟通以达成最终的销售目的。

第（1）步中移动流量的获取是比较难的，特别是有效的及有意向的粉丝或者好友，获取流量后，最重要的是方便沟通及建立信任关系，在如图 1-7 所示的工具中，可以说明各种工具建立信任的难易程度。

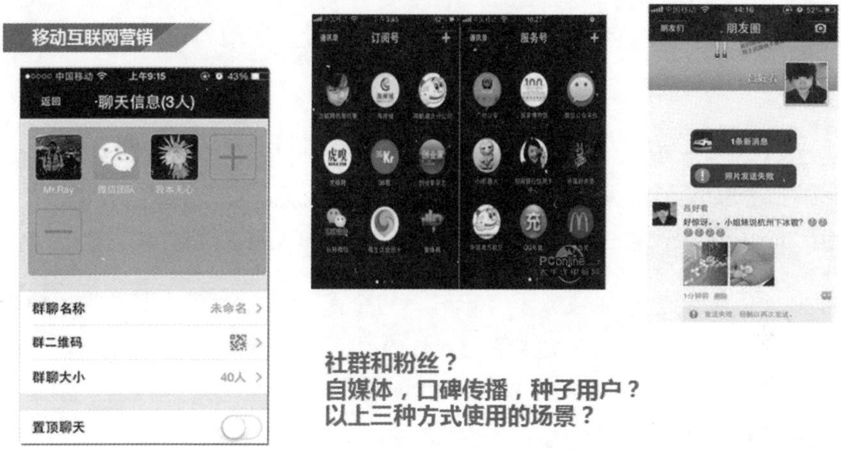

图 1–7　获取移动流量的三种方式

第一种是社群，第二种是粉丝，第三种是自媒体。从销售的角度看，第三种和人的关系更加密切，影响度更高，在可能的情况下，从销售的角度一定是想办法把客户拉到朋友圈。

7. 社群营销和个人销售

前面讲解社群营销时提到了罗辑思维和小米手机，但这都是企业的行为，如果是个人销售，如何利用社群营销呢？

（1）可以通过社群获取粉丝，粉丝是移动互联网的流量，有了流量才能达成销售。

（2）可以自己建立并运营社群，这个更加容易获取粉丝，毕竟你是群主，但运营社群需要花很多时间，有一套机制，我们后面章节再详叙。

（3）可以加入别人的社群获取流量。这是最简便的方式，但不能以进去直接插播广告的方式来获取粉丝，可以先混个脸熟，继而和大家打成一片，然后……

8. O2O 社群营销和企业销售

前面提到小米社群时，提到了小米的线上社区和线下爆米花活动，这种线上线下的配合，能更好地运营社群。

- 通过线上社区更有效率地招募会员参加线下活动。
- 通过线下的活动可以给社群增加成员。
- 通过线下活动又可以增加社群成员的黏性和对品牌的认可。
- 线上认识了，线下再拜访更加容易达成销售。
- 线下活动提供了很好的营销素材，扩大了品牌的知名度。

B2B 企业的销售更加依赖于客户对销售个人的信任，而社群提供了信任和熟悉的手段，让营销具有了更大的可操作性和可实施性。

9. 大数据时代的企业及个人数据库

百度人气地图（http://qianxi.baidu.com/）把大数据进行了更直观的表达，我们每个人都有自己的数据，每个人又是数据的一部分，图 1-8 是百度给出的迁徙数据，这些数据中可能有你、有我，我们从四面八方而来，汇聚到一个地点。

百度迁徙图，用大数据的方式展示我们从哪里来，到哪里去，大家可能会问，百度的大数据跟我们有什么关系呢？

实际这张图可以给我们一些提示：在数据时代，我及企业的数据库是什么？我们都知道，数据已经融入到我们的生活，我们在移动互联网时代的每个操作，都是有数据可循的。对于企业来讲，这个数据可以为我们带来价值。对于个人来讲，最大的数据库是微信 QQ、是微信 QQ 的好友或者粉丝，无论你是企业主、销售人员或者其他的职业经理人，这个数据库对于你的业绩或者职业生涯发展，都有很大的作用。那么对企业来讲呢？既然用户的最大数据库是微信QQ，企业是否能更好地利用微信QQ呢？这也是我们全书都在讨论的问题，读者在这里可以给自己几个答案，然后学完本书，再看看这些答案是否正确。

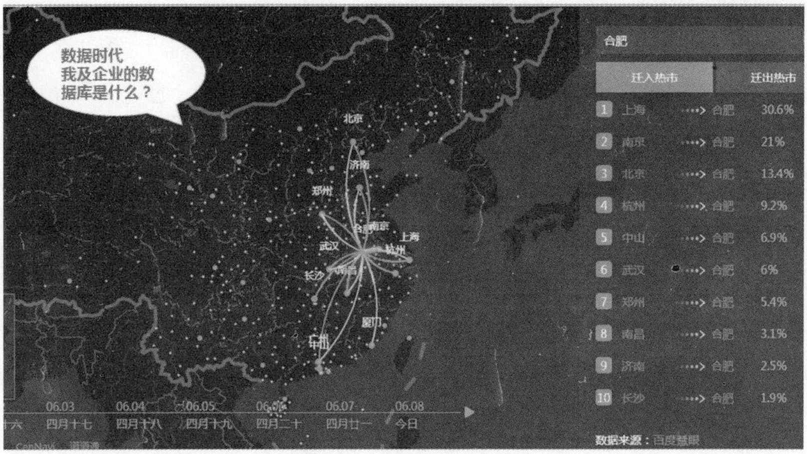

图 1-8　迁徙大数据

10. 全网营销及全渠道营销

全网营销一般指企业完成品牌推广或者获取客户信息，但销售不在网络上完成，如B2B企业基本都属于这种类型。常见的有搜索营销、软文营销、微信、微博、百度知道、事件营销等。图1-9展示了全网营销所包含的三大块内容。

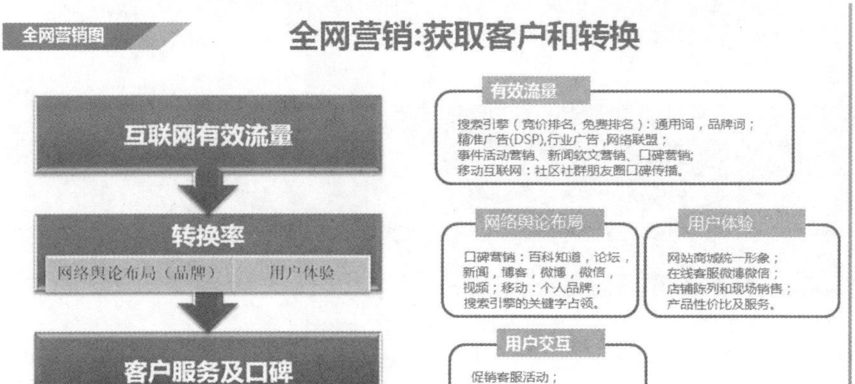

图 1-9　全网营销

- 获取互联网有效流量：利用搜索引擎和各种营销手段。
- 提高转换率：通过网络舆论布局和提高用户体验。
- 客户服务和口碑：通过与用户的交互来完善。

全渠道营销是指在网络上完成销售的，一般是 B2C 企业，在网络上如天猫店、京东、苏宁、微店等。尤其是随着移动互联网的发展，通过社群带来销售，促进了依托朋友信任关系的微店的发展，它们统称为微商。

11. 最新互联网营销理论

传统的营销理论从 4P 到 4C 再到 SIVA，它们各自的组成如图 1-10 所示。

4P 是从企业自己角度来考虑的问题，包括产品、价格、渠道、促销，我们要生产什么样的产品，要进行合理的定价，然后通过什么渠道销售到客户手中，又通过什么方式来进行促销；4C 是从客户角度来考虑的问题，包括客户、成本、便利、沟通，比如客户是什么样的人，他用多少钱来购买我们的产品，如何让他更方便地获取产品，获取产品后如何更好地与他沟通。

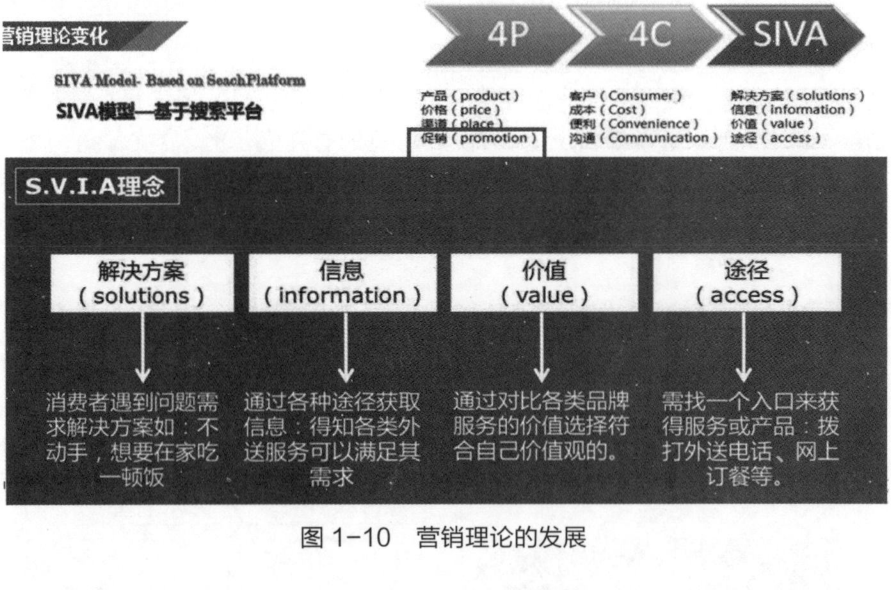

图 1-10　营销理论的发展

4C 的理论已经可以用到互联网时代，比如用户如何更便利地获取产品，原来我们是通过超市，现在可以通过淘宝、天猫；比如如何水用户更好地沟通，以前是产品说明书，现在是淘宝的各种好的评论还有淘宝旺旺的在线客服。

随着互联网的普及，又出现了 SIVA 理论，它是站在全局的角度去思考。我们以一个客户想要吃一顿饭为例来详细地解释 SIVA。

（1）如果用户今天想在家里吃一顿饭，我们需要提供一个什么样的解决方案？——外卖。

（2）用户如何获取我们提供的解决方案，一是网络搜索，二是专业的外卖平台。我们就要考虑如何把信息传递给用户。

（3）外卖公司那么多，用户要进行价值选择，我们就要进行差异化定位，给用户最好的选择，当然我们没法满足所有用户，所以我们的定位要明确，比如只提供中餐简餐。

（4）用户通过什么途径获取到我们的产品或服务，如何方便用户，我们要熟悉各种互联网工具，如微信、APP。

随着移动互联网的快速发展，营销理论也发生了变化，有了新 4C 营销，就是我们在适合的场景（Context）下，针对特定的社群（Community），通过有传播力的内容 （Community）或话题，随着社群网络结构进行人与人连接，快速地扩散与传播 （Connections），从而获得有效的传播及价值，如图 1-11 所示。

图 1-11 移动互联网新 4C 营销

12. 传统企业可以整合的闲置资源

很多人认为传统企业不再有优势，而随着阿里巴巴以 283 亿元人民币入股苏宁，又让传统企业看到了希望，不管是互联网还是移动互联网，它们都需要依靠传统企业的很多资源，比如门店、仓储、物流。从营销、客户管理的角度，传统企业如何更快地拥抱移动互联网呢？

- 线下店：凡是进店人员，想办法让其进入社群或关注公众账号。
- 展会：凡是参加人员，也扫描二维码进入。
- 会员系统：给会员发邮件或短信通知企业新的公众账号。
- 员工：把客户拉进自己的朋友圈，促进信任，提升转换率。

把这些资源盘活，才能提高传统企业的工作效率，更好地迎接移动互联时代的变革。

第二讲：移动互联网特征和用户行为变化

本讲主要内容：

1. PC 互联网到移动互联网到 O2O 背后的逻辑及启发
2. PC 互联网和移动互联网用户特征变化
3. 去中心化去中介化对营销及市场的影响
4. 什么是用户参与经济及参与方式
5. 移动互联网成就了 O2O 及社群、粉丝、用户参与经济
6. 移动互联网粉丝经济要求我们怎么转变销售思路
7. 80 后、90 后网络行为及消费习惯变化启发
8. 新新人类二次元现象及营销分析
9. 移动社交整合是移动互联网时代最相关的特质

1. PC 互联网到移动互联网到 O2O 背后的逻辑及启发

PC 互联网时代，网民基本上全部用 PC 上网，诞生了一批互联网公司，如百度、搜狐、新浪、网易、淘宝。随着互联网的发展，从公司价值来看，以前百度的市值最高，后来到阿里巴巴，再后来到腾讯，这也反映了互联网被移动互联网代替的过程。中间万达市值上升为最高，联合百度、腾讯开始做 O2O，并持续发力，反映了单纯的互联网红利逐渐消失，线上和线下结合成为趋势。

现在我们需要关心什么呢？

线上的网络红利基本结束，以前大家更接受网络购买，对于企业 ROI 很高，随着网民购买度成熟线上变成红海，企业只能寻找别的资源，如线下流量，急待把线下的流量转移到线上。如顺丰的嘿客、万达的非凡电商，都是围绕这种转移诞生的产品：

- 嘿客：顺丰旗下网购服务社区店，通过整合渠道资源，为顾客提供更灵活、更便捷、更智能化的线下社区服务体验。其优势是客户到店体验实物商品，并通过二维码扫描、门店 PAD 等多种形式下单。不在家上网，也能享受精彩网购！
- 非凡电商：非凡电商的源起是“未来线下购物将与线上融合”，是由万达、腾讯、百度联合推出的购物新模式，网民戏称“腾百万”，现在慢慢发展转型成万汇网。

提示：ROI——Return On Investment，投资回报率，是指通过投资而应返回的价值，即企业从一项投资活动中得到的经济回报。

嘿客目前已经势微，而非凡电商正在崛起（图 1-12），2015 年 8 月，非凡电商正式上线，北京通州万达广场成为第一家签约购物中心，8 月初，飞凡电商联合通州万达广场举办了“别猫家，出来嗨”主题购物狂欢活动，成为上线后的首秀。三天活动期间，通州万达广场客流量累计达到近 45 万人次，Wi-Fi 访问量 22 万，飞凡 APP 下载量近 9 万，飞凡 APP 累计实现交易达 4.89 万笔，售出近 6 万件商品，并有超过 2 万人使用飞凡 APP 的排队、找店、停车、电影等功能。这是一个非常典型的 O2O 模式，融合了线上线下又贯穿了人们的吃、喝、玩、乐和衣、食、住、行。

图 1-12　非凡电商

2013 年底，在飞凡网的基础上，围绕大会员、大积分、大数据上线万汇网，围绕线下和线上结合，深耕会员消费等大数据，显示了在移动互联网的影响下，O2O 的魅力。

2. PC 互联网和移动互联网用户特征变化

移动互联网用户在 2012 年就超越了 PC 互联网用户，随着移动互联网用户的增多，用户特征也发生了很大的变化，这里我们分两方面介绍：

- 从个人角度来说，动作更加实时，行为更加碎片，用手机可以随时随地微博、微信、购物、QQ、陌陌。
- 从企业角度来说，移动互联网发展带给企业的是去中心化和去中介化。
    - 去中心化：体现社会平等基本原则，人人都可以成为信息或产品的发布渠道，比如报纸，以前是由媒体人撰稿在媒体上统一发布，而现在人人都是媒体，即自媒体时代来临，人人都是新闻发布者，发布渠道多、更实时。从企业内部来说，组织结构的扁平也是去中心化的一种形式，这样用户信息能及时反馈、销售情况能及时沟通，品牌能直面客户。
    - 去中介化：原来公司的运营，产品生产好后，大量的招募渠道，就可以完成产品的销售和品牌的建立；而今天电商的发展，渠道开始萎缩，电商把价格压得很低，渠道生存空间越来越少；品牌直接面对最终客户的时代已经来临了。

3. 去中心化、去中介化对营销及市场的影响

在一个去中心化、去中介化的移动互联时代，企业要如何面对营销和市场的变化？去中心化、去中介化能让企业去掉库存、去掉渠道费用、去掉营销费用，如图 1-13 所示。

- 去掉库存：根据订单来生产，小米已经做到了这一点，海尔也在努力靠近，先预售，根据销量再生产，生产完统一到仓库，然后第 2 天就快递给用户。
- 去掉渠道费用：不再有中间商，在自己的网站或天猫旗舰店就可以直接销售，价格更低。

- 去掉营销费用：这是最关键的，利用网络，利用社群，利用产品与客户之间的链接，让零营销费用的销售成为可能。

去中心化、去中介化后，品牌和销售能直接面向客户，所以最关键的就是打通和客户之间的链接，社群理论的兴起和实现，就要求品牌必须建立自己的粉丝系统，建立自己的自媒体营销系统及功能。还是以小米为例，通常企业的库存费会是销售价格的10%左右，企业的广告费会是销售价格的10%～17%，而在小米这里，这一切几乎全部做到了——零。当然还配合其他的节约办法，如电商直销、单品研发，小米的全部成本降低到原来的一半以下，最后在市场上的价格也低得让大家吃惊。

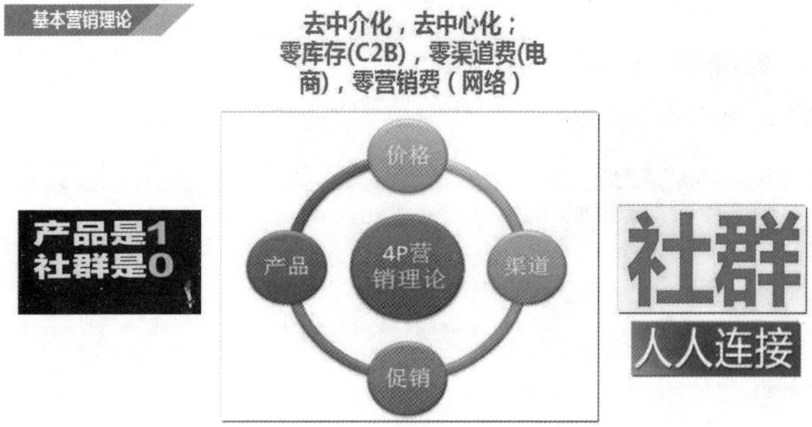

图 1–13　移动互联网 4P 理论新解

4. 什么是用户参与经济及参与方式

用户参与的程度决定了营销和销售的难易，甚至决定了公司产品的存亡。

以前，用户参与的历史：

- 参与售后（企业的 400 电话，属于这种）。
- 参与售中（各种线下促销，比如商场里每个柜台前面的促销员）。

现在，用户还参与到营销和产品设计中来。我们把商业的发展简化为前期、中期和后期。

1）在商业前期，用户可以参与：

- 产品开发。
- 营销推广。

小米通过选择 MIUI 操作系统，让用户很容易参与，用户使用该系统，提出来问题，工程师进行改进，参与了产品的设计和测试。图 1-14 是我们常见的网络调研，就是用户参与产品设计，这是一个会员制服务产品，其中的一项调研是会员费用，如果大家都选 800，那最后的产品定价肯定不可能是 3000。

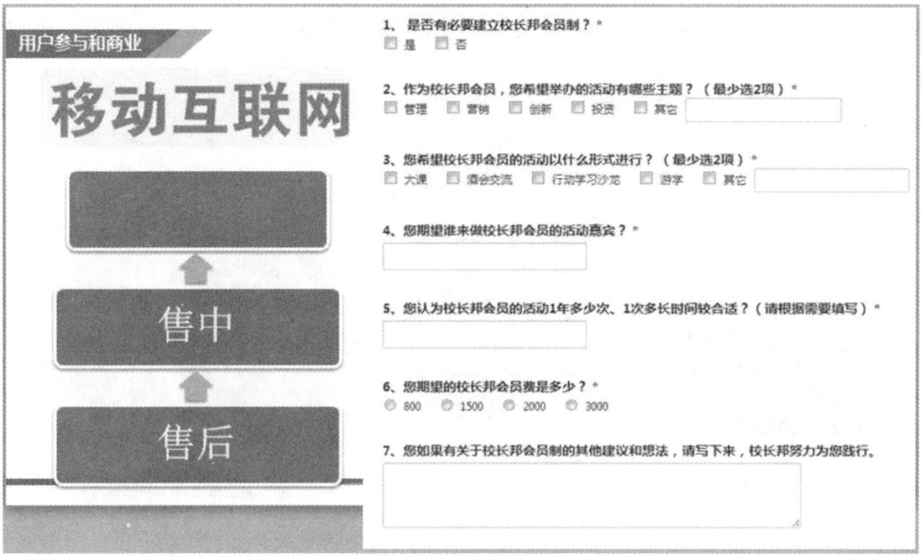

图 1-14　用户参与设计调研

这一阶段让用户参与进来是最难的，但参与却可以把营销成本降到最少，同时产品的市场接受度也最高，用户参与传播的成本降到最低，参与传播欲望越高，这一点小米手机做到了。

2）在商业中期，用户可以参与：

- 售中。

这一阶段用户一直在参与，不过移动互联网时代的参与不同，可能是朋友圈的参与、社区的参与、社群的参与等各种方式。比如我们在朋友圈转发一条产品的广告，或者说几句产品使用后的吐槽，甚至在大众点评里给某个酒店写评价，这都是参与售中的形式。

3）在商业后期，用户可以参与：

- 售后服务。
- 客户关系维护。

这一阶段用户参与是最容易、最常规的，尤其是客户关系维护，服务得好，口碑就好，用户就会一传十、十传百，起到裂变式营销效果，而且还不花一分钱，海底捞就是一个口碑传播的例子。

用户可以参与到商业发展中，但是以什么样的形式参与呢？或者说，品牌要以什么样的形式发展用户？答案是“社群”，特别是移动互联网的使用使参与成本大大降低，社群能让用户更好地参与到商业发展的各个环节中，这里我们以大朴为例，简单介绍下。

大朴网致力于打造贴身纺织品安全专家形象，从事无甲醛棉品生产销售，也是一个使用社群系统让用户参与到产品选择和开店中来的典型案例。移动互联网社交网络时代，品牌的建立与发展取决于粉丝，大朴建立了以自己的核心用户为粉丝的社群体系，产品发布前征求粉丝建议，也在社群里面聆听粉丝对产品的讨论，图 1-15 是大朴的粉丝参与管理，包括粉丝参与产品设计、粉丝参与产品推广、粉丝自己开店卖商品。

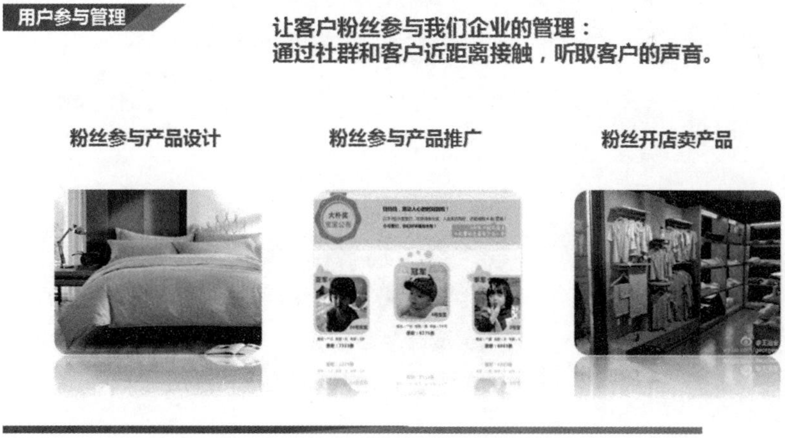

图 1-15　大朴的粉丝参与管理

5. 移动互联网成就了 O2O 及社群、粉丝、用户参与经济

正是移动互联网的便利、对碎片化时间的占有、对人的控制加强，让 O2O

及社群、粉丝、用户参与经济成为可能。

- 移动互联网的便利：4G 的发展，手机、PAD 等手持设备的井喷、智能机的低价、Wi-Fi 的建设，让我们可以随时随地随心所欲地上网。企业可以设计好的 APP 供用户使用，也可以加入各种微店平台，充分进行线下线上的整合。
- 对碎片化时间的占有：微信、微博、陌陌、QQ、手游等工具让我们的时间变得碎片化，如何更好地利用这些碎片时间，朋友圈、好玩的游戏活动等是不错的选择。
- 对人的控制加强：实时通过手机提醒用户使用，更新的提醒、好久不用的提醒、第一手消息的推送，还有各种通知，企业可以通过这些提醒，与用户紧密连接。

6. 移动互联网粉丝经济要求我们怎么转变销售思路

PC 互联网和移动互联网获取用户的方式有什么区别？我们一起来看图 1-16 中两种商业模式的对比。

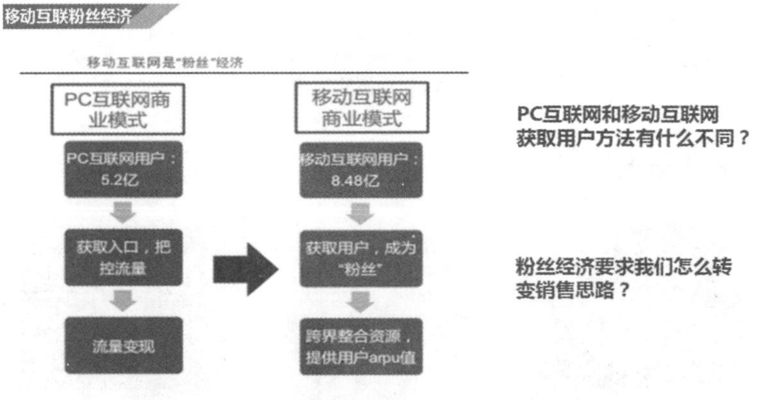

图 1-16　PC 互联网和移动互联网的模式对比

PC 互联网主要是通过搜索的方式获取流量，比如百度和淘宝都是搜索系统，这种方式的好处是：系统比较开放，用户比较容易找到（通过搜索就能直接进来），获取用户成本较低。但坏处是：客户的黏度很低，购买过一次后，客户就失去联系，黏性很差。移动互联网是相对封闭的系统，比如要加入微信的群，需要邀请才能加入，但封闭也有好处，就是进来后就不容易离开，黏性很强，除非是别人常打扰你，不然你不会轻易删除自己的好友的。移动互联网改变了人和人、人和公司、人和社会的关系，尤其是人和公司之间，可能由以前的无关系，变成弱关系，甚至变成了强关系。

有一句话说得很好：PC 时代我们获取的是用户，而移动互联网时代，我们获取的是粉丝，所以说，移动互联网时代是粉丝经济。

PC 互联网的商业模式通过入口级产品获取用户，把控网络流量，最后通过流量变现来获取赢利。移动互联网的商业模式通过极致的产品和服务来获取用户，把用户变成自己的“粉丝”，通过提高用户体验提高满意度及忠诚度，然后通过跨界整合资源，满足客户更多的需求，最终提高用户的 ARPU 值。这是企业特别是 B2C 企业要把控的大方向（站在风口上猪也能飞起来），企业要学会自组织、产品和社群这种有机整体来开拓市场的思维方式。

说明：ARPU（ARPU-AverageRevenuePerUser）即每用户平均收入。目前是衡量互联网公司业务收入的指标，ARPU 注重的是一个时间段内企业从每个用户所得到的收入。高端的用户越多（或者说客单价越高），ARPU 越高。

不管是获取流量还是获取用户，一切都取决于入口。PC 互联网的流量入口是百度、导航网站、浏览器、PC 桌面、应用软件（杀毒软件、输入法）等，最早我们的思维方式就是占领这些流量入口。而移动互联网时代的流量入口是手机桌面、APP、手机浏览器、微信，那么我们接下来要做的，就是占领这些入口，找到自己的粉丝。但移动互联网获取用户难度很大、很复杂，这就需要我们转换思路。

（1）尽量好地服务客户，满足他们更多的需求，比如苏宁现在的全品类就是这个考虑。

（2）另外一个方面要求我们很好地利用每个人的粉丝，他们可以帮助我们转发，企业尽量学会产生内容，利用粉丝的自媒体，帮助我们转发，达到更好地利用用户的目的。

7. 80 后、90 后网络行为及消费习惯变化的启发

80 后、90 后是伴随互联网长大的一代，互联网特别是移动互联网已经嵌入他们的生活和生命，他们被称为网络的原住民。图 1-17 是 80 后、90 后的上网

习惯，从图中可以看出，1999 年时他们常用的是 Google 和腾讯，2005 年时赶集、乐视开始流行，而 2012 年天猫、微信成为主流。

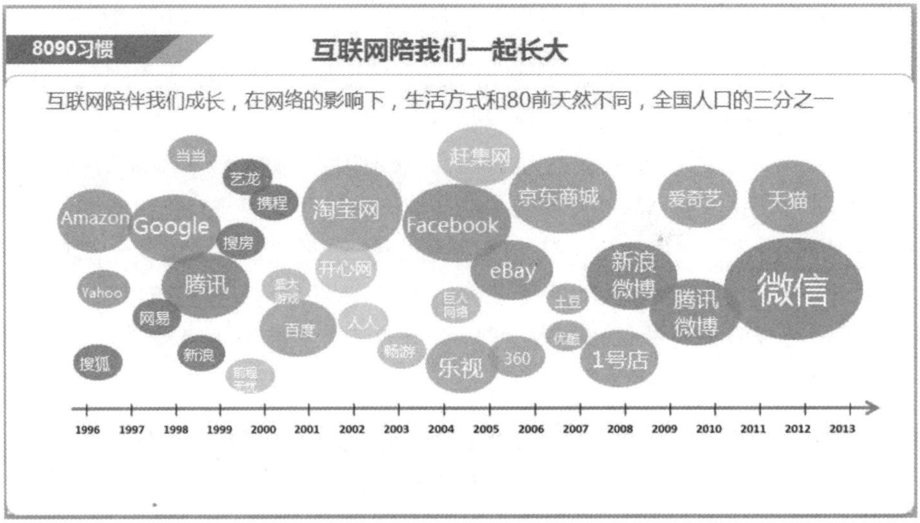

图 1-17　80 后、90 后的上网习惯

图 1-18 是对 90 后消费者的调研，虽然他们留给人们的印象是大手大脚，但从调查结果来看，他们的消费理性而且务实，相信朋友，对传统广告无感。了解他们，我们才能更好地做好产品、做好营销。

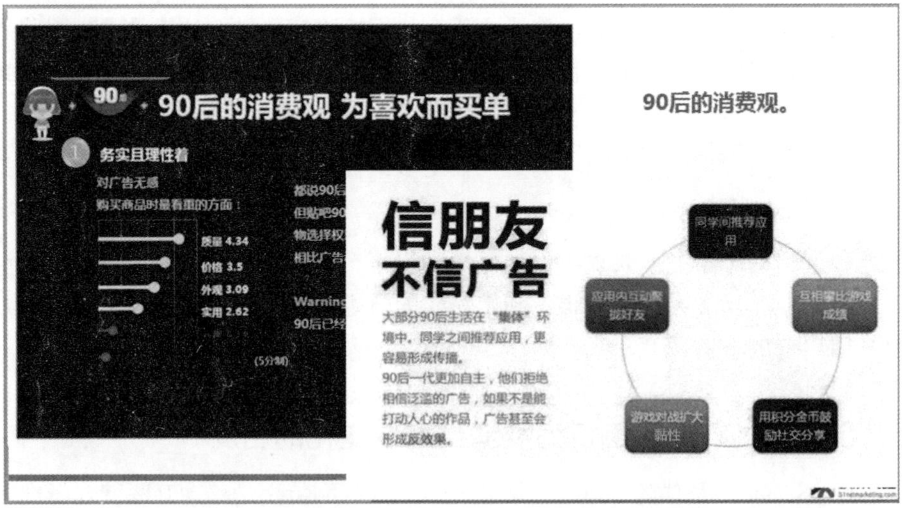

图 1-18　90 后的消费观

1）做好产品

理性务实的消费观念说明产品的价格、品质会影响到他们。如果产品和营销是 1 和 0 的关系，那这个 1 做好了，后面多几个零则是事半功倍，如果 1 没做好，那有再多的 0 又有什么关系。

2）做好营销

对传统广告无感，也就是报纸、电视、各种杂志上的广告对他们的影响很小，这就要求我们得尽量地利用移动互联网、利用自媒体，利用他们的朋友圈做营销，首先要接触到他们的生活领域，然后才能接触到他们，再然后才可以建立与他们的链接，继而让他们相信品牌，相信产品，最后他们会互相传播，带动更多的人来关注品牌、关注企业、关注新产品，产生一个营销闭环。

图 1-19 是 90 后的消费特点，他们熟悉品牌，热爱时尚，乐于接受新事物，对半价电影优惠券感兴趣，熟悉这些消费特点，能够帮助我们更了解这些主力消费群体。比如 4P 里面最后一条就是促销，针对他们对优惠券感兴趣这一特点，我们就可以在移动互联网发起一些有针对性的促销活动和传播活动。

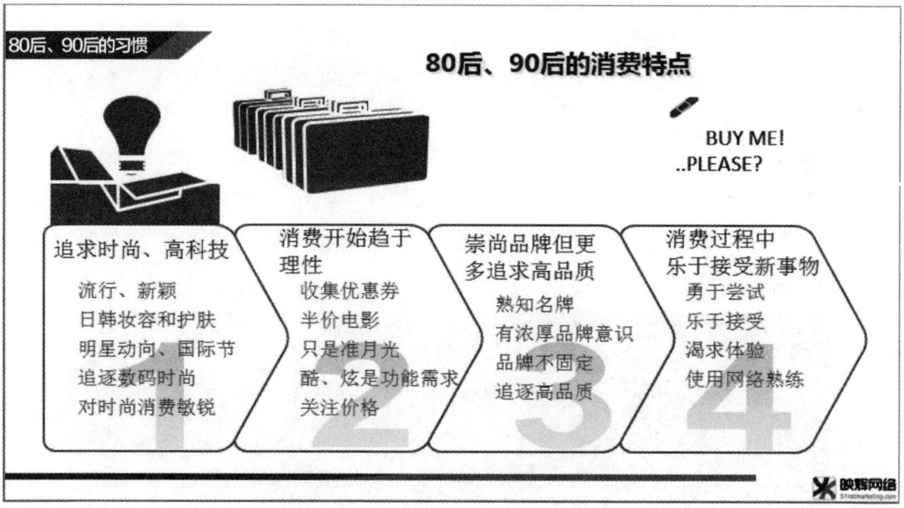

图 1-19　90 后的消费特点

8. 新新人类二次元现象及营销分析

针对 80 后、90 后，还有一个流行的词语：二次元。提到这个词你可能想到的是漫画、COSPLAY、二次元美少女，如果你能想到这些，说明你理解有这么一群人，他们年轻有朝气、有自己喜欢的漫画人物、有自己的社交网络，我们管他们叫新新人类。

图 1-20 是对二次元想象的一个调研，他们常看的终端，包括电视、电影、电脑、手机，他们关注的主要内容，包括动画片、漫画、游戏和轻小说，围绕二次元现象的衍生内容包括动漫周边、声优、COSPLAY。

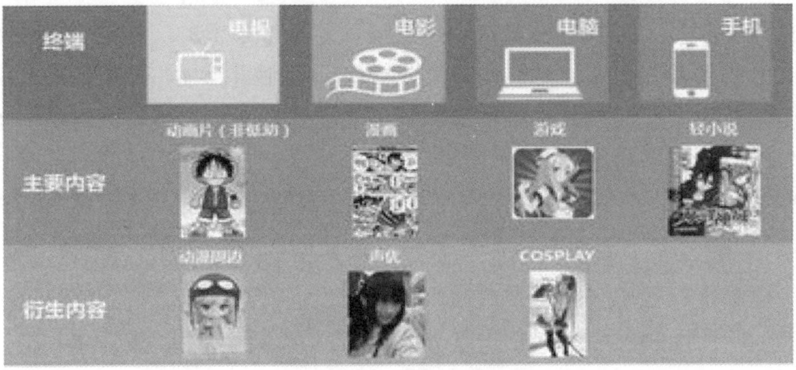

图 1-20　二次元现象

如果你懂二次元，你就会发现更多的二次元现象，也更容易学会针对二次元的营销。他们封闭自己的圈子，对兴趣点极度关注，所以产品的卡通画、社群活动营销刚好满足了这两点，移动互联网使这种需求实施和传播起来更加现实。比如电影“小时代 3”就利用了弹幕营销，老年人看弹幕觉得很乱，而二次元们最喜欢的却是这点（如图 1-21 所示）；再比如游戏的推广，就离不开各种真人 COSPLAY，那电影是否也可以这样推广呢？当然可以。

图 1-21　弹幕营销

新新人类是未来的消费主题，做企业运营的一定要关注他们，他们黏性更强、互动更多，也能带来更多的粉丝，更关键的是，他们会花更多的钱在他们深爱的动漫或游戏中。

提示： 从物理角度来讲，一次元是指一个点的世界，可以比作一条直线，线性空间。二次元是指平面的世界，主要指动画(Animation)、漫画（Comic）、游戏（Game）、轻小说（Novel）构成的平面的世界。三次元是指我们所生活的现实世界，由现实世界的人物、事物所诞生的图像、影响作品，如真人版电影与电视剧、真人照片等，属于三次元。

说明： 弹幕是大量以字幕形式显示的评论同时出现的现象，如在电影播放的同时，手机用户可以实时发布评论并显示在电影屏幕上。

9. 移动社交整合是移动互联网时代最相关的特质

互联网发展的过程是 PC 互联网→移动互联网，未来是物联网。我们通过图 1-22 来梳理一下整个互联网的发展历程。

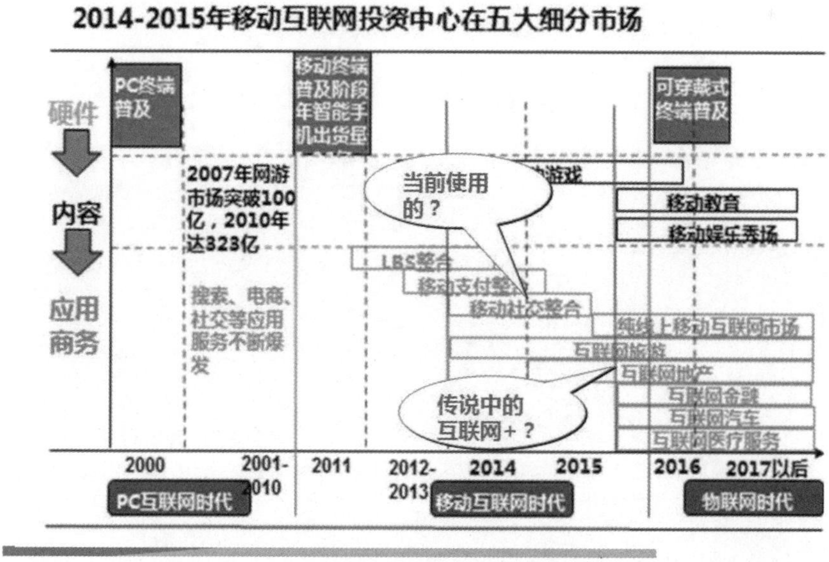

图 1-22　互联网发展趋势

2000 年至 2010 年，随着 PC 价格越来越低，市场越来越普及，互联网涌现出一批以内容为主的企业，如新浪、搜狐、网易，还有一些网络游戏也在这个时候兴起，然后是各种电商（以淘宝为代表）、社交（以人人网为代表）网站的发展。这一阶段我们称为 PC 互联网时代。

到 2010 年，移动设备价格越来越低，也越来越普及，三线城市用手机上网也很方便，于是与移动相关的一些服务开始发展，如和位置营销有关的 LBS 整合、移动支付整合和移动社交整合等，而移动社交整合是目前各大企业正在做的事情。刚开始微信只是一个朋友圈的聊天工具，如今微信扛着移动社交整合的大旗变得越来越臃肿了，微购物、微旅行、微打车等服务都整合在了微信里。这个时代，我们称为移动互联网时代。移动互联网经过近几年的快速发展，我们认为纯线上的机会已经被巨头所垄断，从行业调研的情况来看，越来越多的移动互联网公司在向垂直化、重资产化发展，通过深度运营来形成差异化竞争优势。

其实从 2015 年开始，各种智能手表、智能眼镜、虚拟头盔等可穿戴设备已经存在，但还不够流行，但 2016 年后这些会更普及，我们把未来称为物联网时代。

第二篇

商业模式篇

第一讲：O2O本地化服务商业模式及未来机会

本章主要知识点：

- 什么是本地化 O2O 服务
- 本地化 O2O 特征及未来发展趋势
- O2O 本地化行业分类及市场运营分析
- 京东到家、大众点评及其他 O2O 平台案例分析
- 上门服务类 O2O 及社区类 O2O 案例分析

1. 什么是本地化 O2O 服务

在 1.3 节我们提到过 5 种企业类型在 O2O 下的演变，其中影响最大的就是第一种：O2O 本地化服务的商业模式创新，这里我们进一步了解这种行业模式。

百度外卖刚出来的时候，赠送很多优惠券，既然吃饭这么便宜，我也很想去尝试下，下载 APP 后，寻找家附近的餐厅，结果发现里面只有一家，还是我不爱吃的，没办法，只好蹬着自行车出去吃了。1 年后，感谢百度外卖的地推人员，搜寻 APP 里的餐厅，家附近已经有几十家，足以满足我的外卖需求，我终于用上这种外卖服务了。这个距离的远近就是本地化的关键。顾名思义，本地化就是在你身边、在你周围，如图 2-1 所示。

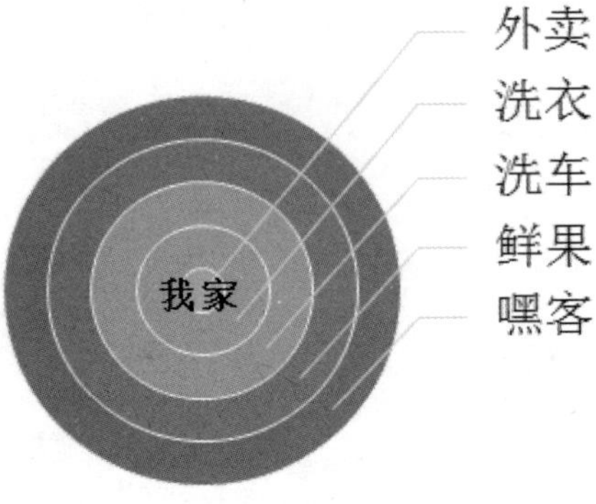

图 2-1　围绕我家展开的 O2O

确切地讲，本地化 O2O 服务是指利用 LBS（地理位置服务）实现的线上营销、线下服务消费的 O2O 服务方式，其服务一定是到线下完成的，如线下的饭店、美发店、零售店、洗衣店等，他们的服务范围是自己周围的 0.5~2 公里，客户群体都在自己周围，而且必须见面才能完成所有的服务，形成闭环。

O2O 与 B2C、C2C 相比，有几个比较明显的变化，如图 2-2 所示。

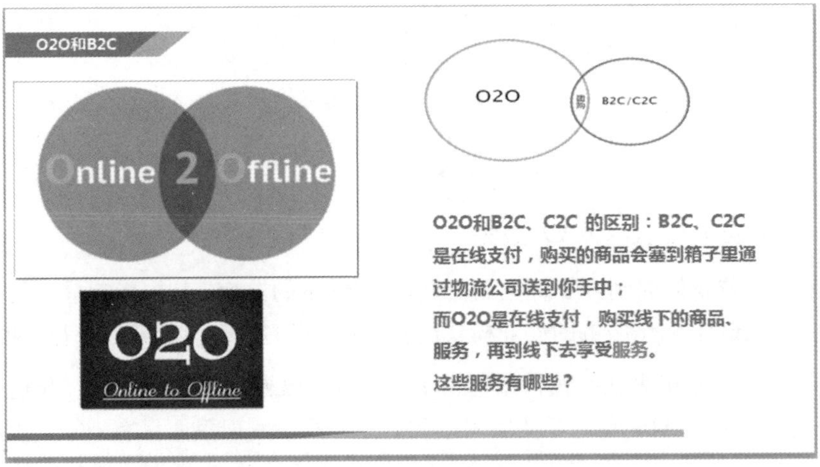

图 2-2　O2O 与 B2C、C2C 相比

（1）B2C 和 C2C 都是在线支付的，所购买的商品通过物流运送到个人手中，是纯粹的买卖关系。

（2）O2O 也是在线支付的，其区别就是所购买的是线下的商品或服务，再到线下去享受这种服务，O2O 的本质是传统企业在互联网的帮助下实现更好的服务。

（3）两者的物流状态也不同，B2C、C2C 业务需要的物流是有计划的物流，但 O2O 的需求都是区域性的、急发性的。

2014 年的“双十一”大战前夕，一向不按常规出牌的苏宁，宣布将举办首届 O2O 购物节，通过线上易购、线下门店和无线移动客户端三个入口打造一场无界式的购物狂欢场。从 10 月 21 日开始，一直到 11 月 7 日，苏宁在线上线下就开始同步发送 10 元、30 元、50 元不等的“云券”。苏宁云商广州大区总经理任伟解释，双线通用券是苏宁基于 O2O 双线融合模式的一种新型促销方式的尝试，即消费者在门店购买商品返还的现金券，可到线上易购去使用，相应地，线上购买商品返还的现金券，也可在线下门店使用。

从这个例子中我们可以看出来 O2O 是一个线上线下的闭环，线下可以导流到线上，线上又可以导流到线下，双线路可以很好地融合在一起，通过这种模式，企业提高了服务质量、培养了用户群体。

2. 本地化 O2O 特征及未来发展趋势

本地化 O2O 的特征可以用 6 个字母来形容：SOLOMO，如图 2-3 所示。

图 2-3　本地化 O2O 的特征

- **移动化**：Mobile，随着移动互联网时代的到来，人们的购物习惯将逐渐向移动端过渡，移动终端的方便性，使 O2O 成为必然。

- **社交化**：Social，移动端互联加剧了社交化趋势，未来的 O2O 平台不仅具备功能性要求，而且具有社会的社交功能变成趋势。
- **本地化**：Local，O2O 偏重的生活服务与天然位置有关，因此，垂直化、本地化服务更容易在竞争激烈的 O2O 市场胜出。

O2O 的未来发展一定是通用平台（如京东到家、大众点评、58 到家、阿里巴巴口碑网、美团到家）和垂直细分行业（如汽车后市场服务、洗衣保洁、打车服务）并存的模式。尤其是这些垂直细分行业，其脱颖而出的优势一定是：整合社会闲置资源并进行重新配置，提高社会运营效率，并且在行业里面深耕形成壁垒，如阿姨帮、e 袋洗、滴滴打车、顺风车都是整合资源重新配置的典型案例。

3. O2O 本地化行业分类及市场运营分析

我们前面提到的垂直细分行业，其实就是要明确细分 O2O 本地化行业。大家都知道淘宝，基本能买所有的家庭生活用品，大到电器，小到几颗螺丝。为了拿下更大的市场，我们是否可以做一个大包大揽的 O2O 本地行业呢？如既提供上门美甲服务，美甲完还提供保洁服务，保洁完下楼还能给客户擦车+保养，顺路还带走用户的脏衣服去洗？

答案肯定是不行的。首先从个人来讲，术业有专攻，做美甲的就专门做美甲，她不可能还给用户擦车，人力成本也不相同。从企业来讲，一个人做不了那么多服务，那要雇佣多少人来做呢？

一个 O2O 企业不可能做完所有 O2O 服务，所以我们要选择一个具体的 O2O 行业进行切入，参考图 2-4。本地化 O2O 行业一般分为如下几种。

- 餐饮娱乐：饿了么、猫眼等。
- 美容美护：河狸家、熊猫拿拿等。
- 社区家政：阿姨帮、e 袋洗等。
- 住房房产：爱屋及乌、链家网等。
- 出行交通：滴滴打车、顺风车等。
- 日常生活：爱洗车、赶集易洗车等。

图 2-4　O2O 本地化行业分类

在互联网时代，线下行业人人自危，感觉都会被互联网颠覆，但 O2O 成为了他们的福音（如图 2-5 所示），O2O 的本质是：

- 本地化服务。
- 利用闲置资源。
- 懒人经济。

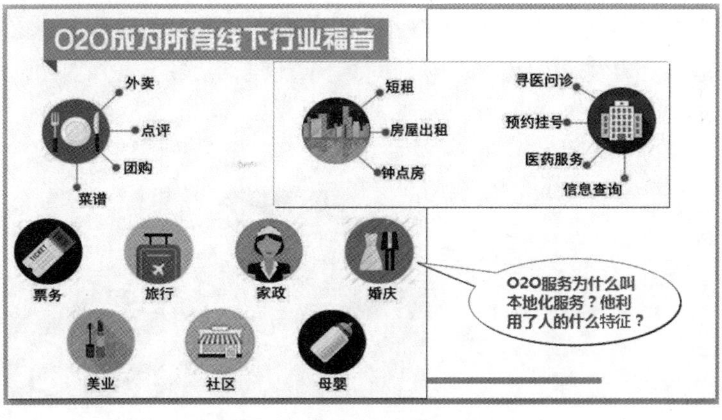

图 2-5　O2O 对传统行业的改造

做本地化 O2O，一般需要有网站、微信公众账号、APP。从获取客户的容易性和成本上来看，微信比较容易，APP 的话要用户下载软件会比较难。在 O2O 运营方面，有些公司会以线下地推为主，线上辅助，以小区为单位进行推广。这也是目前本地化 O2O 主要的推广方式，所以我们经常在小区门口、超市门口、地铁门口看到扫二维码送饮料的活动。

运营 O2O 的时候我们还要考虑到企业的成本，以洗衣服为例，成本主要分为如下三块。

- 营销成本：营销的目的就是让更多的人知道，洗衣服 DM 广告制作成本、推广送饮料的成本。
- 物流成本：包括物流的组织，比如每个上门取货的人配备一辆自行车，一个洗衣袋，甚至一双鞋套。
- 洗衣服成本：这个和旧时代的成本基本一致，设备、人员成本。

DM：英文 Direct Mail advertising，翻译过来就是“直接邮寄广告”，即通过邮寄、赠送等形式，将宣传品送到消费者手中、家里或公司所在地。目前大多数本地 O2O 以扫楼的形式分发广告，就是跑到居民楼，塞到用户家的门缝里，这是最原始也是比较有效的方式。

4. 京东到家、大众点评及其他 O2O 平台案例分析

我们主要讲解生活服务类 O2O 平台，目前最大的两家是京东到家和大众点评的到家服务。首先我们来看京东，图 2-6 是京东到家的 APP 界面，以及京东到家总裁王志军。

图 2-6 京东到家

我们来想象这么几个场景。

（1）我们在家里玩游戏或看电影，饿了的时候怎么办？自己做饭太麻烦，出去买吃得嫌累，那不如叫个外卖；

（2）家里来了亲戚，来不及去买菜买水果，眼看晚饭到了，怎么办？叫个生鲜吧，京东到家很快很及时；

（3）出差回到家，浑身疲惫，不想出门，叫个按摩吧；

（4）忘记老婆的生日了，没来得及订花，赶紧躲厕所里下个单，然后假装什么都没发生，一会儿鲜花就到了。

以上这些场景，京东到家都能满足，京东到家所理解的 O2O 不仅仅是简单的购物方式，而是人们对于高品质生活的需求变了。越来越多的人喜欢宅在家里，喜欢有小资的情调，生活越来越随心所欲。这种场景需求的变化特别是即时的需求，只能通过 O2O 满足，这是 B2C 模式覆盖不了的。

我们看到很多连锁超市，如沃尔玛、乐天也都入驻了京东到家，难道它们不是竞争关系吗？错了，不管是物流还是零售，京东到家都在做增值，人们虽然不去逛现实中的超市了，但京东为超市提供接口，超市可以把自己的商品放在京东到家上，用户下单后，京东又提供物流服务，对于超市来说，是增量，这是未来的核心所在。

京东到家具体有什么特色呢？为什么会在社会上引起这么大的轰动？

（1）O2O 即时需求有很大的市场，甚至大于 B2C 的量，京东到家不仅要重塑零售业和服务业，还要重塑社会资源。

（2）有媒体称，京东到家，就是要干掉京东和京东物流，京东本来自己就是做零售的，这完全是自己革自己的命。

（3）众所周知，京东有自建物流体系，对物流很熟悉，但 O2O 本地服务的市场体量太大，京东自己的物流不足以应付，所以京东推出了众包的做法。当时流传东哥曾说过一句话：“让广场舞大妈也能做配送。”

（4）京东到家以平台为主，供应商是成熟的连锁超市和一些成熟的外卖服务（饿了么）。

（5）京东到家的特色是物流快、送到家，有 3 公里 2 小时送达的承诺。

京东到家刚上线的时候只有生鲜、商品超市、外卖、鲜花几个品类，目前已经扩展了家政、美客、按摩等品类。每个品类的商家，也由原来的 1~2 家，扩展到 4~6 家，甚至更多。

除了京东到家这个 O2O 平台外，大众点评也上线了到家服务，图 2-7 是大众点评到家的几个界面，我们通过“微信”→“我”→“钱包”→“吃喝玩乐”就能打开大众点评的移动网页版，在首页出现的分类最后，我们能看到“到家”这个选项。或者打开大众点评 APP，也能在首页的分类里找到它。点击“到家”选项后，我们就可以看到大众点评到家提供的品类，最初上线的有 5 个品类（美甲、美睫、推拿、洗衣、家政），目前已经增加到了 14 个（还有洗车、药品、代驾等）。

图 2-7 大众点评到家

大众点评到家的特色如下。

- 平台：也是采取商家来入驻的形式。
- 只做服务：和京东到家 O2O 相比，这里缺少了物流。
- 和自己的 APP 结合：大众点评的特色是“点评”，我们去哪里吃饭都会先看看这个餐厅的点评好不好？有没有优惠券？而在到家服务中，我们也同样可以获取这两个服务——点评和优惠。

除了京东到家和大众点评到家外，其实还有很多 O2O 平台，如图 2-8 所示。

不管是哪个 O2O 平台，它们都具备如下相同的特性。

- 利用现有资源，有些是自己的物流，有些是自己的 APP，有些是自己的用户数量。

图 2-8 其他 O2O 平台

- 解决用户的痛点，如没时间做饭、不想出门、没法对比买不到价廉物美的商品。
- 合作伙伴（入驻企业），这是平台之所以被称为“平台”的关键，企业入驻平台，具体服务都是企业做的。入驻企业管理很重要，也是在这个平台上，因为一个入驻商家影响了整个平台的声誉。如淘宝平台上个别商家卖假货，很容易让用户误以为淘宝就是个假货平台。
- 营销和运营都很重要，作为企业这一点最重要了，借助平台，很多小企业小服务商运营成本减少了好多，而平台最能给入驻商家撑腰的就是营销和客户资源，以及运营的技术和 IT 支持。

5. 上门服务类 O2O 及社区类 O2O 案例分析

上一节我们提到的是 O2O 平台，做平台的都是京东、阿里巴巴、百度等超大型企业，一般的企业可以不做平台，只做属于自己的 O2O 服务。当然，小企业一方面可以依托这种 O2O 平台，另一方面也可以有自己的 APP、移动网站或微信公众账号。

上门服务类 O2O 我们说一个做得比较好的——荣昌洗衣（资料来源网络），其发展如图 2-9 所示。

荣昌洗衣在 2010 年以前，一直是一个传统的洗衣连锁企业，按他们老总张荣耀的话说，那时的洗衣业并不是服务业，而是制造业。因为洗衣企业靠卖洗衣设备或加盟连锁店活着。2010 年，张荣耀意识到建立终端网点以及搭建客户数据库的重要性，推出了“一带四”＋联网卡的模式。

图 2-9　荣昌洗衣

“一带四”模式和买一赠四有点像：放缓洗衣店数量的扩张，按照 4:1 的比例，建设收衣店，即一家洗衣店连带 4 家收衣店，洗衣店进行洗衣作业，收衣店负责收衣、扩大社区辐射能力，其中洗衣店基本都是加盟店，但收衣店则全部为直营店。联网卡的商业模式，就是客户在连锁企业或是在其中的一家门店办理一张消费卡，凭借此卡可以在全国所有的门店进行消费，目前大多数传统连锁企业都采用这一方式，包括各种洗鞋店、洗车店。

“一带四”＋联网卡模式的成功，让荣昌老总意识到，荣昌开始成功转型为服务性的互联网企业，而不再是当初的“制造企业”。而 2013 年，这位一直在尝试各种互联网改变的老总终于找到了转型最好的方法——e 袋洗。

微信（APP）下单、上门取送、按袋计费，是 e 袋洗三个让人难以拒绝的特色服务内容。从开通微信下单，到开通微信支付，然后上门取货，回洗衣店清点，回复用户，完成清洗保养，最后再上门送货，完成了一个服务的闭环（如图 2-10 所示），给用户提供了很好的体验，解决了用户送取衣物麻烦、停车难、送取衣物时间点不合理的消费痛点。

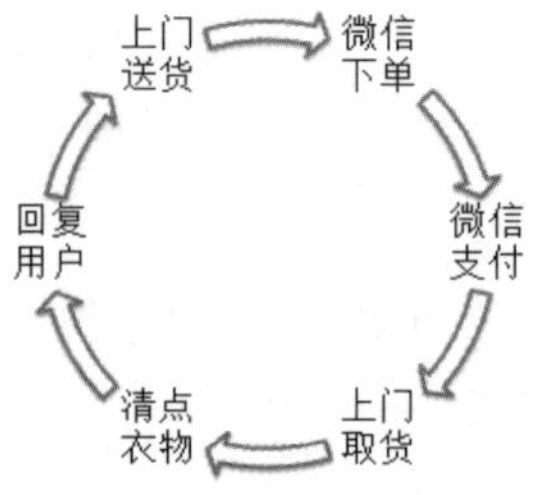

图 2-10　e 袋洗的服务闭环

e 袋洗最大的一个亮点是按袋收取，消费者在微信或者 APP 上下单后，会收到一个袋子，不管装多少件，统一价 99 元。这样原来复杂的 100 多种洗衣服务，瞬间变成了一个简单的产品，种种复杂的服务套餐瞬间成为 1 项。而且，荣昌将其娱乐化，教顾客怎样才能往袋子里装更多的衣服，这正是荣昌老总一直强调的：“一定要满足顾客的极致要求”。

e 袋洗目前没有选择自建物流体系，而是通过线上线下的招募，组建了一支由社区附近居民构成的非全职配送队伍。目前 e 袋洗给予配送人员的收入分配相对较高。除 e 袋洗，其他 O2O 洗衣服务还有泰笛洗涤、泡泡洗衣、懒猫洗衣、懒到家、干洗客、爱洗网、天天洗衣、卡琪卡洗衣等。

看了这些转型非常好的传统洗衣店，是不是给我们一些启发，大家可以思考一下：传统洗衣店电商转型模式有哪些？参见图 2-11。

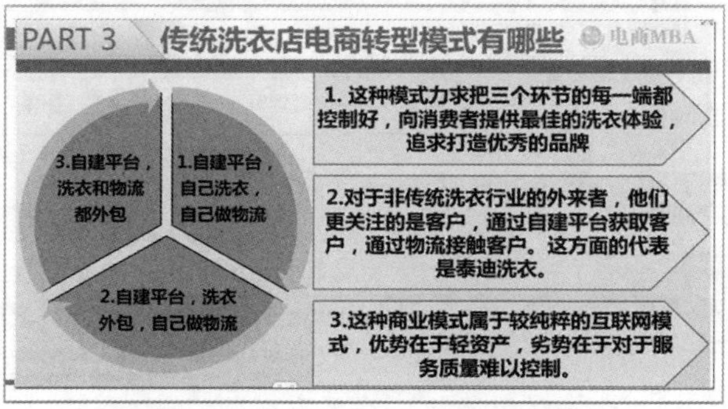

图 2-11　传统洗衣店电商转型模式

传统洗衣店的转型模式主要有 3 种。

（1）自建平台，自己洗衣，自己做物流

这是重模式，优势就是能向消费者提供每个环节的最佳服务，能打造优秀品牌，能控制全局，缺点就是前期成本太高，人力成本也很高。

（2）自建平台，洗衣外包，自己做物流

这是平台模式，类似京东到家，但是京东到家面向的是所有生活品类，我们做得更垂直，只做洗衣。这样做的优势就是更关注用户，通过平台获取用户，通过物流关注用户，典型代表为泰迪洗衣。

（3）自建平台，洗衣和物流都外包

相比较于前两种，这属于轻模式，跟大多数互联网企业类似，优势当然是轻资产，劣势也很明显，对于服务质量难以把控，比如物流、洗衣。

讲了这么多，洗衣店转型 O2O 到底需要具备哪些条件呢？参见图 2-12。转型需要具备 6 个条件，每个条件又各有利弊，企业可根据自己的实际情况对症下药。

上门服务类还有一个细分市场做得比较好的——河狸家，号称是首家上门服务平台，企业的目标是“足不出户，享受高质量美甲服务”。河狸家也可以通过微信下单，如图 2-13 所示。河狸家被大家所熟悉，是因为营销做得好，但如果营销做好了，客户来了，服务质量是否好也很关键。读者可以在这里停下来思考：如果给你一个河狸家，你来运营，难点和要点是什么？

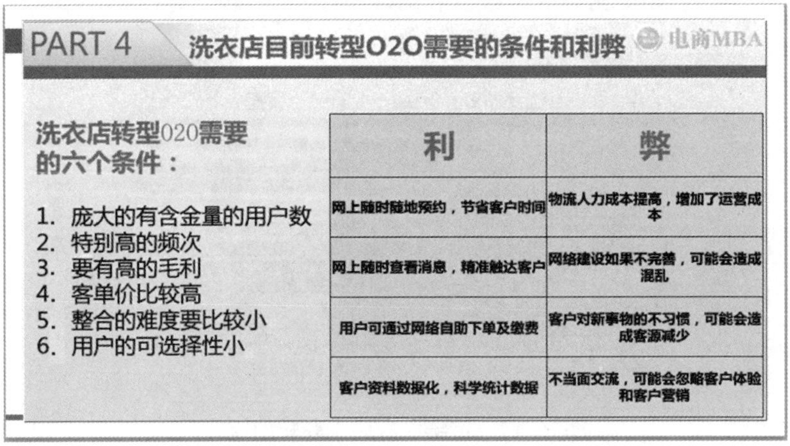

PART 4 洗衣店目前转型O2O需要的条件和利弊 电商MBA

洗衣店转型O2O需要的六个条件：

1. 庞大的有含金量的用户数
2. 特别高的频次
3. 要有高的毛利
4. 客单价比较高
5. 整合的难度要比较小
6. 用户的可选择性小

利	弊
网上随时随地预约，节省客户时间	物流人力成本提高，增加了运营成本
网上随时查看消息，精准触达客户	网络建设如果不完善，可能会造成混乱
用户可通过网络自助下单及缴费	客户对新事物的不习惯，可能会造成客源减少
客户资料数据化，科学统计数据	不当面交流，可能会忽略客户体验和客户营销

图 2-12　洗衣店转型 O2O 需要具备的条件

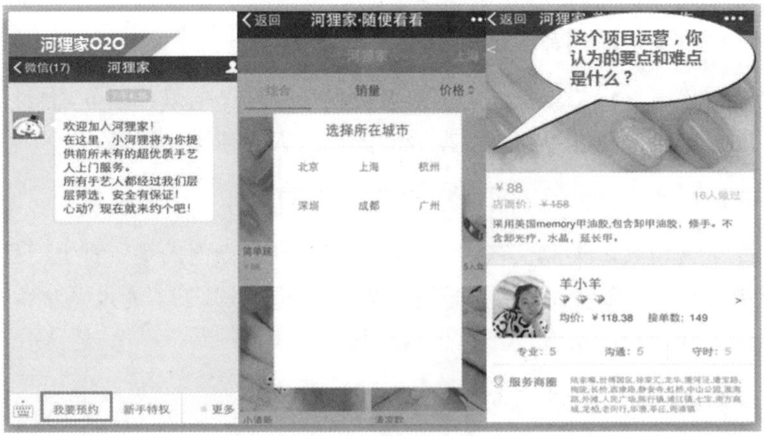

图 2-13　河狸家

e袋洗和河狸家都是上门服务类O2O，我们再来简单说一下社区O2O。目前流行的社区类O2O已经有很多，2015年是社区O2O的井喷年，我们这里举两个例子，分别是叮咚小区和小区无忧，如图2-14所示。

- 叮咚小区：社交、O2O，主要切入点是社交（邻里对话，重建移动互联时代的睦邻关系），再慢慢延伸其他服务，如拼车、二手车、代收快递。但以社交切入的方式存在一定的短板，在烧光了前期的1亿元融资后，叮咚小区已经出现了资金链断裂的危险。
- 小区无忧：以社区电子商务为切入点，为小区居民提供包含小区送、上门易、享周边三大板块的社区服务，体现了“生活的链接”这个概念。小区无忧也想做平台，想在品类最全、信息精准的情况下把小区生活服务水平提到最高。

图2-14　两家社区O2O

社区O2O主要解决用户的哪些问题呢？参见图2-15，细分的话主要有如下4种服务。

- 物业服务：目前很多小区业主和物业的关系都很差，认为物业服务不够好、不够多，这是很大的痛点。目前也有以物业服务为切入口的社区O2O，如小区管家。
- 社交需求：大城市都是迁徙户，社区关系不成熟，邻里之间几乎零交流，社区O2O所谓的能促进交流，目前来看还无法解决这个痛点，从叮咚小区的失败可窥见一斑。

图 2-15 社区 O2O 移动应用行业图谱

- 家务：我们都知道很多家政服务都是在小区的周边，因为方便。随着人们对生活品质的追求，家政服务会成为高频服务，但服务质量参差不齐，社区 O2O 解决了这个问题。大部分社区 O2O 企业都包含了这一块。
- 购物：这个购物要求更加便利，基本上不是 3 公里的范围，是更近，社区 O2O 能做到，这一类以小区无忧为代表。

第二讲：BAT 及零售平台公司 O2O 解决方案和应用

本讲主要内容：

1. 连锁企业理想化 O2O 方案及 BAT 闭环营销布局
2. 百度搜索、百度地图、百度 MALL 连锁企业解决方案
3. 腾讯的微生活、微购物、微信连锁企业解决方案
4. 阿里巴巴小猫提货、淘点点、线下定制连锁企业解决方案
5. 步步高、万达、国美、苏宁等零售平台 O2O 解决方案

BAT：因为百度、阿里巴巴、腾讯在互联网公司中的市值处于明显的第一梯队，所以网民一般把这三家公司放在一起说，表示互联网巨头，为方便描述，都取公司拼音的首字母，也就是 BAT。

1. 连锁企业理想化 O2O 方案及 BAT 闭环营销布局

从 2011 年开始，团购开始流行，当时出现了上千家团购网站，被人戏称为千团大战，这是国内 O2O 的最早形式，随着人们对互联网上消费的意愿越来越高，智能手机上网越来越便利，O2O 模式成为大势所趋，并由此打开了一个万亿元级别的市场。

中国电子商务研究中心调查显示，网购消费只占消费者支出的一小部分，餐馆、理发店、干洗店、服装定制、KTV 这些与生活息息相关的服务消费才是占据最大比重的，而这些服务必须要消费者到实体店去享受。由此可见将线上客源（Online）和实体店消费（Offline）对接（O2O）蕴含着巨大商机，生活服务类的消费市场或将比 B2C、C2C 的消费市场潜力更大。

纵观目前连锁企业的 O2O 建设，我们可以把 O2O 系统这个完整链条切成 4 个环节：流量，会员，商品，支付，打通这 4 个环节，就是连锁企业的理想化 O2O 方案，如图 2-16 所示。

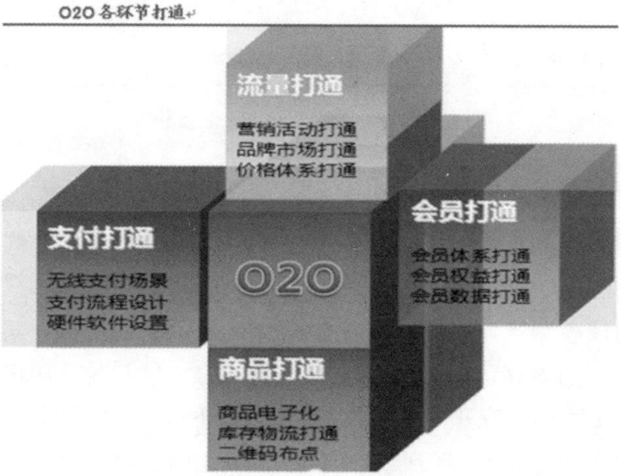

图 2-16　O2O 各环节

1）流量打通

流量在现实生活中可以看成人流量，大型购物商圈、地铁口等地都是人流量聚集的地方，在虚拟网络中，流量也是人群聚集的地方，如移动流量最大的就是微信。O2O 流量打通就要求我们把线上、线下的流量打通，如线上的流量可以带到线下来，如线下店等；线下的流量也可以导入到线上，如微信里面。

2）支付打通

线上和线下支付数据合并，其中移动支付是打通 O2O 闭环的关键环节，是一个突破口。为什么这么说呢？最开始的时候微信没有开通支付功能，我们选择了某航空公司的微信订票业务，首先查询票务信息，只有两班飞机，然后查询价格，并对比价格，最后选择了 A 公司的 365 次航班，如果不付费，航班是不给你保留的，那赶紧付费吧，在微信里怎么付费呢？当初微信没有提供支付功能，航班只好做了一个链接到网站支付页面的功能，我们还是得用传统的支付方式，选银行，再转到银行的验证页面，输入账号密码，好了，终于成功了。航空公司的微信能判断我们支付成功吗？好判断吗？有了微信支付以后呢？我们会省去很多步，如图 2-17 所示。

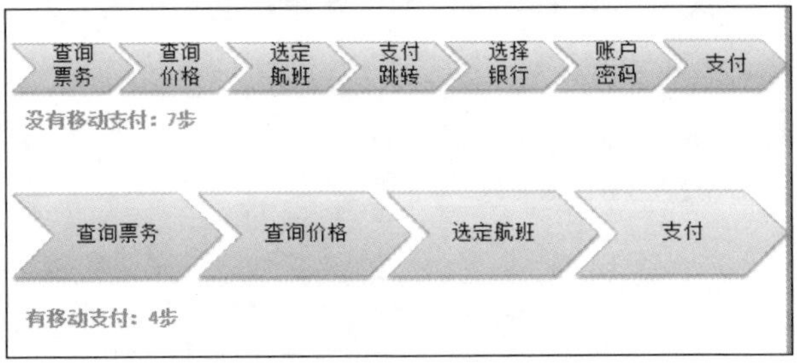

图 2–17　移动支付的重要性

3）商品打通

商品打通涉及到 3 个方面：商品的电子化、库存物流和二维码布点。首先我们需要将商品电子化，就是要在移动页面上显示你的商品和线下商品一样，即使是无形的按摩服务，也要摆放一张图片，显示它的价格。其次是库存物流的打通，线下店的库存可以被线上使用，线上的订单，线下店可以就近送货。最后是二维码（微信公众账号的二维码或 APP 下载地址二维码）的布点，大部分有线下店的企业都是放在门口或是收银台等让用户可以触手可及又必须能看到的地方。

4）会员打通

线上会员和线下会员享有相同的权益，具有相同的 ID，线上和线下的信息共享，如优惠条件、积分等，更大的优势是建立会员消费的大数据系统，更好地差异化地服务会员。

马云曾经说，阿里今天的成功实际是过去战略布局的成功。BAT 的 CEO 们都是有战略思维的人，O2O市场这么大，如何布局如何切入，他们早就悄悄开始了，图2-18是BAT企业的整体O2O布局，这些布局涉及到引流、转化、支付、线下资源、反馈5部分，而这5部分正好形成了O2O的一个完整闭环。互联网巨头们战略思路已经不在于单一的产品，而在于整个生态体系的建设。作为传统企业，不可能在这些点上和BAT竞争，但可以把BAT的产品作为工具。

				阿里巴巴 Alibaba.com			Baidu百度	
引流	地图	腾讯地图		高德地图		丁丁地图	百度地图	
	社交	QQ	微信	新浪微博	来往	陌陌		
	搜索	搜狗(搜搜)		淘宝		天猫	百度	91无线
转化	团购	QQ团购	高朋网	聚划算		美团	糯米网	百度网购
	电商	京东（易迅网，QQ网购）		淘宝		天猫		
	打车	嘀嘀打车		快的打车				
	生活信息	大众点评	微生活	口碑网	丁丁网	淘点点	安居客	
	旅行	艺龙旅游	携程网	淘宝旅行			去哪儿网	
支付	支付工具	微信支付		支付宝			百度钱包	
线下资源	自身资源	高朋、微生活、通卡的线下团队		美团、丁丁、淘宝生活、聚划算和淘点点的线下团队			糯米网线下团队	
	合作商家	王府井百货、新世界百货、海底捞		银泰、美宜佳便利店			地图开放平台上集成的餐饮、酒店商家	
	涉及场景	餐饮、服装、百货、打车、自动售货机		服装、百货、便利店、打车、自动售货机			餐饮、打车、酒店	
反馈	点评分享	旗下点评平台、社交平台和团购平台		旗下点评平台、社交平台、团购平台、地图和预订平台			旗下团购平台和地图	

图2-18 BAT O2O布局

2. 百度搜索、百度地图、百度MALL连锁企业解决方案

在PC互联网时代，大部分企业都通过百度搜索来获取流量和用户。“百度一下，你就知道”成了人们的流行口号，在论坛上提出一个问题，很多人的回答都是“百度一下你就知道了”。很多企业都利用百度搜索的推广功能，让企业主页排在搜索的第一页，这样用户就能第一眼看到你，从而进入你的世界。如果我们去外地城市的某个餐厅吃饭，要是打车到这个餐厅，那直接让司机帮你找地址就行了，但如果自己要步行或做公共汽车去，那最好的方式，就是百度搜索一下地址，然后利用手机百度地图，直接导航，那妈妈再也不用担心你迷路了。到达餐厅后，我们还可以利用百度糯米的团购券，给自己省下来回的交通费用。

对于连锁企业来讲，搜索、地图、团购都能带来大量的用户，这降低了企业的营销成本，如果开通了百度的直达号，还能共享百度流量，让6亿百度移动客户精准直达企业的店铺，同时也能利用百度提供给直达号的数据分析工具，

助力个性化服务，促进再消费。

基于百度搜索和百度地图的具体用户体量，百度决定上线百度 MALL，更好地帮助连锁企业，不但线上销售，同时还可以为线下导流，打造一个定位中高端的品质电商，如图 2-19 所示。

图 2-19　百度 MALL

百度的想法就是，利用百度搜索、百度地图 LBS 给百度 MALL 提供基于位置的流量，线上的流量可以导入到品牌商的线下店铺，线上购买然后到线下店铺取货，以及享受店铺的其他服务。

2015 年电商品牌已经众多，如果百度 MALL 不进行差异化定位，那会和腾讯的易迅一样，陷入各路电商绞杀的泥潭。百度 MALL 定向邀请 1000 家国内外中高端知名品牌入驻，且只和品牌官方直接合作，确保 100%正品行货。百度 MALL 目标顾客是 25～40 岁的对品牌或高品质商品有追求的小资白领和中产家庭。基于此实现真正的差异化定位，然后再加上搜索和地图带来的巨大流量，也许这又是一场互联网+传统企业采用 O2O 的方式带来的新型消费体验模式。

3. 腾讯的微生活、微购物、微信连锁企业解决方案

很多互联网创业者经常被投资人问到的一个问题是：如果 BAT 也做这个产品，你怎么办？可见 BAT 强大到了让所有创业项目负责人都害怕的地步。针对这一现象，腾讯的 CEO 马化腾表态，腾讯将打造开放平台，只做“连接器和内容生产”。微信是目前最大的连接器，虽然腾讯一直表示微信只做连接，但它也在尝试不同的服务项目。

腾讯利用微信在 O2O 上面的探索，主要有 3 个方向。

- 微生活：是一个全新专注生活电子商务与 O2O（Online To Offline）的解决方案，意在使更多线下与线上用户享受移动互联网的便捷，获得生活实惠和特权。通过把微生活产品植入到各种产品平台中，为用户第一时间提供给力优惠，同时打通用户与企业之间的关系通道，帮助企业建立泛用户体系。2013 年 9 月 24 日，腾讯电商旗下微生活团队正式发布了微生活会员卡 X1 版本，为商家提供了闭环的用户信息管理系统。微生活电子会员卡存储在手机中，可以随时随地享受优惠，更为顾客省去携带多种会员卡、忘带实体会员卡的烦恼。目前由于腾讯投资了大众点评网，此功能已经并入大众点评里面。
- 微购物：基于腾讯的移动平台优势，为企业提供移动电商 O2O 整体解决方案，如图 2-20 所示，从网页内容的更新时间来看，目前该项目停滞。

图 2-20 微购物

- 微信第三方应用，分为服务号、订阅号、企业号，这也是大家常说的微信公众账号，腾讯主要提供平台让企业或者第三方服务商专注于自己的服务或者专业。

微信的服务号比较偏重电子商务功能，每周只能发布一次信息，但微信为其提供电子会员卡、微信支付、自定义菜单、APP 开发接口等功能，企业可以利用这些功能提供电子商务、订单管理、会员管理等服务，如图 2-21 所示。

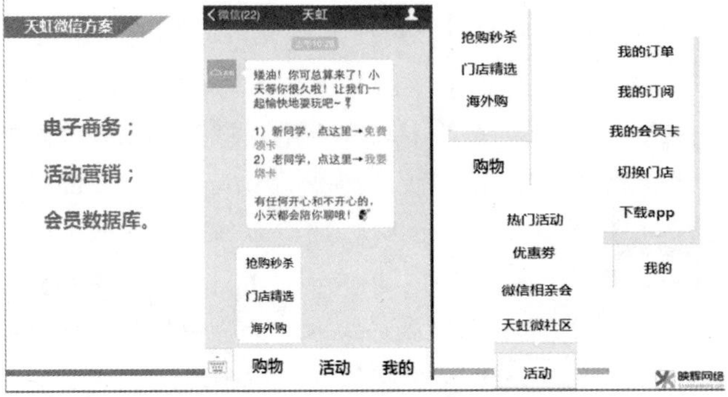

图 2-21　微信服务号

微信订阅号偏重于营销活动，每天可以发布一条消息，也可以自定义菜单，如图 2-22 所示。

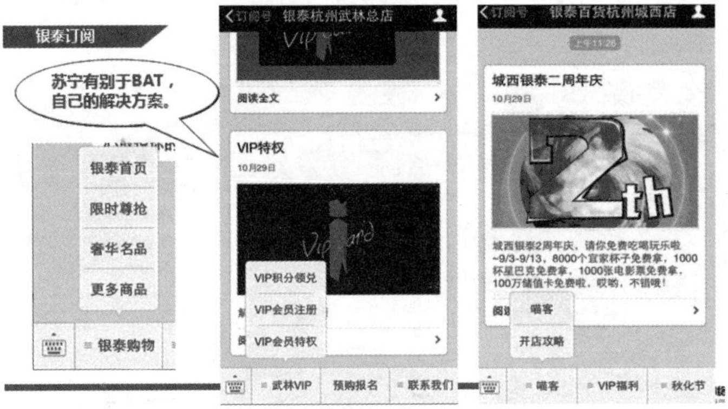

图 2-22　微信订阅号

微信企业号是微信为企业用户提供的移动应用入口，可以建立组织与个体间相互认可且稳定的关系，和企业内部的管理系统无缝地连接，如 OA、EPR、CRM 等，这个是内部使用，不具备营销或电子商务的功能，这里我们不再详述。

4. 阿里巴巴小猫提货、淘点点、线下定制连锁企业解决方案

用户的消费需求是多元的，在 PC 时代，低价竞争几乎是电商竞争的主流方式。而在移动互联网时代，低价思维被场景思维所取代。也就是说，用户在什么场景下消费，在不同的场景下，满足用户需求就变得更加多元。阿里也早就注意到了这点，阿里巴巴在 2013 年就开始布局 O2O 业务，如图 2-23 所示。

阿里 O2O 旨在为企业提供全渠道零售解决方案，阿里通过无线技术和大数据产品，为企业线下零售提供营销、会员互动、订单支持全套解决方案，实现线上线下数据、商品、库存交易、资金贯通的全渠道零售模式，帮助企业实现销售额的增长。同时，阿里 O2O 也帮助传统零售业实现商务电子化。

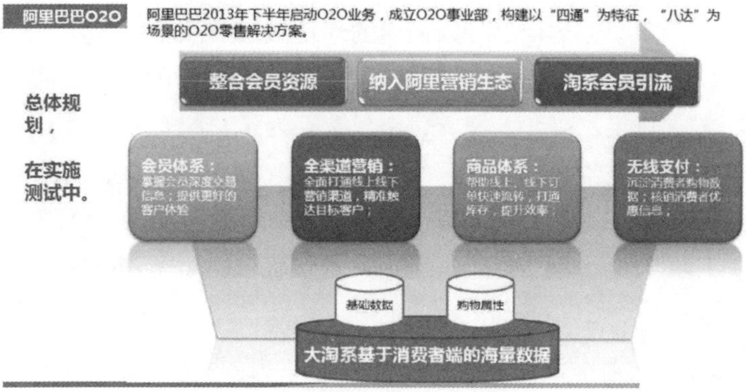

图 2-23　阿里 O2O 布局探索

从图 2-23 中可以看到，阿里巴巴 O2O 主要包含以下 4 大块。

- 会员：淘宝注册用户在 2013 年就超过了 8 亿，基于大量的会员数据，阿里巴巴就可以分析会员的交易信息，提供更好的客户体验。
- 营销：微商给了马云一个下马威，目前淘宝也大力发展全渠道营销，打通线上线下，通过手机专享价培养淘宝用户利用移动设备购物的习惯。
- 商品：帮助商家快速上线商品电子化信息，实现线上线下订单的快速流转，利用各种淘宝工具提升商家的工作效率。
- 支付：分析支付数据，了解用户的消费习惯。

阿里 O2O 的布局可以用“千军万马”和“四通八达”来形容。

所谓“千军”，即 2015 年将有近五千家品牌商进入到整个阿里 O2O 战略范围中，包括线下 10 亿以上销售额、100 家以上门店的公司。所谓“万马（码）”，则指的是二维码计划。阿里巴巴相信未来所有场景里面都会有二维码，品牌、店铺、导购员、会员、支付都有二维码身影，而所有人借助二维码分账功能变成淘宝客。

“四通”指在所有 O2O 场景中，必须打通四个重要环节。第一是流量打通，第二是会员体系打通，第三是支付体系打通，第四是商品打通。“八达”指的是八个重要业务场景里面，阿里巴巴为传统企业思考所有的解决方案。

图 2-24 是 o2o.taobao.com 的主页，主要针对的是零售品牌企业，利用小猫提货，实现线上销售线下取货。要加入阿里的 O2O 体系，需要用天猫店铺的主账号进行登录，填写公司信息导入门店的地址信息；品牌商需要创建自己的会员体系，创建会员卡；所有商家必须都接通支付，对门店的 POS 系统进行改造，可以直接扫描支付宝二维码，用支付宝付费。为了帮助企业快速上线，还推出了导购宝，导购宝是给导购员使用的一个智能 APP，帮助企业快速将线下商品以线上店的形式呈现。从目前来看，小猫提货、导购宝的尝试都不是很成功，但相信阿里已经总结了不少经验，会及时调整自己的 O2O 布局。

淘点点是阿里推出的移动餐饮服务平台，类似饿了么和百度外卖，是阿里进入 O2O 的决心之举。淘点点主要提供外卖和点菜两大功能，通过外卖送上门和到店消费来实现，前期推广时也是利用半价的促销方式，不过从目前来看，其平台的商家入驻数量还远远不如百度外卖。2015 年 7 月，阿里重新开启已经被雪藏多年的口碑网，力图采用大众点评 O2O 平台的形式，通过点评来为餐饮 O2O 做支撑。

图 2-24 阿里 O2O 探索

阿里巴巴除了一些平台类的 O2O 建设以外，还通过入股等方式和线下建立更加紧密的关系，除了入股银泰百货，2015 年 8 月阿里巴巴集团投资约 283 亿元人民币参与苏宁云商的非公开发行，成为苏宁云商的第二大股东，在阿里巴巴的定制化 O2O 的探讨上将更近一步。

5. 步步高、万达、国美、苏宁等零售平台 O2O 解决方案

有一本书当年非常流行，名字是《传统企业，互联网在踢门》，书中提到，你以为你的对手是友商，其实你的对手是时代。这也说出了目前传统企业，尤其是一些大型传统企业面临的局势。本节我们介绍几个比较典型的大型传统企业所提出或实践的 O2O 解决方案，这些企业分别是步步高、万达、国美和苏宁。

1）步步高

图 2-25 是步步高的 O2O 全渠道战略，包括全渠道、全业态、全品类 O2O 和双线零售。

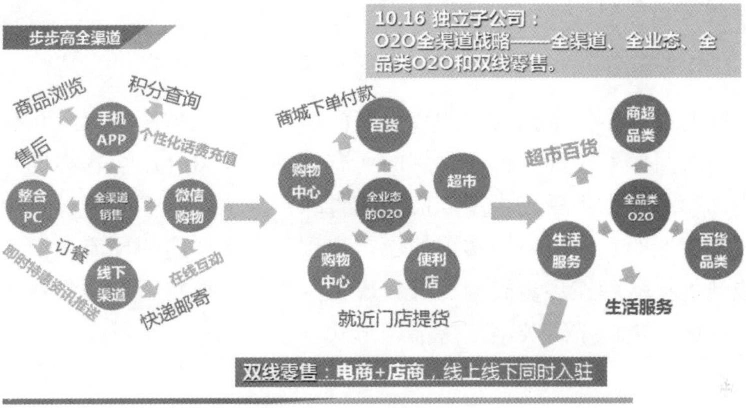

图 2-25　步步高 O2O 探索

（1）全渠道的 O2O——整合 PC+手机 APP+微信购物+线下渠道

未来步步高电商将整合多渠道资源，例如手机 APP、PC、微信和线下现有渠道，打通线上线下营销推广。步步高商城的会员可通过各种移动终端进行商品浏览、积分查询、即时特惠资讯推送、在线互动、售后等多重资讯服务。步步高商城还将建设个性化定制服务模块，满足话费充值、快递邮寄、订餐等功能性服务，让消费者享受足不出户搞定生活所需的快乐。

（2）全业态的 O2O——购物中心、百货、超市、电器、便利店各业态线上线下打通

步步高全业态门店的 O2O，意味着身处步步高线下任意一家实体门店，都可享受商城下单付款、就近门店提货的迅捷，以及多业态产品的综合打包服务。例如，顾客在网上订购了步步高商城的生鲜蔬菜、化妆品和吸尘器，可以在步

步高商城下好订单，选择网上支付或者到店支付，然后选择到步步高就近门店提货或者送货上门。

（3）全品类的 O2O——商超品类+百货品类+生活服务

全品类的服务不仅仅包括了百货、超市等各类商品服务，更涵盖了日常生活服务。选择步步高商城的多重服务，顾客可以将购物过程与消费过程同时解决，例如白领王小姐下班后需要参加一个朋友的生日会，因为时间紧迫来不及准备礼物，她可以在步步高商城上选择好要送的商品、付款成功后由步步高物流送货至生日会举办地，王小姐下班后直接到达聚会地点收取包裹即可。省时便捷快速的全品类 O2O 服务，为商品本身增值不少。

（4）双线零售——线上入驻+线下入驻（电商+店商）

步步高的双线零售是指线上的步步高商城与线下实体店的双向互补。未来的步步高网上商城不仅拥有自营品牌的所有产品，还将开放给各类优秀品牌商入驻。设计师品牌也将受到步步高商域的青睐，未来，步步高不仅要实现线下客户往线上商城的导流，还要实现线上客户到线下实体店的导流。换句话说，既要让成熟优势品牌在步步高商城开设虚拟网店，又要将网上的成熟品牌做成线下的实体店，类似于阿芙精油等品牌形式。

2）万达

万达的 O2O 实践如图 2-26 所示。这里还是以过生日这个场景为例。

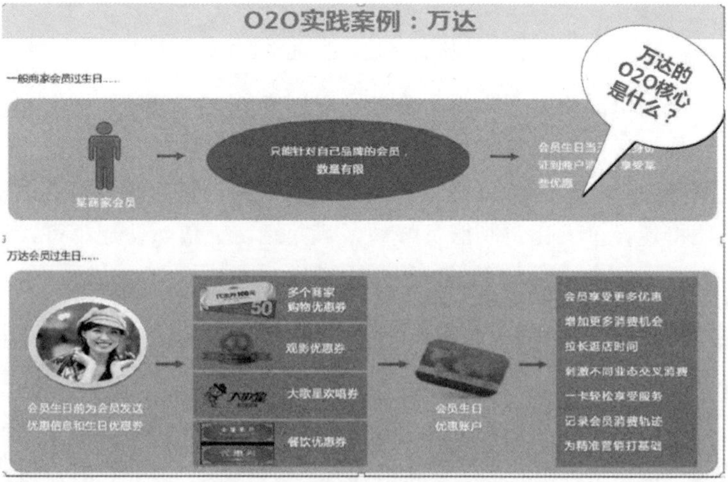

图 2-26　万达 O2O 探索

在过去，某商家会员过生日，只能享受该品牌的折扣，数量有限，会员生日当天还得凭身份证去商家店里，才能享受优惠。

如果是万达会员呢？基于会员系统，在会员生日前，就为会员发送优惠信息和优惠券，这些优惠包含了万达商场内的几乎所有商家，如 KTV 优惠、观影优惠、餐饮优惠、服饰优惠等，这些优惠不仅仅影响到用户，还能为店铺带来更多商机。

从以上案例中我们可以看出，万达 O2O 的核心优势是大数据和会员管理。

3）国美

国美电器在线下强势多年，但互联网时代却令这种格局陡然生变，以前国美虽然推出国美在线，但不够重视，随着移动互联的发展，国美也开始了大动作。

目前国美采用的是 O2M（Mobile）模式，就是利用线下实体店+线上商城+移动终端+社会化渠道，基于消费行为和需求的变革，将线上线下“全渠道”体验升级为互融互通的“全零售”体验。虽然媒体都解读 O2M 模式就是 O2O 模式，但国美还是希望自己走出不一样的模式。其实，O2M 离不开 O2O 的大背景，O2M 和 O2O 没有本质的不同，都是线上线下相结合，在于将传统互联网和线下流量都引向移动端，形成传统互联网、线下实体店与移动端的深入互动。

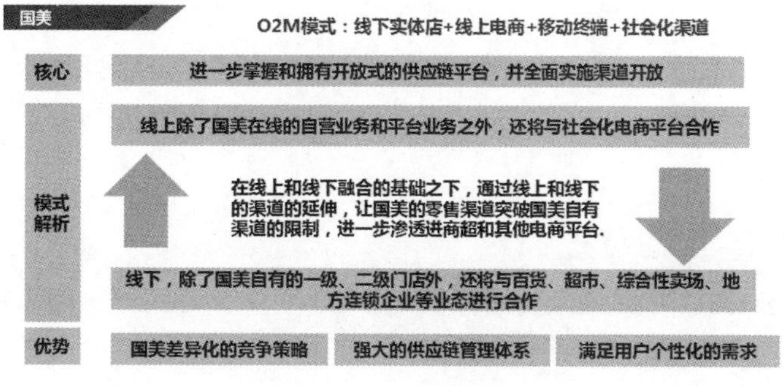

图 2-27　国美 O2O 布局

2015 年 7 月，国美电器上市公司收购了非上市公司全部的零售网络，这一举措正是打通国美线上和线下渠道的一个关键策略。事实上，国美在线此前属于上市公司部分，因此，共享的是上市公司的采购、物流网络。在线上线下融合的大趋势下，国美在线的线上部分不仅需要共享国美的采购和物流，也需要共享线下的门店资源。

国美 O2O 的核心是：除了线上同步扩展外，把自己的供应链资源发挥到极致，增加和百货、超市、综合卖场的合作。这就是线下延展，也是和其他零售平台不一样的 O2O 方式的创新。国美 O2O 的核心如图 2-28 所示。

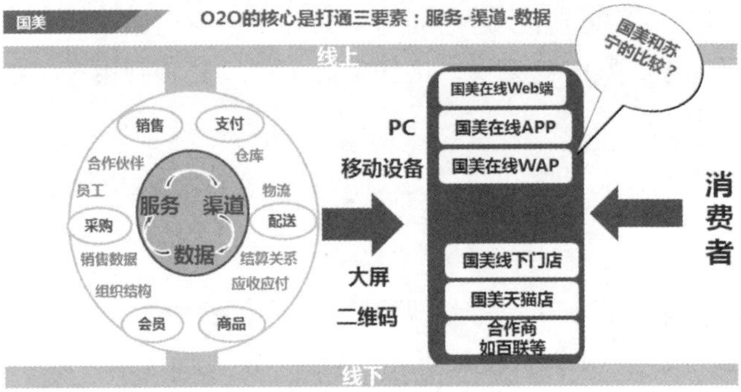

图 2–28　国美 O2O 的核心

目前，国美鼓励每一个员工都开设微店，通过微店形成一个流量导口，向亲朋好友推介商品，同时获取收益。通过微店连接线上线下，让线上线下互引流量，以层层关联的个人对个人的信息传播为体系，使门店销售人员成为引爆这个商业模式的种子力量，形成覆盖线上线下的销售体系。

同时，国美在线以“线上电商+线下实体店+移动端口”的全零售模式出击市场。在线上，国美以第一年免佣金的形式吸引商户，立志打造成一个千亿级别的电商平台。在线下，实体门店陆续开展智能化升级，并与百货超市全面展开战略合作。

4）苏宁

关于苏宁 O2O 布局最大的新闻莫过于 2015 年 8 月的苏宁阿里联姻，两者决定携手布局零售业新生态。

对苏宁而言，可以通过阿里的平台，服务更多的用户，凭借自身商品经营的优势，大规模发展线上销售，并借助阿里的大数据技术优势，推动定制化、个性化的消费；同时，众所周知，在城市里苏宁门店基本上都分布在核心商业圈，人流量巨大，再加上其长期遍布全国的物流、人力、售后服务等资源，都将为阿里平台的商户和用户带来丰富的展示、服务和线上线下融合创新的体验。

在零售 O2O 行业苏宁是走到比较前面的一家公司，在 2009 年，他们就看到了 O2O 是线下零售的未来方向，提出来“借助 O2O 弯道急超车”的战略，苏宁 O2O 的发展历程如图 2-29 所示。

图 2-29　苏宁 O2O 的发展历程

2009 年，苏宁提出“营销变革”，尝试全品类经营、全渠道拓展；

2013 年 2 月：苏宁电器改名苏宁云商；

2013 年 6 月：线上线下同价；

2014 年 3 月：运营各端融合（门店端、PC 端、手机端和 TV 端多入口融合）；

2014 年 7 月：全国 12 个重点城市，物流 2 小时送达；

2015 年 8 月：苏宁阿里合作，不仅在销售流量上可以相互倒流，在双方目前都大力发展并看好的供应链金融、大数据和云计算等业务上都可以相互借力。

从目前来看，整个苏宁的战略如下。

- 一体两翼：互联网零售为主体，以 O2O 模式和开放平台（其他企业可以入住苏宁线上）为两翼。
- 全客群：所有类型客户。
- 全品类：除了家电外，还有服装、日用等所有零售品类。
- 全渠道：线上线下等所有渠道。

“对于消费者而言，苏宁的价值在于让他们享受购物，创造一个让消费者随心随地自由购物的 O2O 消费体验，不再因为价格、假货、支付和售后等任何一个环节而纠结线上还是线下，从而把购物变得更为纯粹和简单。对于供应商而言，苏宁的价值在于彰显品牌和培育品牌，让消费者个性化需求得到充分满足，让供应商的生产营销更为精准高效。”这是苏宁董事长张近东的话，既是苏宁想要达到的目标，也是苏宁用心在实现的。

第三讲：单一品牌线下连锁企业 O2O 应用

本讲主要内容：

1. 线下零售企业的 O2O 及单店营销架构
2. 零售企业 O2O 全渠道系统及主要环节
3. 基于微信的 O2O2O 系统建立及应用
4. 零售企业 O2O 如何把线下资源转换到线上
5. 合生元、优衣库等单一品牌连锁企业 O2O 解决方案

1. 线下零售企业的 O2O 及单店营销架构

在 PC 互联网时代，很多线下的零售企业就开始拥抱互联网，推出了自己的网站、自己的在线电商，但基本上很难成功，因为电商入口被阿里巴巴、京东等互联网品牌垄断，所以很多企业的互联网转型被媒体称为：不转型是等死，转型是找死。但自从智能手机移动互联网普及及 O2O 出现后，线下零售企业看到了希望，又踏上了轰轰烈烈的 O2O 转型之路。在这个快速变化的时代，纯电商是等死，纯线下零售更是找死，所以线上线下的布局成为线下零售企业转型的关键。

目前，线下零售企业的 O2O 主要有如下 3 种。

- Online to Offline：通过社群、员工朋友圈、微信公众号、搜索、团购、微博、软文、地图、生活网、新闻、论坛贴吧、线上活动等方式，将线上流量导入线下实体店。
- Offline to Online to Online：线下店到线上，建立微信系统或者社群，将用户再导流到 B2C 商城、微信商城。
- Offline to Online to Offline：线下店通过扫码等方式，将用户导流到线上微信或者社群，再通过活动、优惠等方式将用户导流到线下实体店。

将这 3 种 O2O 布局融入到单店营销架构中，如图 2-30 所示。在线下店，

我们在明显的位置放置易拉宝、二维码等，让用户可以轻松扫描成为线上用户。在线上，我们可以构建自己的 B2C 平台或者微信商城，也可以加入第三方电商平台（如苏宁超市、天猫超市、京东到家等）；除了具有这些平台，在线上我们还要进行各种营销活动，通过社群、微信公众号、线上活动、电子会员等方式，吸引用户到线下消费。

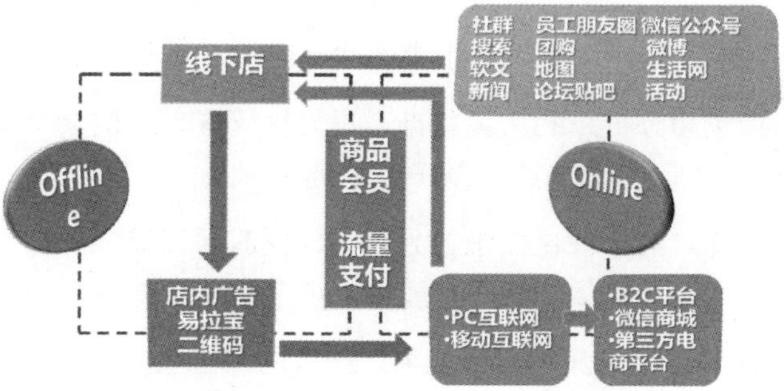

图 2-30　线下零售企业 O2O 框架图

2. 零售企业 O2O 全渠道系统及主要环节

因为 O2O 包含了线上渠道（包含移动端）和线下渠道，所以目前大部门平台的 O2O 都言必称全渠道。图 2-31 是零售企业 O2O 全渠道模式下的供应链系统结构图。

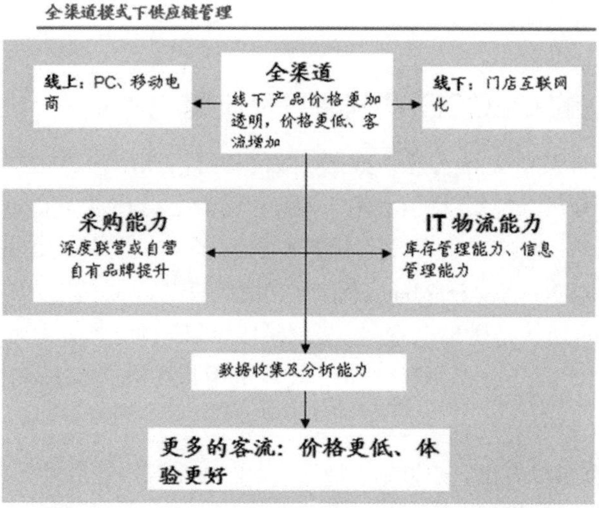

图 2-31　零售企业全渠道模式下的供应链管理

整个系统主要包括如下部分。

- 全渠道销售：线上 PC（B2C 商城、天猫、京东等）、移动互联网（微店）；线下。门店互联网化（全民微商）。目前多采用线上线下价格统一、线上线下会员积分通用，线下线下优惠券共享。
- 采购：不管联营还是自营，IT 系统公用，采购库存统一管理。
- 物流：库存统一管理，线上销售线下店就近送货，实时数据公用。
- 数据采集和分析：利用大数据，更好地管理自己的会员数据库及购买和行为习惯，也能实现对客户的精准营销。
- 客户：客户的个性化需求得到满足，同时可以获取互联网金融贷款等服务，这样客户体验更高，能带来更多的客户流量。

这里特别提到数据采集和分析能力，一般的零售企业在这一块要么投入技术成本，要么得到第三方的技术支持，比如入驻天猫的企业，天猫会提供一些后台的数据分析，比如哪个商品收藏量大、点击量大、转化率高、哪些用户购买过本产品。入驻微信公众平台的企业，后台也能得到腾讯的技术支持，可以分析什么样的软文转发率高、什么样的活动参与量大。如果自己投入建立的系统对用户的习惯可以分析得更加彻底，可以进行用户的属性分析，如年龄性别常住地等情况、购买过什么产品、购买频率、购买消费能力有了这些数据，可以分析出推荐产品、推荐时间、推荐金额、对活动促销的敏感度等，目前有很多企业已经开始实施。

3. 基于微信的 O2O2O 系统建立及应用

2015 年 6 月微信公布了几个数据，微信每月活跃用户已达到 5.49 亿，用户覆盖 200 多个国家，各品牌的微信公众账号总数已经超过 800 万个，移动应用对接数量超过 85000 个，微信支付用户则达到了 4 亿左右。25%的微信用户每天打开微信超过 30 次，55.2%的微信用户每天打开微信超过 10 次。对于企业而言，最关心的当然是微信公众号，公众号是微信的主要服务之一，近 80%用户关注微信公众号。企业和媒体的公众号是用户主要关注的对象，比例高达 73.4%。

从以上数据可以看出，如果到了现在，企业还没有构建自己的微信 O2O2O 系统，那将会被这个时代所抛弃。O2O2O 系统前面已有定义，最常用的方式是 Offline to Online to Offline 的缩写，也就是，连锁企业的线下顾客进入微信系统，通过微信运营和粉丝保持互动，再利用信息推送及促销活动争取粉丝二次到店消费。

O2O2O 的核心是客户关系管理，也就是 CRM，微信针对这一点提供了很多好的方案，如微信小店、微社区、公众账户的开发接口等，我们可以利用这些，将企业的线下会员系统与线上系统结合，实现积分的统一，会员可以线下消费，然后扫描二维码进入线上，线上抢购优惠券、查询积分、查询各种消费信息或活动，有好的线下活动或抢到了优惠券，然后再到线下去消费。如此就是一个 O2O2O，如图 2-32 所示。

图 2-32　利用微信实现 O2O2O

如果对于小微的线下连锁企业，比如只有几个线下店，没有力量按照以上的方式建立自己的 O2O2O（Offline to Online to Offline）系统，但可以按照最简单的方式搭建，比如可以每个店专门准备一部手机对应一个微信朋友圈，把这个朋友圈当作你的 Online，进店的客户可以扫描二维码进入朋友圈，你通过朋友圈的运营和客户互动，也可以达到客户二次到店的目的。建立以上最简单的 O2O2O 系统，虽然没办法具有很复杂的各店联网及会员管理功能，但很实用，我们后面章节有案例的分析。另外一种情况，在线上也可以使用微信或者 QQ 的社群代替朋友圈，构成新的 O2O2O 系统。

4. 零售企业 O2O 如何把线下资源转换到线上

其实很早就有二维码这种形式，但有了微信后，二维码被广泛推广开来。不知道从什么时候开始，我们身边已经到处都是二维码，去商店，我们会在门口、收银台看到店铺的二维码；从淘宝买点东西，收到后我们会发现有张小卡片，包括店铺的二维码和一张好评给 5 元的优惠广告；大品牌的产品包装，我们可以直接看到企业的二维码；杂志的第一页或封底，我们可以看到杂志发行商的二维码。

二维码的作用其实很简单：一是链接到在线商城，给线上增加流量，提高转化；二是链接到微信公众号，给公众号增加粉丝，提高服务效率、降低二次营销成本；三是二维码链接到微信的朋友圈和微信社群，通过社群和朋友圈的运营，建立用户的链接和黏性，达到消费的目的。二维码的流行，其实也得益于微信自带的“扫一扫”工具，让我们可以随时随地，说扫就扫。

这里之所以详细地描述二维码，是因为，企业要想将线下资源转换到线上，目前来说，最好的途径就是扫描二维码。除了这个途径，对于社群或者朋友圈的运营，我们可以和线下活动结合，利用微信的面对面建群、雷达等功能，把线下客户很好地转到线上。

二维码只是途径，但用户可以在哪里看到二维码呢？这就要依托各种运营了。企业要将用户从线下拉到线上，有几种常见的运营方式，如图 2-33 所示。

- 门店宣传：比如常说的门口和收银台，树立明显的标识，用户想看不到都难。
- 产品包装：在产品的包装盒上，突出二维码，让用户能一眼就看到。
- 短信推广：有会员系统的企业，可以利用会员资料中的手机号，直接发送二维码给用户。
- 有奖活动：各种转盘抽奖、关注送优惠等让用户看到实际价值的活动。
- 互动活动：各种展会、过年过节的 Party 等与会员互动的活动，可以吸引一些非会员，增加线上用户数量，但有一定的区域限制。
- 线上活动：线上活动其实也包括一些抽奖转发活动，还有一些是注册送礼、调查有奖等，这些也很容易引起传播，增加用户参与量。

图 2-33　O2O2O 营销运营方式

以上这些运营方式中，最快获取用户的方式就是各种活动，在节假日你路过大型实体店门口经常会看到线下热闹的活动场面，对于零售企业来说，通过线下活动聚集人流，然后把他们从线下带到线上，这是最简单最通用的方式。为什么呢？为什么用户愿意参加这些活动？如果直接对用户做销售，我想用户一开始就是拒绝的，还没等到发现产品对用户有什么价值，用户就已经流失了。而活动给企业一个展示的机会也是无声的销售，用户可以在活动中，逐渐发现企业的优势或产品的价值，甚至找到认同感。

除了店门口的线下活动等形式，大型实体店还会统筹举行其他类型的线上线下结合的活动，相信很多读者听说过苏宁举办的摄影大赛，通过现场体验拍摄、摄影知识讲座、参赛作品点评等一系列活动激发大家对摄影的热情，最终达到品牌推广、聚集粉丝和销售苏宁的摄影产品的目的。有些企业甚至专门为了活动开辟微信公众账户，线上和线下结合，如图 2-34 所示。看一下这种运营模式，通过定期发布培训及相关文章，粉丝发现价值所在，让粉丝用户长期关注，同时通过活动（或比赛）和粉丝保持互动，引起新的传播，增加新的粉丝。

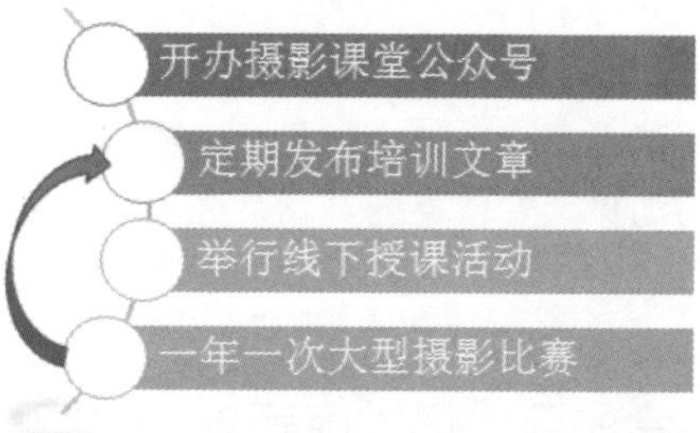

图 2-34　O2O 线下活动运营模式

类似这种大赛也不是一蹴而就的，也不是只有一届。平时，各个苏宁店也会定期举办摄影课堂，与本地的用户保持互动。图 2-35 展示的是苏宁摄影课堂案例。这种活动一般都是基于本店附近的客户，到自己店购买的可能性更加大，同时这些参加者都是摄影圈的人，可能带自己同样爱好摄影的朋友来参加。由于是店附近的潜在客户，店组织类似的活动也有积极性，在组织活动的时候，店会配合本店微信的朋友圈和微信社群，和参加的会员建立更加紧密的联系。线下活动增加了线上的会员粉丝，线上的朋友圈和社群的运营，又方便了通知会员粉丝参加线下活动。这样可以线上和线下完美结合，同时提升了两边的效率。

苏宁单店摄影活动，为摄影者打造了一个学习交友的平台，上摄影课堂的学员们不但可以免费学习摄影知识，还能享受特别的购物优惠，认识本地摄影的朋友，形成一个圈子，所以他们也愿意加入。

图 2-35　苏宁 O2O 线下活动案例

图 2-35 是摄影的活动展示页，如果单店没有很高级的技术人员，也可以借助一些第三方工具，如易企秀就是一个场景制作工具，可以展示美轮美奂的微信活动页或宣传界面。这样企业基本不需要另外的成本，就可以很容易地制作执行了。

5. 合生元、优衣库等单一品牌连锁企业 O2O 解决方案

单一品牌连锁企业在 PC 时代进军互联网电商大部分都是失败的，主要原因一个方面是没有办法和线上很好地结合（现在有了移动互联网才有了更大的可能），另外一个原因是大部分都是损害了线下渠道经销商、加盟店的利益。凡是线下比较成功的连锁企业，都有成百上千家经销商或加盟店或直营店，一旦将产品放到线上销售，因为没有了房租成本，价格一般会更低，久而久之，大家都去网上购买这些商品，经销商就会倒闭，这也是很多企业专门生产电商专供品的原因，不想影响线下的销售。

但 O2O 到来后，线上的影响更大，企业没办法回避了，大部门企业都选择线上线下同价，然后利用门店优势，把线下会员导入线上，同时实现线下店快速送货、会员关怀、积分同享等提高用户体验的服务。这样的案例目前有很多，但不同企业会有不同的偏重点，我们选两个比较成功而且有差异的来介绍下：合生元和优衣库。

1）合生元

大部分家里有 3 岁以下宝宝的读者肯定都听说过合生元，它是国内婴幼儿营

养品及护理品销售商，目前在中国高端婴幼儿奶粉市场中，市场份额排名第一。

合生元的 O2O 采用了线下渠道+妈妈 100 平台+大数据管理的模式，如图 2-36 所示。

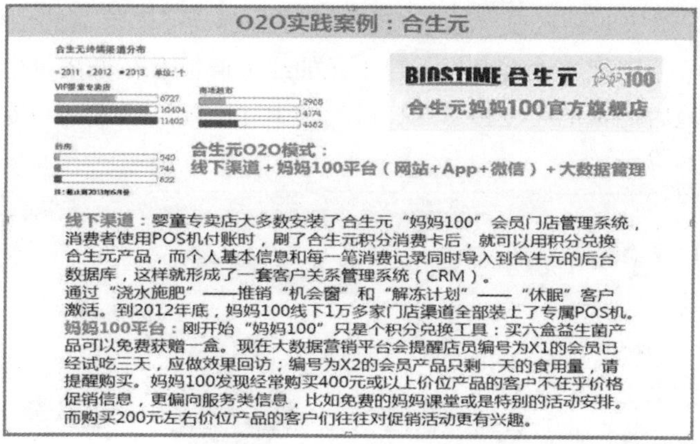

图 2-36　合生元 O2O 模式

- 线下渠道：合生元的线下销售主要来自婴童专卖店，而且这些专卖店大部分都是非直营的，但为了不让线上影响线下，合生元统一为这些专卖店安装了会员管理系统，包括可以刷积分的 POS 机，这些积分可以兑换合生元产品，个人信息也能存入后台数据库，形成一套客户关系管理系统（CRM）。
- 妈妈 100 平台：在没做 O2O 之前，妈妈 100 只是一个会员积分兑换工具，但随着合生元 O2O 的发展，妈妈 100 包含了网站、APP 和微信等部门，负责线上的活动和线上的会员管理，旨在为用户提供更好的服务。合生元所有的产品都统一用这个平台，而且也许将来其他的婴幼儿产品也可以入驻这个平台。
- 大数据管理：正是因为有了会员管理系统，又有统一的 POS 机消费记录，合生元获得了完整的会员消费信息，为会员的精准营销提供了数据库基础。门店的 POS 机每 3 天会自动打出一份需要回访的会员名单，提醒门店进行回访和沟通。这些会员可能有些是第一次购买合生元产品的，可以问他们用得好不好，有什么疑问；还有些是产品快用完的会员，可以问他们是否还需要，需要的话送货上门；还有一些是 3 个月没来消费的会员，可以问他们不来的原因。

了解了合生元 O2O 的模式后，读者可以思考下，合生元 O2O 的优势到底在哪里，与专门的一些婴幼儿电商网站相比，他们又有什么优势？

合生元的优势在于所有线上的客户，都转到了旗下客户所在地区的专卖店进行配送，把销售业绩记在本地专卖店的账上，提高了本地店的积极性。同时，在本地店进行营销把本地客户拉入合生元的线上微信及社群系统中，由于线上业绩归入本地店，本地店也愿意这样做。合生元的配送模式和与专卖店的利益分配如图 2-37 所示。

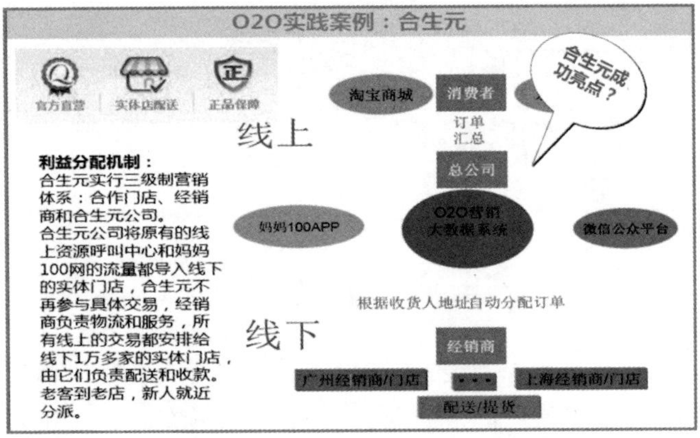

图 2–37　合生元的配送模式和与专卖店的利益分配

2）优衣库

相信所有经常上网的人都知道优衣库这个牌子，因为三里屯优衣库让优衣库一下子刷爆了朋友圈。

优衣库的 O2O 如图 2-38 所示，优衣库将 O2O 模式定位成为线下门店服务的工具，为线下门店服务，把客户导流到门店或者天猫店。即使已经在 2013 年尝试 O2O 模式，优衣库依然没有停下新开店铺的脚步，但很多传统企业一直在扩展线上平台，收缩线下专卖店。所以，我们可以借鉴下优衣库的做法。

优衣库虽然有官网和 APP 以及微信公众平台，但是所有销售都通过天猫旗舰店来完成，这样省去了官网和 APP 中的购物模块，降低开发和运营成本。消费者可以在官网中查看当季最新服装，可以在 APP 或微信中查询最近的优衣库专卖店，还可以通过这两者了解最新的优惠信息。

虽然优衣库都开在大型商场的人流密集地，但毕竟网上的人流也会很多，APP，微信和官网都起到为门店导流的作用。APP，微信和官网都可以下载优惠券去门店使用，可以查看商品信息然后去门店试穿。为了得到用户更多的关注，在每个门店都提供 APP 下载二维码和微信公众号，店员会在结算时提醒用户下载，也会不时地通过广播提醒用户下载。

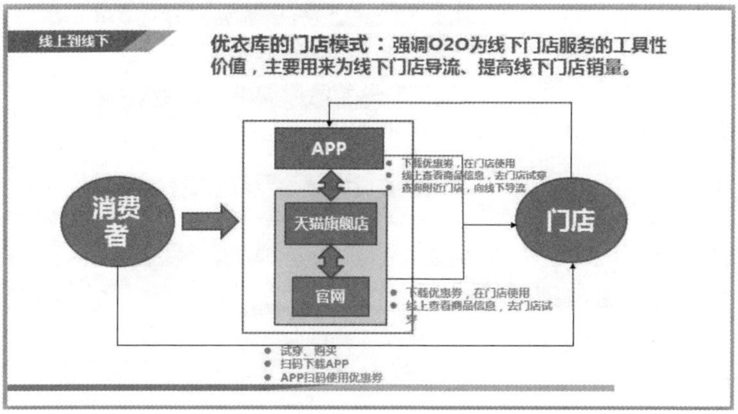

图 2-38　优衣库的 O2O 模式

除了合生元和优衣库这些连锁企业外，一些区域企业也开始利用 O2O 系统做一些本地化的项目，图 2-39 是某市企业打造的本土化 O2O 系统。这个系统包括 PC 购物系统、移动购物 APP 微信系统、CRM 系统、呼叫中心系统、WMS 系统等，真正实现了 O2O 闭环。最关键的是，线下 100 家便利店（提货点）提供扫码支持，让线下用户轻松进入线上，线上的订单通过 CRM、WMS 系统可以就近门店配送货品。

图 2-39　本地化的 O2O 零售系统

提示：WMS 是仓库管理系统（Warehouse Management System）。

了解了这么多零售业的 O2O 转型案例后，笔者总结出如图 2-40 所示的零售业变革方案。方案的要点是：O2O 系统可以记录所有的粉丝或者用户的来源，如是哪个线下店、甚至哪个营业员吸引来的粉丝，同时记录粉丝的消费情况；把粉丝来源与营业员的 KPI 挂钩，充分发挥营业员的积极性，营业员只要把进店用户引入移动互联网线上系统，系统自动记录是哪个营业员的客户，如果产生购买行为，把业绩提成记录到对应的营业员身上。

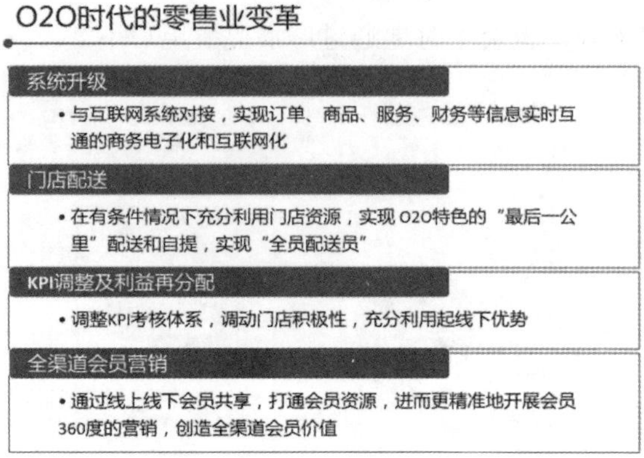

图 2-40　零售业 O2O 变革的解决方案

当然其他方面也很重要，如需要线上和线下打通的互联网化系统，可以门店就近配送，建立详尽的会员管理和营销系统等。

第四讲：传统企业如何利用社群 O2O 做营销及品牌推广

本讲主要内容：

1．传统企业类型及 O2O 社群营销
2．B2B 企业通过线下活动配合线上做 O2O
3．B2B 企业通过社群的运营配合 O2O
4．B2C 企业线下活动和线上配合做品牌推广和宣传
5．B2C 企业运营社群获取口碑及完成销售

1. 传统企业类型及 O2O 社群营销

按照和 O2O 的关系，我们把一般的传统企业分为具有线下实体店的企业、

B2B 类型的企业（销售业务模式是企业对企业，社会上大部分都是此类型企业）、B2C 类型的企业（销售业务模式是企业对个人），如图 2-41 所示。

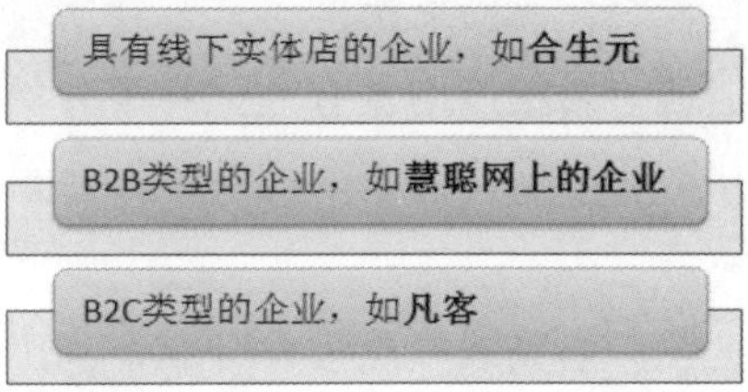

图 2-41　传统企业 O2O 分类

（1）具有线下实体店的企业和 O2O 的关系最大，因为它有线下，天然具有这方面的属性，每天有进店客户，就可以想办法让这些客户进入到线上，同时也可以吸引线上的客户进入线下（这部分内容在前面已经讲解过）。

（2）对于 B2B 类型的企业，O2O 的线上到线下的形式是在互联网上做营销，获取客户的需求信息，线下完成跟单、合同签订和实施；对于 O2O 的线下到线上，由于 B2B 本身没有线下实体店，自己的线下活动又很少，只能借助展会、客户见面会、行业活动做些工作。

（3）对于 B2C 类型的企业，由于客单金额不是很大，一般直接在线上完成销售，所以到线下的机会很少，完不成 O2O 线下的闭环。如果企业想和客户建立关系，除了销售外，一般还有其他目的，如了解客户需求调研市场。企业一般做法是举行线下活动建立网上社群，但一般只让核心用户加入社群，通过社群及内容活动运营，达到社群粉丝愿意帮助我们传播的目的或者成为我们的代理商或者了解市场需求。另外一种 O2O 的方式，是在做品牌推广的过程中，通过线下活动配合线上的方式进行，如雪花啤酒勇闯天涯活动，雪花啤酒是做的线下活动，但线上会配合宣传和招募参加者等。

2. B2B 企业通过线下活动配合线上做 O2O

对于 B2B 企业的线下活动，我们先通过一个案例来说明，如图 2-42 所示是天正电气的重点客户峰会。我们通过这个见面会来了解线下活动的一些注意事项。

（1）主题，了解峰会的主要内容及达到的目的。此次峰会以“创新求发展、共筑天正梦”为主题，集中探讨了当前形式下的市场发展困境及转型思路，以案例剖析和优秀客户经验分享等形式，给与会所有重点客户以思维模式和管理模式的洗礼。

（2）负责人讲话，介绍企业当前的成就和未来的发展方向，稳定军心。董事长提到：当前形势严峻，不转型只有死路一条。目前天正转型已取得了一定的成就“新渠道增长有效弥补了分销渠道的疲软”。未来，“天正将不遗余力深化市场布局，促进渠道转型”。另外，他也讲到“转型升级需要智慧、勇气和毅力”。

（3）嘉宾或重点客户分享，利用学习的榜样，提高用户参与的积极性。重点客户的讨论和经验分享是本次峰会的亮点所在。经验分享分别由上半年销量增长稳健的经销商和新产品新渠道开拓良好的经销商分享心得。

（4）总结，不断学习不断总结，让参会人员看到成果。所有人都强调了业务转型的必要性和迫切性。此次峰会集中探讨了转型升级的必要性和紧迫性，为经销商们指明了转型升级的方向并为他们树立了成功的信心。

图 2-42　天正电气的重点客户峰会

通过这个峰会的案例，B2B 企业的读者可以思考几个问题：

- 你们公司做过哪些营销的线下活动？有没有自己的销售会议、客户见面会？
- 线上网络怎么配合？
- 移动互联网怎么帮助招募会员及维护参加者？
- 什么是 O2O2O 系统？
- 都进行过哪些围绕活动的网络及品牌宣传（内容、渠道）？

从各种门户网站、行业网站、百度推广信息中，我们经常会看到一些展会信息，这是 B2B 行业线下活动的最主要途径，图 2-43 和图 2-44 都是我们常见的一些展会宣传页。

图 2-43　展会 1

图 2-44　展会 2

针对展会及客户见面会等线下活动，B2B 企业可以在线上（各大在线媒体）做很多营销报道，实现 O2O 线上的配合。有好的营销，才能达到自己想要的实际效果，我们以如图 2-43 所示的家具展会为例，介绍如何更好地在线上推广我们自己的企业。我们把营销节点分为三段：展会前、展会中和展会后（如图 2-45 所示）。

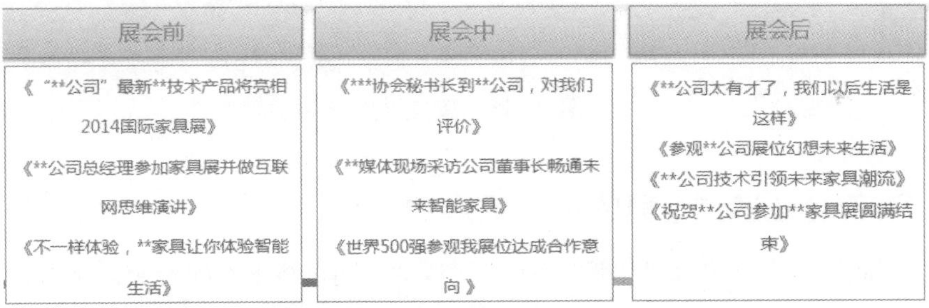

图 2-45　营销节点和话题

在展会开始前，先发布本企业参与展会的一些爆点，如本公司的最新产品会亮相、公司领导会介绍新形势下的一些管理变革、公司主力产品的一些差异化功能等。

在展会开始的时候，要发布对公司有利的一些信息，如订单超过多少、媒体采访领导人的主要内容、行业内秘书长的褒奖等。

在展会结束的时候，可以发布一些软文来获取用户、提高转化率，如企业的产品引领了家具潮流、生活因为企业某款产品发生了巨大的变化等。

不只是在展会期间发布一些营销报道，日常企业也需要做很多线上的品牌口碑软文推广，但有线下的展会结合，会提供更多的素材和内容角度，如图 2-46 所示是一些软文技巧。在设计软文时，我们一般会设计几个主题，每个主题可以是不同的类型，可以是针对企业活动的，可以是针对公司动态的，可以是产品方向或品牌故事。软文的发布要持续，不能三天打鱼两天晒网，那样只会让前面的营销效果竹篮打水。

图 2-46　软文推广

3. B2B 企业通过社群的运营配合 O2O

前面介绍了 B2B 企业如何有了线下活动，通过线上的配合来做 O2O。除了这种方法外，当下流行的微信社群，更能快速获取用户、降低企业客户维护及营销成本。以前面介绍过的天正电气的问题为例：

- 移动互联网怎么帮助招募会员及维护参加者？
- 什么是 O2O2O 系统？

我们可以建立本次活动的微信社群，在会议现场通过扫描二维码加入，这样以后再开类似的活动，社群就是我们参加者的来源。这种线下到线上再到线下的方式也刚好是我们前面讲解的 O2O2O 系统，适用于 B2B 企业。

如图 2-47 所示是一家服务中小企业的公司的微信群，他们的主营业务是公司注册、创新基金申请等。从聊天记录中可以看到，公司经营该群的主要方式是：每月定期召开线下活动，邀请专业的老师讲课，让中小企业主来参加，再发布每期活动精彩回顾，以此来和企业主保持互动、建立链接，同时完成品牌传播及销售的工作。这也就是我们所说的社群营销形式之一。

如图 2-48 所示是一个服务于高端建材商的平台公司，通过社群的运营建立，实现建材商和平台的联系，最终达到完成业务目标的目的。

图 2-47　社群形式 1

图 2-48　社群形式 2

4. B2C 企业线下活动和线上配合做品牌推广和宣传

B2C 是企业直接面向用户的一种销售方式，O2O 的本质就是直接面向用户，所以 B2C 企业最应该利用线下活动和线上配合进行全方位的品牌推广和宣传。

1）雪花啤酒

在夏天经过一些大排档的时候，我们经常会看到雪花啤酒的灯箱，那句“勇闯天涯”的品牌口号已经街知巷闻。未来的消费群体是年轻人，为了促进年轻人的消费，雪花一直坚持举办更有创意的活动，用活动来进行品牌推广和宣传。如图 2-9 所示是雪花举办过的一些活动，包括穿越可可西里、探源长江、远征国境线等，这些活动无一不体现了雪花“勇闯天涯”的品牌精神。

光有简单的线下活动还不够，线上的宣传要与活动相辅相成，图 2-50 是雪花在论坛的招募帖，整个活动的目的是达成品牌推广，活动的形式和内容也是和雪花啤酒的定位一致的，如激情、进取、冒险、挑战自我、享受生活。这些要时刻体现在线上和线下，加深品牌的文化烙印，也加深用户对品牌的认识。

图 2-49　雪花啤酒线下活动

图 2-50　雪花线上招募

2）如家酒店

团购出现以后，经济型酒店得到了很好的流量，这也算酒店初次接触 O2O。随着更多的酒店也接入到团购中来，经济型酒店的优势就没有那么明显了，又因为大部分经济型酒店选在繁华景点附近，运营成本非常高，所以如何降低空房率、如何获取更多流量、如何提高新老用户的重复入住率，成为经济型酒店努力的方向。

在 O2O 方面，如家酒店走在了前面，包括各种线下活动、与快的合作跨界 O2O 等。我们这里以一个如家的线下活动为例，看看如家酒店如何通过线下线上配合做品牌推广。

如图 2-51 所示是一场如家线上线下配合紧密的活动方案，从中我们可以看出，前期预热是一个活动的关键，不管是线下活动还是线上活动，在这个互联网时代要想吸引更多的人群来参加，就必须做线上营销，毕竟网络上的传播将是指数级别的。

图 2-51　活动设计方案

在前期预热的时候，首先就是在各大论坛发布与活动相关的热帖，并联合官方微博和微信进行同步发布，这样引起一定的反响后，得到媒体的关注，然后媒体报道后，让更多的人知道，这一步非常关键，也是预热的第一步。

随着热帖的宣传，越来越多人关注后，可以举办几个与线下活动配合的线上活动来制造话题，如本例的如家女神 TOP5 评选和入场券 PK，带动更多的人参与，尤其是有美女的活动更加吸引人。

前期打造热帖是要有步骤的，比如不能只发一条信息，不能只用一个渠道，不能只在一个时间。如图 2-52 所示是如家线上活动的发布流程，注意这里只是线上活动，是为线下活动做准备。

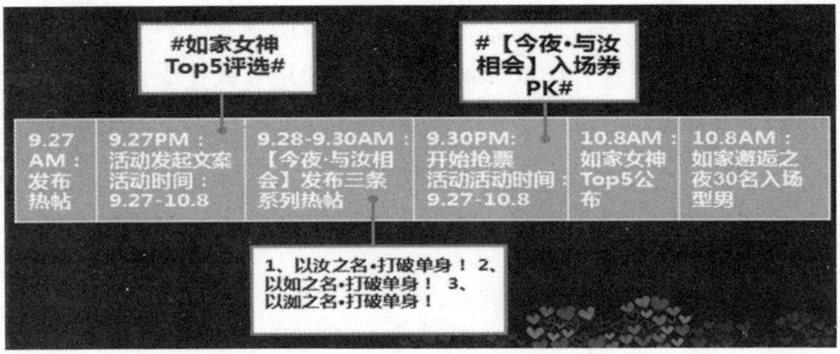

图 2-52 打造热帖的流程

线下活动的重点是和线上配合，增加大家对线上活动的参与感，参与感多了影响大了，自然完成了推广品牌的目的。当然线下活动的形式是多样的，可以在场地摆放大量的微信二维码，可以赠送大量的会员积分，可以有免费住一晚的抽奖，可以赠送大量的入住优惠券，然后让线上活动选出来的女神和通过 PK 选出来的型男来一场互动，活跃气氛。

这种线下和线上配合推广有几点要注意。

（1）企业官微的作用

企业的官方微博和微信都要同步发布这些活动内容，让更多的人看到。

（2）各种 SNS 论坛的辅助

在篱笆、豆瓣、贴吧等比较活跃的论坛发帖，借助平台，让更多的人看到。

（3）线下活动的形式和内容一定是我们目标客户乐意参与的，这是成败的关键。

提示：SNS，全称 Social Network Site，即社交网站。

5. B2C 企业运营社群做口碑传播及完成销售

社群的关键是基于相同或相似的兴趣爱好，通过某种载体聚集人气，通过产品或服务满足群体需求而产生的商业形态。如果是企业做社群，那在社群里提供的产品或服务要满足社群个体的需要。因为社群都是志同道合的人，所以社群内的营销或推广也更容易被社群成员接受。这里我们以传统的投资公司和小米公司为例，介绍 B2C 企业的社群形式和作用。

1）某现货投资公司

这里的投资公司我们以现货黄金、白银等服务公司为例，这种类型的公司是交易平台类型，希望客户能在他们平台开户购买和销售黄金白银，类似股票交易平台。怎么能让客户感觉我们很专业，能给他们提供价值，在我们这边买现货能赚钱，是他们要考虑的。

如图 2-53 所示，通过 QQ 群的方式做社群是现货投资公司运营的一种方式：他们先通过电话、朋友介绍等方式让有投资意向的人进入 QQ 群；然后在 QQ 群里面，专业运营，每小时都提供行情分析，市场分析，让客户产生价值和信任感，最终使客户愿意在他们这边投资。

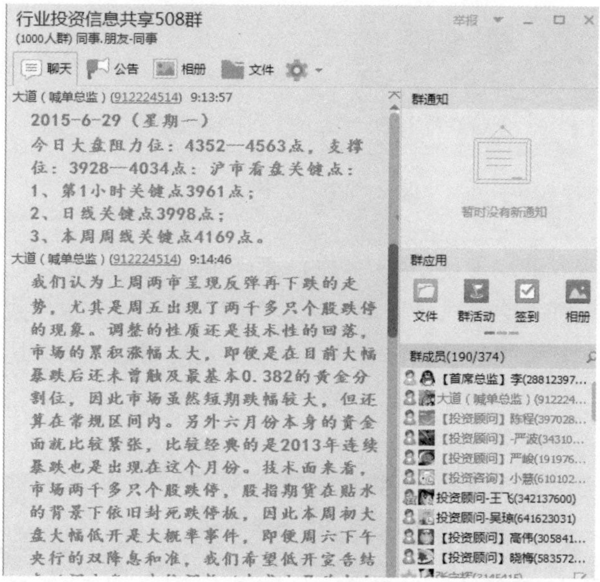

图 2-53　现货行业投资互动群

当然这套系统还很复杂，如邀约后的互动，QQ 群的管理，我们将在后续章节讲解。

2）小米公司

小米的爆米花线下活动（图 2-54），也是社群营销很好的例子，甚至成为了企业做社区、做社群、做营销的模范案例。小米爆米花的定位是大型线下活动平台，特色是好玩、时尚，有时会有明星嘉宾或小米高层参与。小米的粉丝称为米粉，一个可爱有趣的称呼，他们代表了一群小米的忠实用户。

图 2-54　爆米花活动

小米的爆米花活动现场是很火爆的，用户的参与感十足，如图 2-55 所示，有明星演唱、蒙面舞会、求婚场面、集体歌唱。小米通过这种线下活动配合线上的微博微信论坛贴吧，打造综合社群，引导粉丝帮助传播，达到品牌传播和活动的目的。

图 2-55　爆米花活动

不管是新产品的活动，还是爆米花活动，要让米粉们看到真正的价值很关键，例如，2015 年 9 月小米举办了一个“王子在哪儿”的小米 4i 形象代言人活动，为了让更多的人参与进来，小米给出的报名奖品如图 2-56 所示。

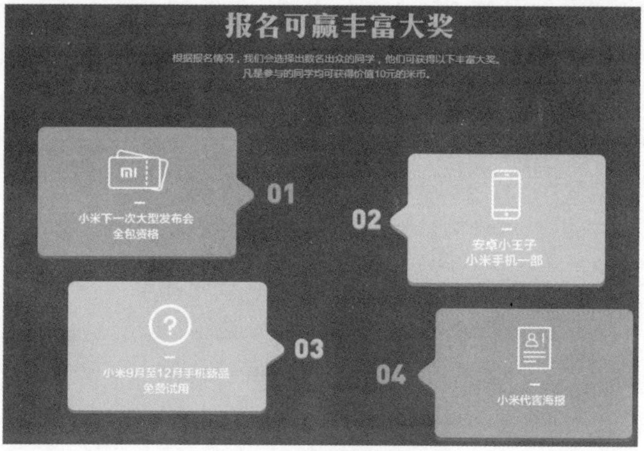

图 2-56　报名奖励

每次发布新产品前，小米也会举行各种活动来为产品预热，奖品就是即将发布的产品，这些活动不仅打亮了新品，还在社群里面传播，吸引了新粉丝。如果我们要学习运营社群，小米则是我们要深入研究的案例，后面章节会详细讲解。

第五讲：客户服务企业如何利用 O2O 微信做服务

本讲主要内容：

1．微信和客户服务有关的功能
2．客户服务企业需要的客户服务功能
3．如何利用微信做好 O2O 的服务功能

1．微信和客户服务有关的功能

微信目前提供三种公众账号类型，如图 2-57 所示。公众账号的推出旨在为企业聚集和管理更多的粉丝，同时服务号提供很多程序接口用于开发，传统企业可以利用开发的程序为客户提供各种服务。

服务号和订阅号相比，缺少了传播属性，订阅号可以每天发布消息，而服务号一周只能发布一次，但可以建立很多电子商务功能，所以微信对服务号自身的定位，就是提供业务服务和用户管理，是企业的服务平台。

图 2-57　微信账号类型

传统大型制造企业，很多都开通了微信服务号，如图 2-58 所示是联想和海尔的服务号界面。从图中可以看出，微信服务号可以提供的功能还是很多的。首先有自定义菜单，企业可以根据自身的产品服务属性，设计自己的服务界面；经过微信认证的服务号，还可以从菜单中链接到微信商城及微信应用系统；开通了微信支付，通过微信就可以直接付款，如图 2-59 所示为海尔微商城。服务号的完整功能就好像企业开发了自己的 APP 或者信息管理系统。

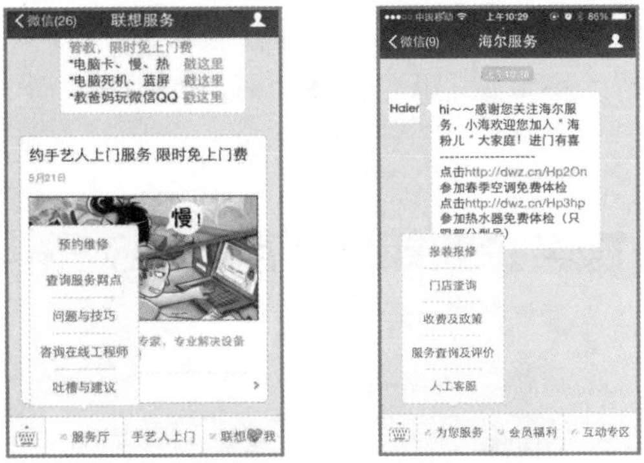

图 2-58　联想和海尔的服务号

图 2-59　海尔的微商城

除了家电制造商外，服务号也适合其他提供服务的企业，如电信运营商、航空公司、电力公司、银行等。这类企业不用推送更多信息做推广，而是提供基础服务，通过微信可以使服务更多元化，用户体验更好。前面我们也曾提到过，小米就专门用微信公众账号来做客服。

服务号缺少了传播属性，而很多企业既需要服务功能，又需要新产品推广功能，所以越来越多的企业选择了双号策略，分工明确：订阅号做品牌传播，服务号做服务。

2. 客户服务企业需要的客户服务功能

从图 2-58 中我们可以看出，企业的服务内容一般包含如下几项。

- 预约维修：我们以电脑为例，如果以前电脑坏了，我们要么自己拿电脑到指定的维修店，然后拿号排队等待维修；要么打 400 电话保修，维修人员再联系用户确定上门维修时间。而有了微信预约保修，用户直接在微信上登记好所购产品、约定好上门时间或约好某个维修点的时间，到时候只要等待服务就好了。
- 服务网点查询（图 2-60）：以前我们必须用 PC 或 400 电话来查询服务网点，现在我们直接在微信上面随时随地查，查完了会给出详细的服务导航地图，我们按照地图就可以直接去服务网点，微信服务号还能定位你的位置，给你最近的服务网点。
- 在线咨询：基本上所有的产品开通了微信服务号后，都带有在线咨询功能，不管是新购买产品的用户，还是老用户，遇到问题，可随时咨询，有专门的客服通过微信解答用户的问题。

图 2-60　LBS 就近服务

- 收费标准：之前很多老年人经常受骗，因为各种安装、报修的价格都没有那么透明，基本上维修人员说多少就收多少，而微信服务号中明确了各种服务收费的价格，如空调的安装费、维修费、移机费、保养费，都会有明确的标准。

- 在线商城：一般用于零配件的购买，还有一些新产品的抢购等。

在开通企业的微信服务号后，我们一般用自定义菜单来显示服务内容，当然也可以设计自己的服务功能矩阵，如图 2-61 所示，分别是海尔和联想的服务功能矩阵。

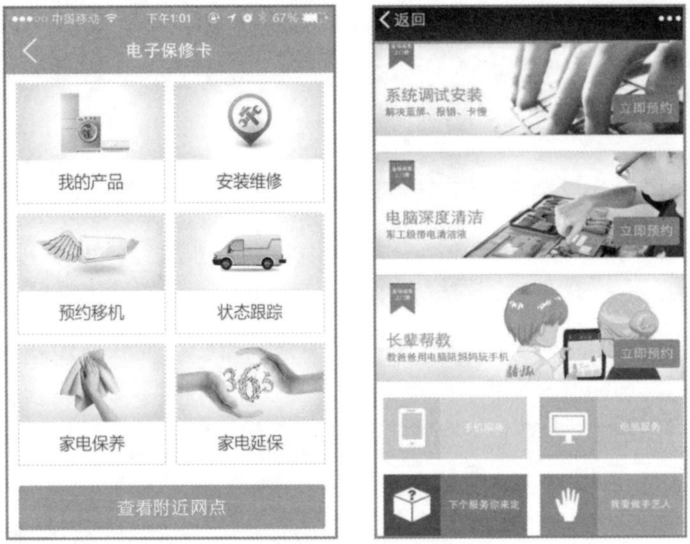

图 2-61　服务功能矩阵

服务是企业的制胜法宝，2012 年家电市场相对不景气的情况下，海尔集团依旧凭借自己的创新和服务成为家电领头羊；互联网时代，360 依靠免费的杀毒软件占领了我们的 PC 桌面。微信来了，微信服务号我们都用上了，如何让我们的服务再一次超越客户期望、提高质量和效率呢？客户服务企业都要思考这个问题：除了预约、登记、投诉、反馈等常见的服务功能，企业还能为用户提供什么？

3. 如何利用微信做好 O2O 的服务功能

微信公众账户的人机实时交互功能很好，很多用户会查找或者扫描二维码关注企业的公众账号。从企业的角度来看，建立自己的微信客服中心已经迫在眉睫。如图 2-62 所示是添加公众账号时输入“海尔”的效果，海尔冰箱、海尔电视、海尔智能空调都有了自己的服务号，而且都是认证过的服务号，这也意味着可以开发更多的功能来服务用户。

图 2-62　海尔的公众账号

微信现在向认证后的微信公众账号，提供了多客服功能，便于企业的管理和使用。已认证的微信服务号可以在“功能”→“添加功能插件”页申请开通多客服功能。开通成功后，在“功能”→“多客服”页，就可以使用多客服功能了，如图 2-63 所示。“多客服功能”简单地说，就是将人工客服团队，全部搬到微信公众平台上。

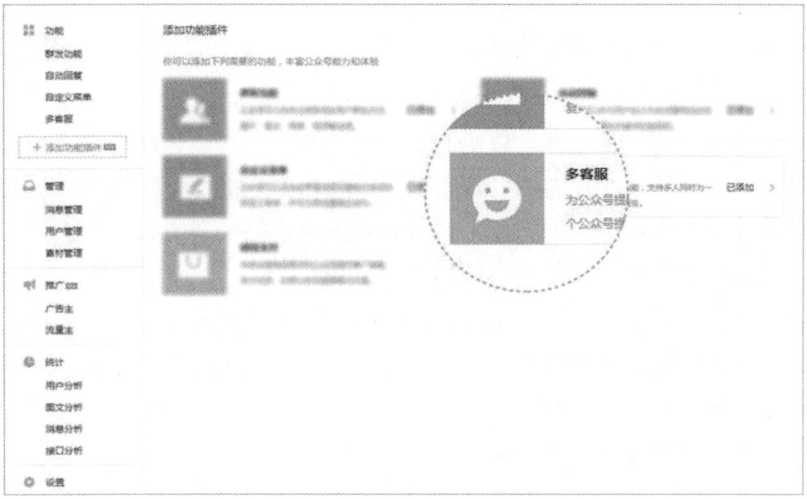

图 2-63　微信公众账户的多客服

“多客服功能”还支持手机端接收回复消息，这样客服人员就可以随时随地第一时间答复客户的消息，甚至还可以让客户和企业客服之间通过交流增进感情。

对于 O2O 企业来说，尤其是一些具备线下门店的企业，可以让每个门店的收银员或店长兼任本店客服人员，由公司总客服（可以由公司高层兼任，通过手机即可方便操作）或者系统根据客人所在门店直接转接到门店客服。门店客服即可直接处理客户投诉，公司后台也可以通过终端监控客户投诉处理情况，并记录处理过程和内容。既解决了客服人员问题，也可以节约资源，让公司和门店线上线下结合，合理协调处理。如客户在门店现场通过线上投诉，线下店长即可马上先通过微信后台了解客人情况，然后与客人当面做出解释，及时处理。整个客服结构如图 2-64 所示。

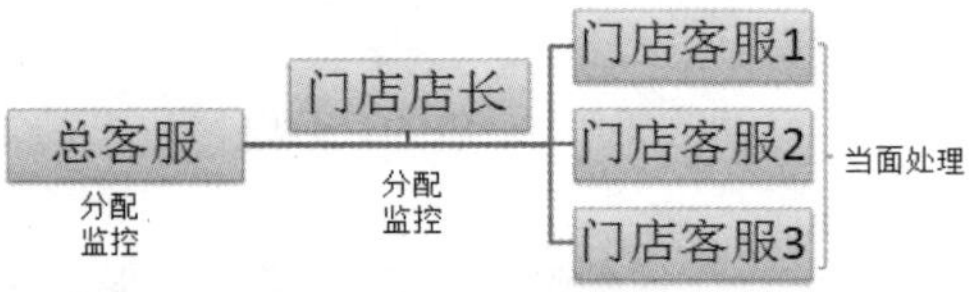

图 2-64　公众账号多客服的结构

如图 2-64 所示这种直达公司各个层面的服务方式相对于其他网络平台来说，无疑让客户感觉更加有效。由于多客服系统有分配客户的功能，即客户经转接门店客服后，该客户以后的所有消息将直接到达该门店客服，所以完全可以利用微信的社交属性更加顺畅地让门店与客户沟通，甚至陪聊，增进感情，从而达到培养铁杆粉丝的目的。

利用多客服功能，企业可以听到最真实的客户声音，公司各项决策水平都会明显提升。当然这个多客服功能目前只是微信系统的一个组成部分，其运行实施依然建立在微信公号的基础上，只有通过真正的强需求把客户引导到微信公号并使用，才能和客户建立高效的沟通渠道。

我们都已经看到，多客服页面简洁，更多侧重的是少量用户的沟通，包括客户咨询分流、咨询客户排序、自动回复等基本功能，多客服实现了 PC 端和移动端服务的自动切换，在微信端和 PC 端同时使用多客服，会话在不同终端呈现，非常方便企业的客户关系管理。

第三篇

销售企业 O2O 社群营销执行篇

第一讲：移动互联网时代企业级社群设计架构及运营案例

本讲主要内容：

- 企业级社群及分类
- 企业公众账号和员工之间的微信矩阵建立和运营
- 企业 QQ 社群的运营及组织案例（邀约、运营、销售、跟进）
- 传统企业搜索流量加微信朋友圈、QQ 说说、博客的社群运营
- 品牌产品型中大企业的社群架构（平台选择、线下活动、互补营销）
- 企业收费微信社群的案例——好处、风险、玩法讨论
- 中小传统企业类型和社群关系
- 微信社群定位、运营及管理

1．企业级社群及分类

在这个网络为王的时代，基本上所有企业都需要建立网络营销系统，要想与用户贴得更近，就必须有适合自己企业的社群，通过社群来传播自己的产品，通过社群来维护自己的用户。

不同的企业需要不同的社群形式，我们按照社群的复杂程度将社群分为三类，如图 3-1 所示。

- 最简单的社群：这类企业的社群只有微信群或者 QQ 群，从内容和运

营上来说，都偏简单。

- 一般企业的社群：这类企业有组织地使用微信群或者 QQ 群建立一套体系，如建立 QQ 群，一部分团队负责拉人进来；一部分负责运营 QQ 群内容系统；一部分人维护群里面人的关系。从拉新、维护、留存等角度入手让用户感到这是一个大家庭。

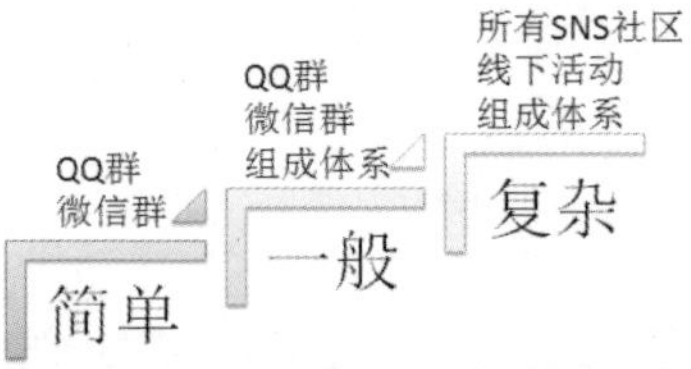

图 3-1　企业社群的分类层次

- 复杂的企业是一整套完整系统：这类企业的社群如小米和罗辑思维，利用微博、微信、QQ、贴吧、论坛、线下活动等工具组成了一个立体营销系统。

2. 企业公众账号和员工之间的微信矩阵建立和运营

目前微信公众账号有几百万，如果企业依靠单一的微信公众账号，比较难吸引粉丝，即使吸引过来，也很难让粉丝持续地关注，这个时候，我们就要考虑建立自己的微信矩阵营销系统。

矩阵这个词本身的意义就是构成互相关联补充的立体体系，互相关联补充和立体在我们的微信营销中非常重要。没有立体的话，我们营销的覆盖面不够；没有互相关联补充那就会单兵作战，不能发挥全体的效应，浪费资源。从组织结构来看，我们把矩阵分为两个维度：企业和个人。这两个维度映射到微信矩阵中，就是公众平台和个人微信，两者之间的矩阵系统如图 3-2 所示。

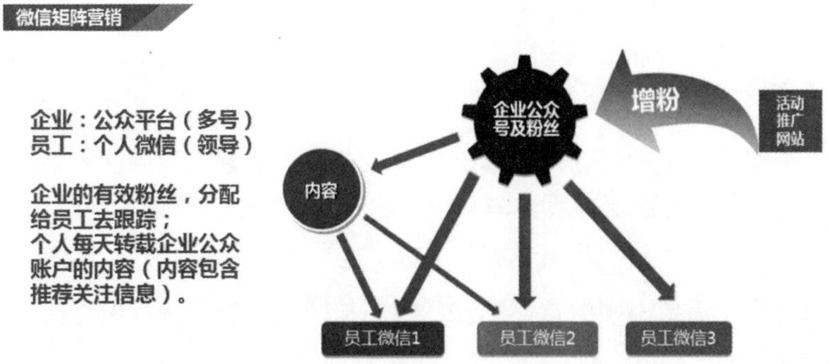

图 3-2　微信矩阵营销系统

在这个微信矩阵系统中，企业和员工各有分工，又能达到动态平衡。

1）员工

员工运营自己的朋友圈系统，需粉丝和转载的内容。

粉丝可以是自己的客户，可以是企业分配给员工需要跟踪的客户，还可以将自己身边的朋友转化为企业的客户。

转载的内容，除了自己的各种所见所闻，还有企业的公众账号内容。员工每天转载公众账号的内容，这些内容中包含企业公众账户的二维码或名称，更多的人又可以关注到企业的公众账号。

2）企业

企业首先必须要通过线上线下的活动、各种网络营销的推广、官网的醒目标注来获取粉丝，只有粉丝关注到我们的公众账号，我们才能更好地运营。通过线下见面会、促销活动等互动的方式把粉丝转化成个人销售的粉丝，通过让员工用朋友圈的方式与潜在用户进行更紧密的互动，并最终转化成个人销售。

3. 企业 QQ 社群的运营及组织案例（邀约、运营、销售、跟进）

我们在讲解 B2C 企业社群运营的时候曾经讲过一个现货投资公司的 QQ 群案例，如图 3-3 所示。那一节我们并没有深入介绍，还不具备实操性，本节将讲解如何利用 QQ 群与用户交互，如何组织、运营企业的 QQ 群。

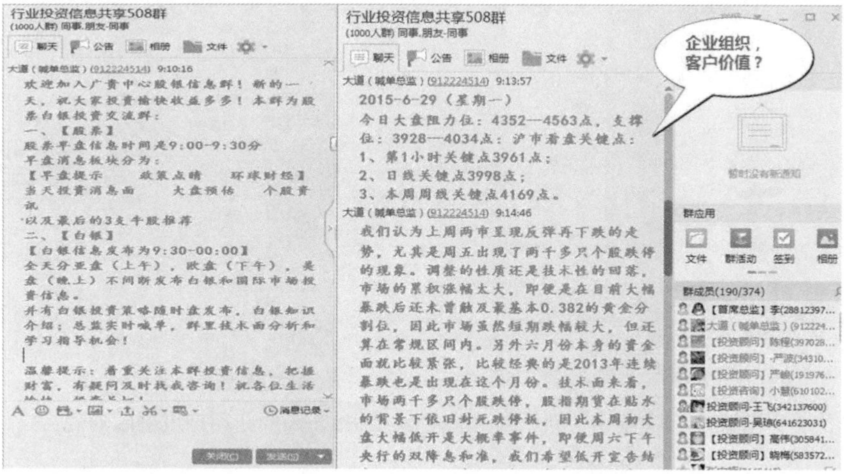

图 3-3 QQ 社群运营

一般投资公司做 QQ 群寻找新客户和维护客户的主要步骤如图 3-4 所示。

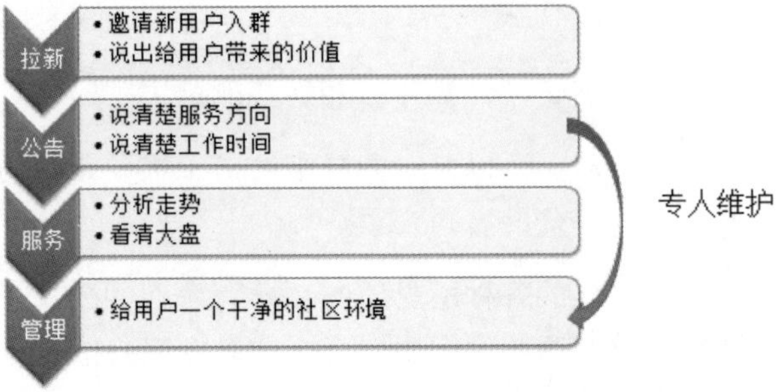

图 3-4　QQ 群拉新和维护的主要步骤

（1）第一步我们称为拉新，就是寻找新用户，可以通过电话、网络聊天等方式让客户进入 QQ 群，因为很多用户对纯粹的广告比较反感，所以拉新时要注意方法，要让用户知道这个群对他有用，如图 3-5 所示。

（2）新用户进群后，要让他们知道这个群主要做什么，都发布哪些信息，如图 3-6 所示。

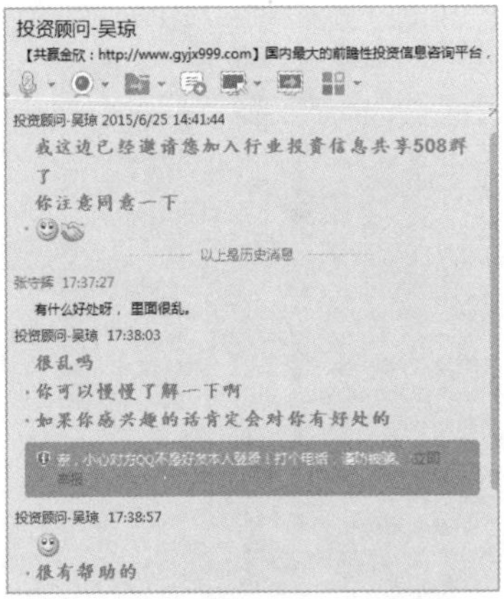

图 3-5　电话和 QQ 配合拉新

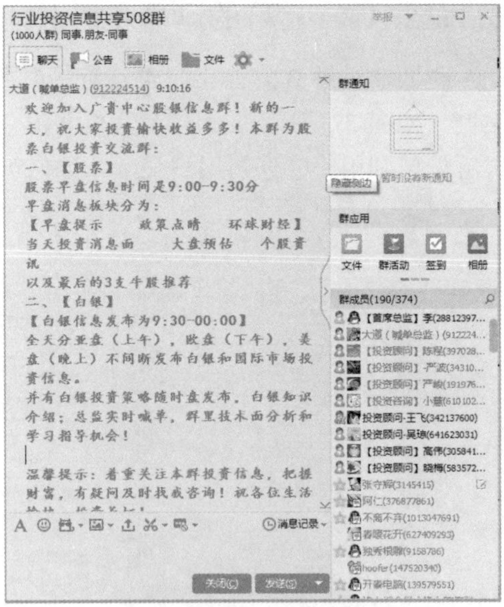

图 3-6　新用户进群后的公告

（3）对于类似的投资平台的 QQ 群，用户进群最关心的就是 QQ 群能提供什么样的服务。对于本群而言，最好的服务当然是了解当下的行情，什么时候买、什么时候卖。QQ 群里要每天针对大盘走势，及时发布当下的信息情报、行业资讯等，如图 3-7 和图 3-8 所示。

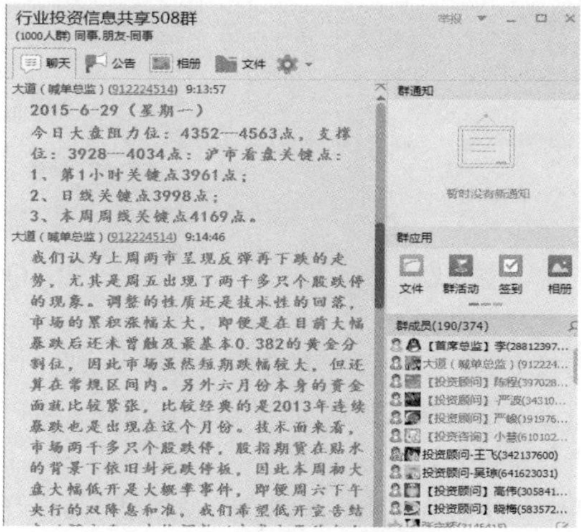

图 3-7　每天发布大盘分析

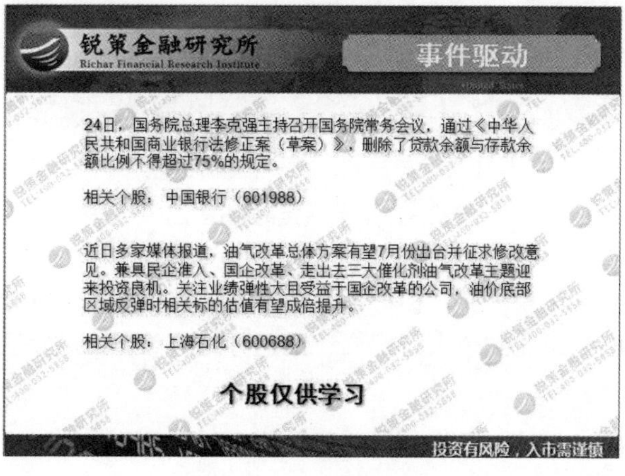

图 3-8　行业资讯内容

（4）要有专人管理 QQ 群，QQ 群的好处是可以有多个管理员，这样一些广告或病毒能及时发现，还投资人一个清净的网络环境，如图 3-9 所示。管理员不但要设置周末 QQ 群禁言，还要对出现的广告进行处理，如增加对广告的说明、把广告主清退出群等，以防止一些广告信息滋扰自己的用户，影响群的运营，如图 3-10 所示。

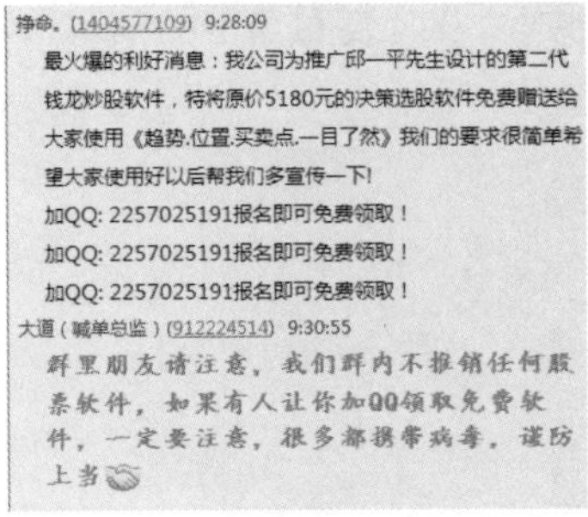

图 3-9　QQ 群广告管理

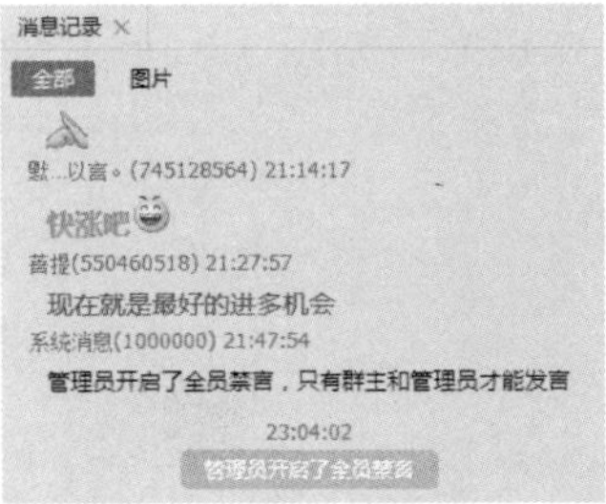

图 3-10　QQ 群禁言管理

（5）每个意向投资客户，要派专人维护，如每天给意向客户发心灵鸡汤，当然也可以在天气不好的时候发提醒。最关键的是跟投资客户混得比较熟悉后，可以邀请客户来听投资课程，进而转化客户。大家注意图 3-11 的时间，每天都是 9 点前发布，刚好在开盘前提醒大家注意交易信息，是很好的场景思维应用。

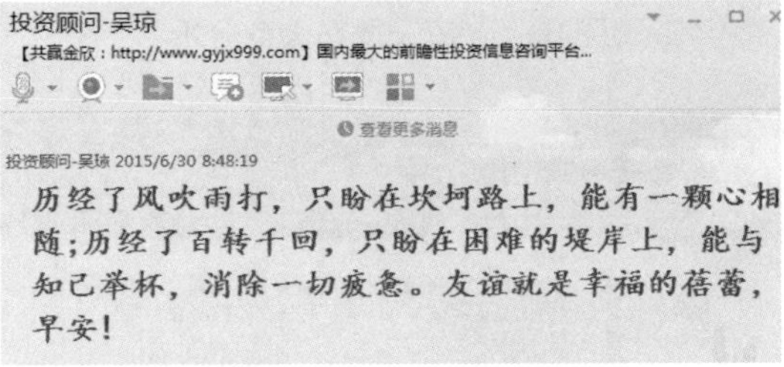

图 3-11　专人定时提醒维护

社群是将大家聚在一起，但如果没有后期的维护和服务支撑，这些人就是一盘散沙，所以从企业到个人，都要让用户时刻感到自己的重要性，尤其是要有存在感。

通过前面的操作流程，我们来梳理一下企业 QQ 社群运营的手法，如图 3-12 所示。

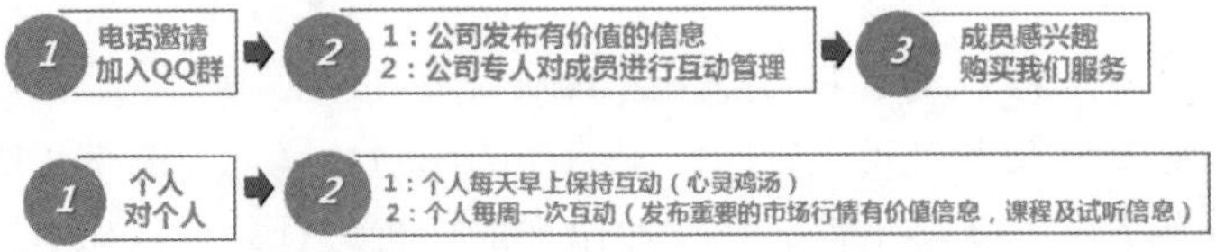

图 3-12　QQ 社群运营的手法

在一个企业里，有部门负责人力资源，有部门负责财务，有部门负责广告营销。在 QQ 社群中，每个环节也有专门的分工，团队（或个人）专门负责整个 QQ 群运营的某一个点，如专门电话邀约的团队、专门提供一对一服务的团队、专门提供群内容和管理的团队，企业的分工越细致，用户感受的服务就越切身。

大家看到，一旦意向投资者进入了群，通过我们的管理和内容的运营，投资者感觉到了价值，而且这些都是免费的，你想让他离开他都不一定愿意，如果投资者想开户进行交易，那一定会选择我们的平台，平台的目的是收取交易提成佣金，这样整个销售的过程就完成了。而且群内容的产生是一次性的，当我们的企业达到一定规模，运营的群越来越多，群内容的边际成本越来越低，整个公司的利润也就越来越高。

4. 传统企业搜索流量加微信朋友圈、QQ 说说、博客的社群运营

PC 互联网时代，传统企业最大的流量来源是搜索，不管是百度的搜索流量还是淘宝的宝贝搜索流量和店铺搜索流量，除了依靠搜索流量，还有的企业开通了微博、博客和社区，依靠内容营销获得人们的关注。移动互联网时代，微信公众账户社群朋友圈的加入，让传统企业有了更接近用户的方式。传统企业的社群运营，并不能只靠微信及朋友圈这一个点，更多的是结合自己的实际情况，联合所有的营销方式一起来做，既利用搜索获取流量，又利用微信朋友圈、QQ 说说和博客提高转换和销售。

我们这里以“一抹黛青”的淘宝店为例（如图 3-13 所示），讲讲传统企业如何联合已有的营销方式实现整个销售的社群。我们主要从流量获取、粉丝运营、朋友圈、QQ 空间、说说、微店 6 个角度来阐述这家企业的社群运营的具体操作方式。

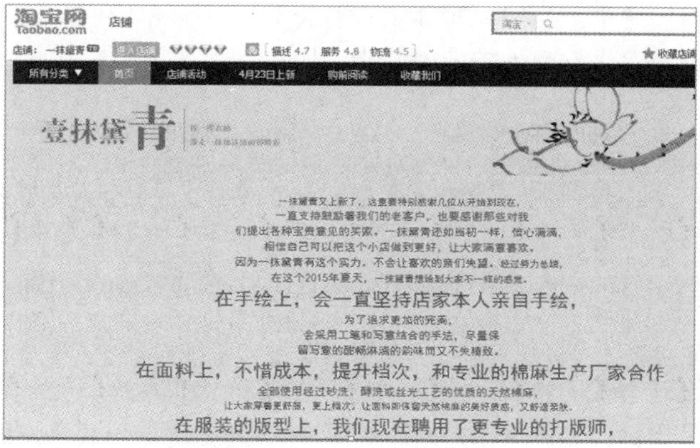

图 3-13 “一抹黛青”淘宝店主页

1）流量获取

2008 年 9 月，淘宝正式屏蔽百度搜索，也就意味着淘宝上的商家不能再依靠搜索来为自己带来更多流量，还有，微信对淘宝链接也是屏蔽的。那么，想要获取更多的用户流量，只好在淘宝上下工夫了。淘宝内部有一些针对淘宝店铺的优化方式，如关键字、宝贝描述、价格、聚划算团购等，利用这些优化方式，也能提高店铺的客流量和转化率。

天猫店铺也是如此。当然，随着越来越多电商平台的介入，很多企业选择了更多的平台，比如京东上也开店、苏宁上也开店、亚马逊上也开店。这样不管多少，哪个平台都可以导入一些流量。

2）粉丝导入

图 3-14　粉丝获取运营

导入以上的流量是营销的第一步，移动互联网时代，企业都应该开始运营自己的粉丝，运营以前必须导入。粉丝导入有两个方式，如图 3-14 所示。一是可以将通讯录中的客户导入到自己的朋友圈；二是利用二维码，将二维码制作成卡片放在给用户发送的订单快递中。当然要想让用户获得好的体验和价值，还需要折扣和优惠券，把它们放在带有二维码的卡片中。

3）朋友圈

把粉丝加入到朋友圈后，我们要维护好自己的朋友圈，避免客户流失，还要促进客户二次消费。这就体现了如何运营朋友圈的内容，如图 3-15 所示是一抹黛青的朋友圈内容形式，在形式上要讲究图文搭配，饱满均称。

朋友圈内容一定要坚持有自己的风格，发布新产品或一些与服装穿着搭配、设计有关的内容。当然，也可以发布一些客户服务、客户见证、制作过程、心灵鸡汤，如图 3-16 至图 3-18 所示。多发布一些客户感兴趣的内容，会让粉丝觉得有价值。

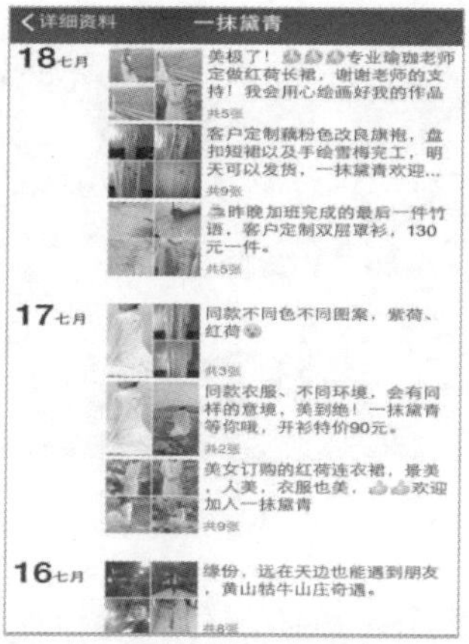

图 3-15 朋友圈内容形式

图 3-16 心灵鸡汤

图 3-17 客户见证或者场景体验

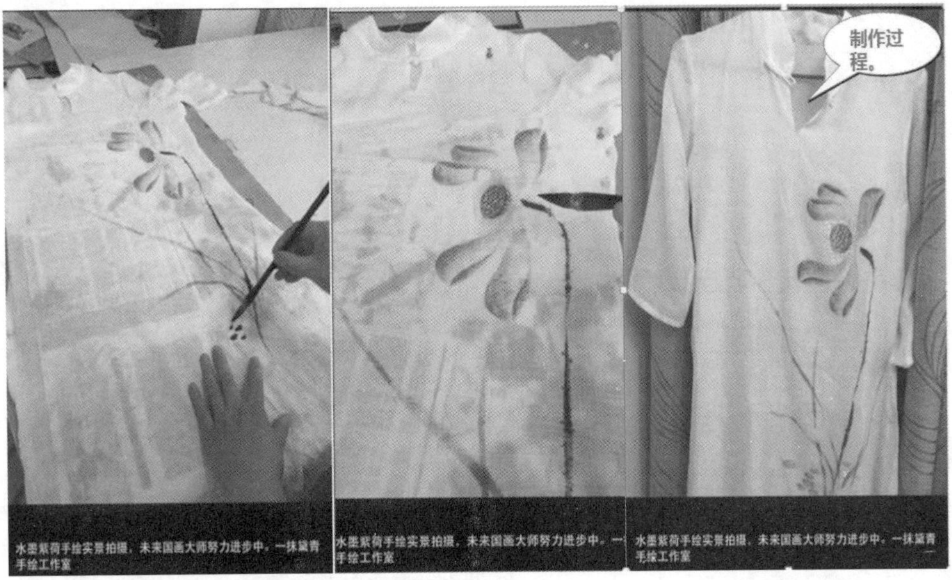

图 3-18　制作过程

提示： 如果所有的内容都是自己的产品，那跟广告一样，会引起粉丝的反感。

除了发布好以上内容，我们要尽量避免朋友圈发布一些无关内容，如图 3-19 所示的左侧一抹黛青发布了一些完全与服装无关的信息，右侧是笔者建议后，运营人员也意识到内容与企业品牌完全不搭，赶紧删除后的效果。不光“大热天的，水里未必舒服，人多啊？”这条信息删除了，而且右边最上面的信息充满了屏幕，视觉效果很好。

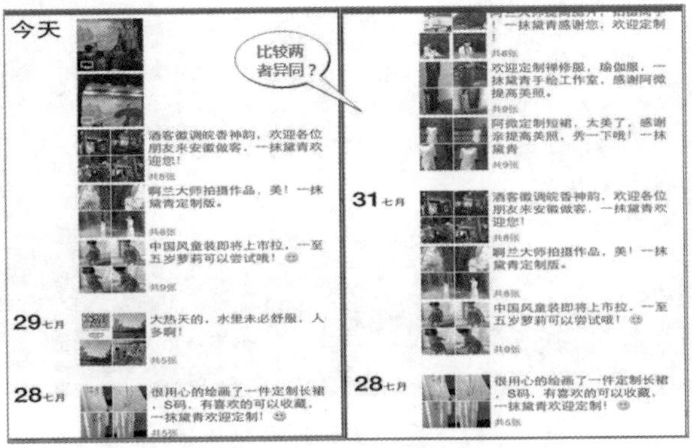

图 3-19　内容相关性

4）QQ 空间和 QQ 说说

QQ 说说等同于我们 QQ 的心情，根据每天心情的不同更换不同的签名，腾讯自己会生成 QQ 说说，当然也可以每天来发布一个说说（跟微博一样），让粉丝知道一些店铺的打折信息或新品预告。QQ 空间比 QQ 说说的内容更多（跟博客一样），还可以附带图片，能给用户更深的印象。如图 3-20 所示是一抹黛青的 QQ 空间。QQ 说说和微信朋友圈的内容可以是相同的，也可以针对不同的客户群发布不同的内容，如将朋友圈发布的内容定位在针对 25 岁以下的客户，将 QQ 空间发布的内容定位在针对 25 岁以上的客户。当然如果运营的员工比较少，就发布相同的内容。

图 3-20　QQ 空间

除了 QQ 空间和 QQ 说说，阿里也提供了博客平台，相关的内容我们也可以发布到这个博客平台。无论怎么样我们希望把粉丝和客户能看到的地方，都铺上我们的运营信息，通过信息影响客户，最终达到提高转换率、达成销售的目的。

5）微店

基本上在淘宝开店的商家都会在微信开通微店，因为在微信里面不能打开淘宝的链接，如果想在网络上完成付款，必须单独运营微信店铺，而且朋友圈只是和用户保持互动的，真正的销售则主要依靠微店。一抹黛青也开通了微店，如图 3-21 所示。

图 3-21　微店

微店的设计可能需要一定的技术含量，传统企业因为在技术方面完全没有任何优势，所以可以依托一些第三方平台，也有腾讯官方的微信小店，他们提供统一的店面模板、数据分析、营销体系等，特别是第三方微店平台还可以导入淘宝店铺的内容。凡是有营业执照或者淘宝店铺的企业都可以开通微店，可能有些平台会有入驻费用和模板使用费用，这些跟在淘宝开店的模式差不多，这里我们就不细讲了。当然，企业不能因为和淘宝类似，就把淘宝那些宝贝的图片、描述都直接复制过来，因为用手机显示，图片要更小，描述要更少，那些直接导入淘宝店铺内容的企业，还要进行二次修订。要不然粉丝打开半天，图片还没显示出来，流失了粉丝就功亏一篑了。

做淘宝店铺，我们会有一些导入流量的方式，如微博、博客、QQ 说说、QQ 空间等，但用微店，这些是否还有效呢？我们来看几种微店推广的方式。

（1）利用微信，通过朋友圈推广和公众账号推广两种方式，利用内容吸引粉丝的注意，从而实现引流和转换。用微信做推广最重要的就是不要引起粉丝的反感，要先跟粉丝做朋友，取得粉丝的信任，只导流不直接推销。比如可以通过淘宝的快递等线下的方式导入微信朋友圈，在微信朋友圈完成微店的销售。

（2）利用微信的社群功能，这个我们将在后续的章节里面讲解，如何获取种子粉丝，如何运营社群，如何在社群里面达成微店的销售。

（3）论坛、贴吧、博客等在线推广，这个在介绍 QQ 空间的时候已经说过，是比较传统的线上营销方式。

（4）第三方微店平台的推广，他们会提供一些推广方式，比如微店置顶、爆款排名等。

6）朋友圈营销总结

前面介绍了几种运营方式，不管用哪种方式去运营，我们要发布的内容是最关键的，所以很多人说，不管如何营销，内容为王。内容的好坏直接决定了用户是否被吸引，是否更信任企业，是否愿意为内容买单。如图 3-22 所示是笔者对社群营销做的一个总结，这里从三个维度介绍了要发布什么样的内容。

图 3-22　朋友圈营销的内容

- 内容的类别：图中我们将内容分为产品设计理念、制造绘制过程、行业知识等 8 个方向，不管是做服装、智能硬件，还是其他产品，都可以围绕这几个方面设计内容。

- 内容的基调：基调就是企业产品及社群给别人的印象和感觉，也意味着这些内容决定了企业的总体形象，比如让粉丝觉得你是一个偏新潮古朴、设计、定制的服装品牌。
- 发布的时间和条数：如果是朋友圈，发布时间一般比较随意，有内容就发，也不要太多，每周 10～30 条，如果是博客可以每周 2～3 篇，发布时间尽量在上班时间，因为看博客大部门用 PC，而用户用 PC 的时间大部门都在上班时间。

本案例传统企业社群朋友圈运营逻辑如图 3-23 所示，企业通过百度、淘宝或者线下店引流的方式打造属于自己的粉丝，社群和朋友圈都由这些粉丝组成，他们有的是自己的老用户，有的是潜在用户，企业要通过各种内容或活动来运营好社群和朋友圈，没有好的运营，即使艰难地获得了粉丝，失去他们也是一瞬间的事儿。

图 3-23　社群朋友圈运营逻辑

5. 品牌产品型中大企业的社群架构（平台选择、线下活动、互补营销）

品牌企业一般有自己忠实的粉丝、有自己叫得响的产品、专业的社群运营团队，这种企业有完善全面的社群架构，要注意的有三点：平台的选择、线下活动和互补营销。我们这里以小米为例，深入地探讨品牌产品型中大企业的社群架构。

1）整体营销模式框架

首先我们来看一下小米的整体营销模式，如图 3-24 所示。该模式主要包括以下五部分。

- 社区：是粉丝的定位和粉丝团的组建，网络传播平台选择，品牌代言人制度。

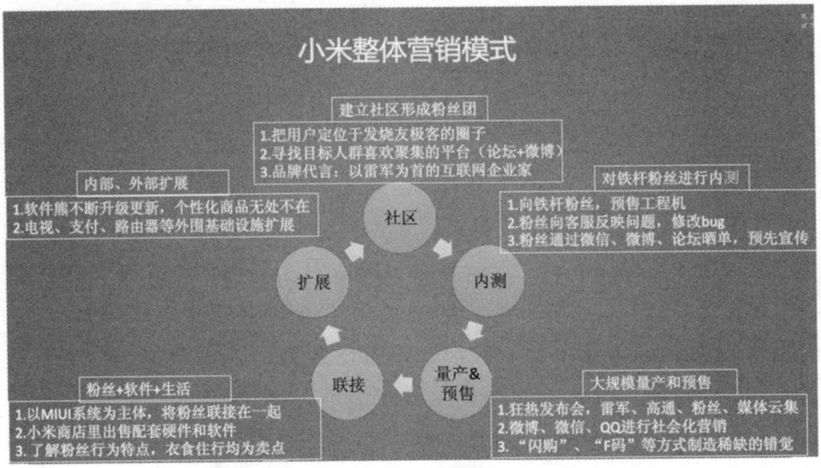

图 3-24　小米的整体营销模式

- 内测：铁杆粉丝或种子用户的特权，也是一个新产品的前期预热推广，符合移动互联网用户参与的趋势特征。
- 量产&销售：使用各种营销方式，如线下发布会、社会化媒体营销、网络粉丝互动等进行推广，引爆用户，利用 F 码和闪购等方式进行饥饿营销。
- 连接：将粉丝之间、公司产品和粉丝生活连接在一起，更多维度地黏住用户。
- 扩展：分为内部扩展和外部扩展，包含内部软件的升级和打造更多的外围设备，满足粉丝用户的更多需求，增加企业的销售额。

F 码，Friend 码，指用于购买物品所具备的一种优先权，最初是商品公司对已购买物品的用户在达到一定的条件（如参加官方论坛精华或虚拟币、积分等方式后）获得的。

2）社群营销模式架构

小米在社群营销上的架构表现在：

- 更立体，多渠道（微博、论坛贴吧、微信、QQ 空间）；
- 线下自组织活动补充线上；
- 用户更大程度的参与。

如图 3-25 所示是小米完整的社群营销架构，笔者将其分为以下四部分。

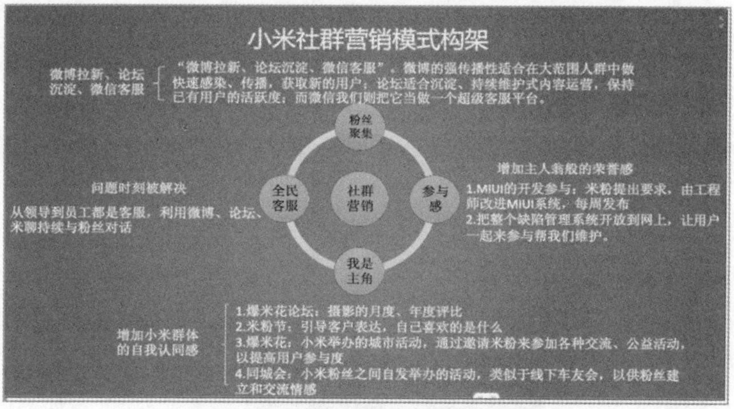

图 3-25　小米的社群营销架构

- 粉丝聚集：通过微博拉新、论坛沉淀、微信客服这三个主要途径来扩大和维护自己的粉丝群体。
- 参与感：增加粉丝主人翁般的荣誉感，让粉丝参与到 MIUI（小米自己的手机操作系统）的开发中，参与到产品的缺陷管理和新版本发布中来。
- 我是主角：通过各种活动增加小米用户群体的自我认同感，活动有线上的也有线下的，线下活动有官方自己组织的，如爆米花活动，也有粉丝自组织的，如同城会，特别是后者，小米充分调动了社会资源，无限制地通过用户参与发挥粉丝的力量。
- 全民客服：快速解决问题，从领导到员工都是客服；每周所有领导都必须担任几个小时的客服，了解客户的需求，做到最接近市场，快速决策和实施。

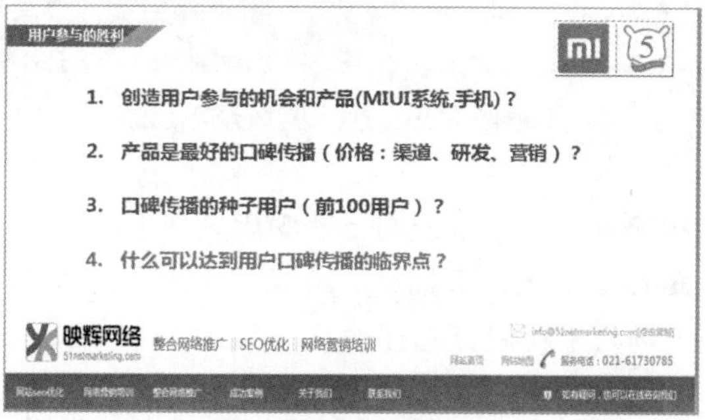

图 3-26　粉丝参与

从小米的社群营销架构中，我们可以发现社群营销与传统营销最大的一个变化，就是用户参与的程度，传统营销中用户只是接收端，基本上除了用户调研外，对产品的设计、推广没有一点参与。但小米改变了这一点，如图 3-26 所示，在产品发布前，用户可以参与进来，如 MIUI 系统的完善；产品发布后，又可以利用种子用户和粉丝达到口碑传播的效果。

3）产品发布会和线下活动

苹果的产品发布会总会引起各大媒体和用户的蜂拥报道，不仅仅是因为苹果的产品一次次改变世界，还因为发布会的场地选择、邀请函设计、PPT 设计、前期保密、乔布斯的演讲方式等众多细节组合在一起。这些细节每一点都让媒体津津乐道，起到了二次传播的作用。

图 3-27 小米产品发布会

图 3-28 小米的爆米花活动

小米的产品发布会也借鉴了苹果发布会的一些特点，如简洁有趣的邀请函、剧场式的发布会现场、PPT 的引爆点、现场座椅的设计、精确的发布会时间等，如图 3-27 所示。在这个个性化为主的时代，人们不再满足于单一的宣传方式，如只介绍产品。一个邀请函的设计可能就会吸引很多人的眼球，一个 PPT 带来的尖叫就会让用户自主传播，达到或者超过用户的引爆点。

前面曾多次提及小米的爆米花活动（图 3-28），它是小米官方组织的大型线下活动，自 2012 至今，小米公司已在中国大陆地区举办过近百场爆米花活动，每场规模在 300～500 人，有抽奖、游戏、才艺、互动等多个环节，小米联合创始人也会到现场与米粉们一起互动。

爆米花活动只是小米官方举办的大型活动，除了这些大活动外，小米还经常举行新品代言人、米粉节等活动。举办这些活动背后的意义，就是吸引更多的粉丝参与互动，达到自发传播的目的。如图 3-29 所示，米粉参加完广州站爆米花活动，很开心地回忆活动过程，如活动组织过程、怎么见到广州站的支持人、怎么见到小米社区女神，最关键的是米粉把这些也整理成文章，在互联网上做传播，刚好符合互联网时代自媒体的特征，如果品牌都能像小米这样发挥了米粉的自发传播性，大家想想有多大的力量，你不想火都不可以，关键是这套自媒体的机制的建立和运营，这是最重要的。

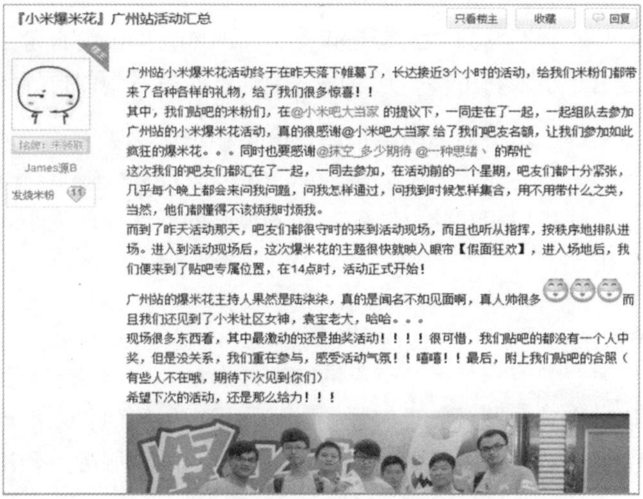

图 3-29　小米粉丝的自媒体传播

4）社群和粉丝

社群的关键点是粉丝，运营社群就意味着要不断拉新粉丝进来，然后还要避免老粉丝的流失，我们来梳理一下小米利用各种社区活动来维护米粉的关键点。

（1）在社区里有千万数量级的米粉，为提高米粉的活跃度，小米设计了“米币”，米币可以兑换小米商城的各种小米产品，活跃度高的人就有米币，就有免费产品拿。

（2）线下有同城会，每个同城会在社区论坛都有一个版块，“同城会”会长一般是资深米粉，可以发起活动，审核通过后小米会提供活动礼品。会长在活动结束后在小米社区论坛上发布总结帖把活动情况反馈给小米。

（3）线下有小米官方的活动“爆米花”，在规模上大大超过“同城会”活动，少则三百人，多则上千人，是影响比较大的米粉狂欢节。每月平均有两场，粉丝多的同城会可以邀请官方活动来到本地。

（4）新米粉壮大的同时，老用户的流失不可避免，小米社区会进行“老用户回归计划”，以赠送礼物、邀请发帖等方式吸引老用户常“回家看看”。

（5）因为小米以价廉物美取胜，目前面向的客户有很大一部分是学生，小米也启动了校园俱乐部计划，校园俱乐部是由各高校的学生米粉牵头在校园内组建的米粉社团。

（6）线下活动会设计抽奖、游戏、才艺、互动等多个环节，米粉们在高兴的同时还可能会发到朋友圈，尤其是获得奖品的米粉们，简直是二次传播的忠实扩音器，这也是小米利用移动互联网及微信最希望看到的自媒体传播。

在这些活动中，米粉们也由虚拟的社区论坛走进现实生活，成了好朋友，有的甚至因为小米而完成了人生大事，如 2012 年度的“爆米花年度最佳情侣”就是通过小米活动相识相知的。这些都具备很强的话题性，为小米在线圈粉起到了积极的作用。

5）总结

小米的微信、微博和社区都有不同的功能属性，并不是一条信息全部渠道都发，而是让它们各自发挥自己的强项。如利用微博广而告之，让新用户关注小米、关注小米的活动；利用微信实现小米的产品售后服务；利用社区实现与米粉的交互。

小米在社群营销上还有一些特色，值得所有企业学习。

- 用户的自组织行为：同城会就是资深米粉自发组织的，同城会的活动也是自发的；
- 销售的预售制度：目前很多手机品牌都采用了这种方式，就是预售，然后根据销量决定产量，降低库存，这也是未来流行的 C2B 模式；
- 团队参与用户问题解答：可以让高层了解用户需求，及时做出修订；
- 志愿者：参与爆米花活动的人数非常多，但小米官方的团队人员是有限的，这就需要很多志愿者的参与，如负责摄影的、负责活动签到的、负责分发礼物的。小米通过米币或赠送产品的方式找到了大批的志愿者。

6. 企业收费微信社群的案例——好处、风险、玩法讨论

社群发展到一定阶段，就会有人考虑如何让社群发挥更大的价值，提供增值收费服务是大部分社群赢利的手段。这就有了社群经济一说。

关于社群经济，罗辑思维应该是最早的定义者和实践者，尤其是罗振宇在初期的四个月内两次招募付费会员，入账会员费近千万的故事，让人们对社群商业的力量惊叹不已，而老罗更把互联网社群称为未来商业的核心动力。老罗提到的社群经济体系复杂，而大部分收费微信社群目前只提供讲课或分享的增值服务，如图 3-30 所示。

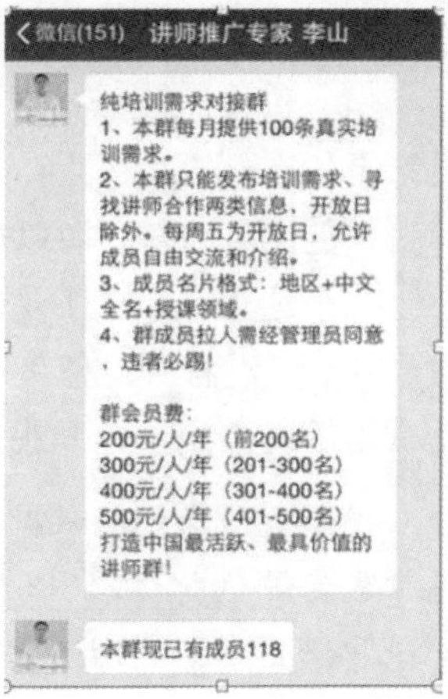

图 3-30　收费社群

我们从付费社群的玩法、好处、风险三个角度来详细地了解付费社群是怎么运营的。

1）社群的付费定位和玩法

要建立一个付费社群，我们前期就要想好自己的定位，可以从 4 点入手，如图 3-31 所示。

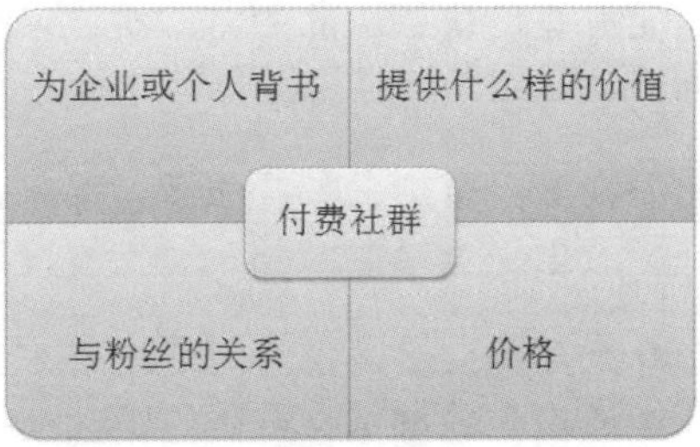

图 3-31　付费社群的定位

（1）为企业或个人背书：付费社群要有一个头，这里我们暂且叫其群主，群主可以是有影响力的个人（如创始人），可以是某个新潮产品。好的产品别人信任，有信任才能有价值输出。有影响力的人才能让别人觉得在你身上有学习的地方，比如马云要是建立一个微信群，那收费简直轻而易举。

（2）能提供什么样的价值：有产品，有名人，粉丝会加群，但如果群不能给粉丝带来价值，那别人付费的意义何在，付费群的目的就是传递价值。这种价值可以是定期得到新品试用；可以是解决粉丝的实际问题或者困惑，个人经验值也是稀缺品，别人能学习到这种经验就是价值体现。

（3）与粉丝的关系：如果将粉丝升级为付费会员，那一定要维护好和粉丝的关系，信任关系，也是决定成交的关键因素。因为专业，所以信赖，因为信赖，所以成交，这是情感因素。对于社群而言，这是情感营销的一部分。

（4）价格：社群付费要考虑到粉丝的消费能力和接受能力，大部分社群会员都定位在几百块。目前一二线城市出去吃顿饭的消费都能到几百块，所以如果对粉丝有价值，大家不会在乎这些。价格还要试水，不能上来就几千上万，用户还没看到价值就吓跑了。当然如果是奢侈品试用等高端定位，那另当别论。

图 3-32　玩转社群

我们有了自己的社群，有了付费服务后，就要对付费会员负责。我们以罗辑思维为例说下如何玩转社群，如图 3-32 所示。

（1）会员互动。给会员组织相亲，女会员把照片和个人情况发上去，在社群中征集意中人。

（2）更好服务。比如有会员从单位辞职了，想找一个下家，可以很快通过社群内发散到外部找到。

（3）行动召集。比如许多会员想去哪儿旅游，谁家企业愿意给社群出钱，社群给谁出名，分分钟就筹集起来了。

振宇说："我以 200 元招募会员，也是想通过它来识别属于我的社群，寻找志趣相投者。"当然，他也曾说过"社群电商，就是一起挣社群外的钱"。虽然目前这一点体现得还不明显，但他们一直尝试最新的社群玩法，给我们企业或个人都提供了很好的社群服务方法。

2）付费社群的好处

社群的核心在于价值的产生。社群的建立运营有三重境界：价值观、兴趣、利益。最高境界是价值观统一的人建立一个社群。从企业角度来说，付费社群能快速回收成本，进而升级服务，更专业、更专心地为会员带来持续的高价值，实现良性循环。从个人角度来说，付费社群能让自己有更大的提升，当然如果没有看到价值，个人也不会付费的。

3）付费社群的风险

付费社群也不是万能的，很多群主会发现粉丝来自各行各业，自己不可能把粉丝的问题全部解决。很多人的目的就单纯是赚钱，如当初的朋友圈面膜后来被所有人鄙视，甚至有人说，凡是做粉丝生意的，最后都会完蛋。这是因为粉丝购买的不是产品，而是你给他带来的价值。一旦在运营过程中，有会员不满，觉得自己的付出（会员费）没有得到应有的报酬（价值），可能会因为这一个人搅乱了整个社群的运营。

付费这种模式是一个好现象，商业化在很多领域都是必然趋势，正面看待、拥抱变化，可能带来意想不到的收获。对社群来说，提供有价值的内容，满足需求，也是提升产品的价值和实现销售的有利途径。

7. 中小传统企业类型和社群关系

我们讲解了品牌产品型大企业的社群营销体系，也讲解了企业 QQ 社群的运营方式。通过前面的讲解，我们来思考几个问题，如图 3-33 所示。

图 3-33 社群营销的思考

针对这些问题，我们讲解几个主要的解决思路。

（1）从企业类型来说：B2C 企业所做社群一般只针对种子用户，因为社群也有一定的负面性，如果所有用户都在，或者一些左右摇摆的用户在，那可能会发布一些不利于企业的言论，而社群又是多点交互的，群成员都能看到，这会有一定的风险。B2B 企业一般主要做行业资讯类社群，如一些行业平台会做本行业的社群，聚集行业人士。

（2）从销售频率和销售金额来说：销售频率比较高的，一般消费金额不会太高，适合做社群，因为社群能提高客户黏度。比如服装、小家电类企业。大客户销售和销售金额比较大的，适合做朋友圈，如汽车类、房产类，因为金额比较大，销售达成没那么快，要经常保持和用户的互动。

（3）从企业大小来说：小企业可以做朋友圈销售，这样比较灵活，成本也低，核心的客户可以做小范围社群，如服装类可以运营服装搭配等方面的社群；大企业里，员工可以进行朋友圈销售（特别是线下店员工），总部建立核心客户社群。还可以通过营销见面会等建立社群，单店线下活动促销也可以搭建社群。具备线下店的企业，想办法让进店客户进入朋友圈，通过朋友圈运营保持客户关系。

企业运营社群的好处就是不会让用户觉得你是特意做销售，企业组建社群的方式最常用的就是以活动引出来社群，或者核心用户见面会，或者以中间的主题（如服装搭配、机器维修等）来建立。当然，还有传统的一些方式，如通过百度、京东、线下店、微博来引流，如图 3-34 所示。

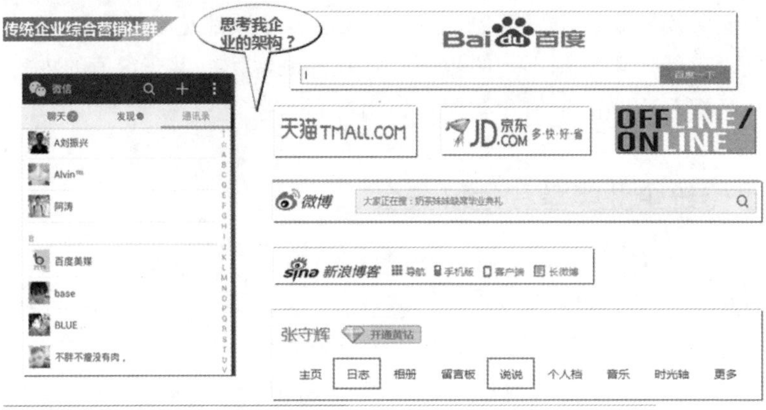

图 3-34　社群成员来源

8. 微社群定位、运营及管理

要运营一个微社群，我们首先要思考 6 个问题：

- 社群定位
- 参与类型（多方参与，单方主导）
- 各方价值
- 内容运营
- 互动问题
- 群规，仪式感和自组织形成

接下来我们针对每一个问题详细介绍。

1）社群定位

社群的定位就是要确定我们用这个群来做什么，目前主要的社群有四类，如图 3-35 所示。

- 活动群：主要组织一些线上或线下的活动，方便参与人员学习认识交流（如图中的互联网电商智库总群，主要用来组织互联网电商方面的线下活动）。

- 行业群：主要是发布一些行业的资讯聚集行业人士，或者帮行业内人员达成业务（如上海高端建材材料商群）。
- 兴趣群：吸引有共同爱好的一些人认识沟通交流，如烹饪、摄影、旅游。
- 产品品牌群：企业产品的核心粉丝，用于互动交流。

图 3-35 社群的定位

2）参与类型

我们将参与类型分为多方参与和单方主导。如小米类型的产品群，一般是由小米官方主导的，主要目的就是维护产品的使用者；如图 3-36 所示的培训需求对接群也是典型的单方参与群，群规明确规定，成员不能随便拉人进来、除了周五不可以随便说话。多方参与，顾名思义就是有很多人加入，没有特别的金字塔式组织，属于去中心化的一种结构形式，例如如图 3-37 所示的微信群。QQ 群是由好讲师网维护的，参与方是网站平台、培训机构和老师。培训机构和老师可以在这个群里认识，发现双方正是自己所需要的后，就可以小窗口单聊。

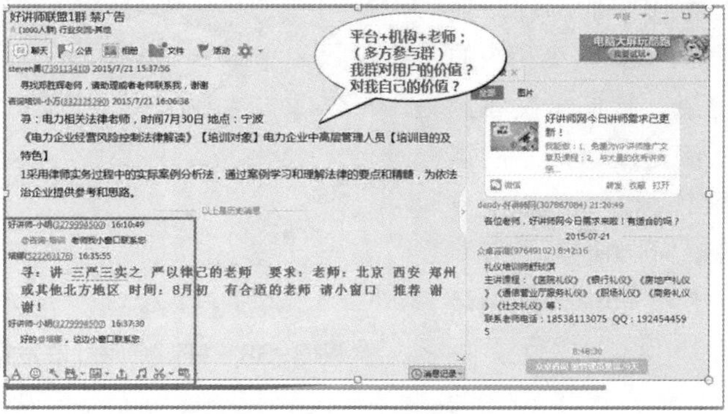

图 3-36 多方参与的 QQ 群

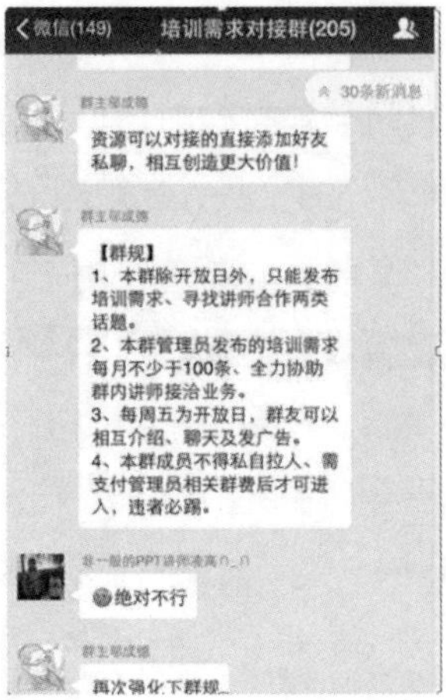

图 3-37　单方参与的微信群

3）各方价值

还是参考图 3-36，培训机构和讲师到底在这里能找到什么价值？没有价值，谁还愿意留在这个群里呢？

我们看到在这个 QQ 群里，很多培训结构在群里发布培训信息寻找授课老师，群的作用就是帮助他们更快地找到匹配的老师。这个群里有很多讲师，他们会查看到有什么课程正是自己擅长的，然后洽谈。群的作用对于老师是获取更多有效的信息。对于好讲师网平台，正如图中红框框出来的那样，他们也会@对应的机构，收集相应的寻找老师的信息，把信息发布到自己的网站，满足运营网站的需求，如图 3-38 所示。通过以上分析可以看出来，不管是平台方、供方还是需方，社群很好地满足了各方的需求。

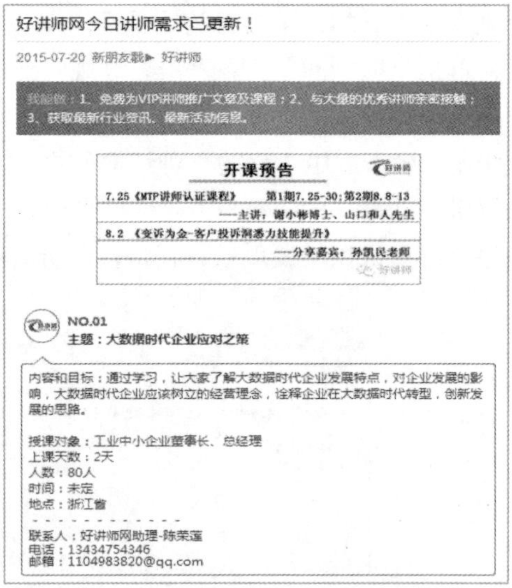

图 3-38　好讲师网社群发布的信息

4）内容运营

好的内容是运营的关键，而发布的内容因社群的定位不同又有些差异，如图 3-39 所示。如行业群，通常要发布一些与行业有关的信息，这样群成员才能掌握市场的变动，才会离不开这个群。如互联网+行动计划群，发布的是有关商业计划书、O2O 运营、智慧城市顶层设计，这些内容刚好是群成员需要的；对于烹饪兴趣群，我们就要发布一些烹饪流程、烹饪技巧和饮食中需要注意的一些搭配。这些内容的发布不但会使群成员不愿意离开，而且也会引导他们参与发布相关的内容信息，引导大家的共同参与，使群更有价值。而对于单方运营群，如图 3-40 所示，就只有主导方在发布内容，群成员一般很少插话，这样如果主导方发布的内容都很有价值，群里面干净，展示清晰，便于大家阅读。

图 3-39　社群的内容运营

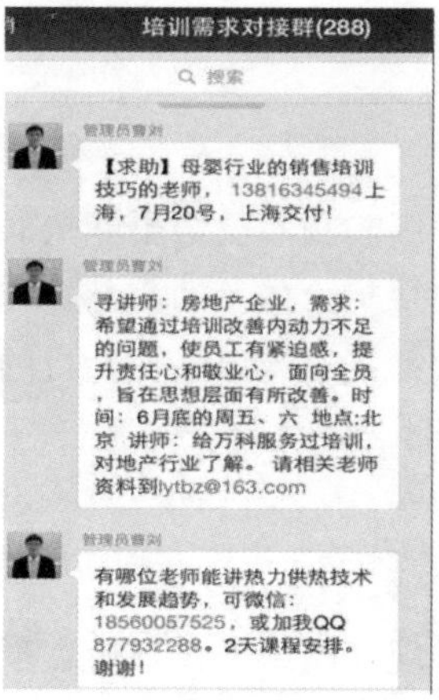

图 3-40　单向主导群内容运营

5）互动问题

社群的互动有一个周期，从前期只有几个管理员说话，到越来越多的成员参与讨论；从只有管理员发布资讯，到更多的人提供行业新闻或第一手资料。在这个周期内，群管理员要承担很多的运营重任，如选择发布的内容、设计发布的频率、增加成员的互动等。

如图 3-41 所示，上文的单方主导收费群针对管理员发布的信息质量问题，就有成员提出来意见，这样一个方面对管理员是压力，同时群也可以运营得更好，其实也是群成员的自律过程，说明满足了成员的需求，管理员可以更好地管理和运营群。如图 3-42 所示群主在协调每周调换群主持人，保证大家都参与进来，同时都获取价值，满足各方参与人的需求。

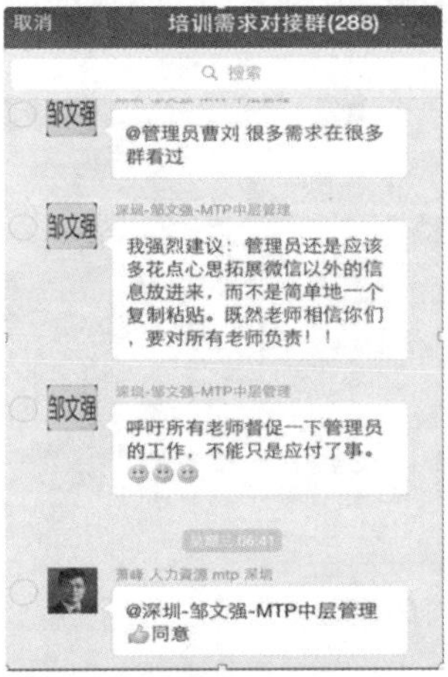

图 3-41　互动问题讨论

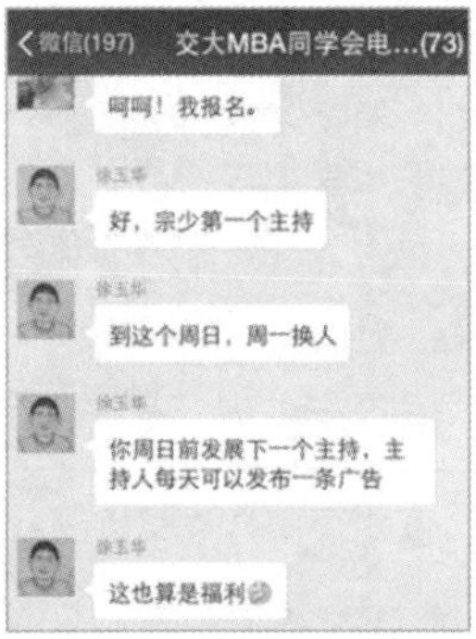

图 3-42　群主在协调管理

6）群规

当群成员越来越多的时候，我们已经不能依靠大家自觉发言，每个人可能抱着不同的目的加群，有的是想给自己的产品打广告，有的是想认识更多新朋友，有的就想来认识行业领袖。不管出于什么目的，让大家在一定的规则下有秩序地发言，是每个社群都要做的，这就需要群规，微信群和 QQ 群都有群规，如图 3-43 所示。

群规给群成员一种仪式感，比如以前的桃园三结义，在结义前跪拜、喝酒、歃血为盟都是一种仪式。体现在网络上，体现在群里面，就是群规。比如中华讲师网的群交 200 元入会费才能进群，这就是仪式。通过这种仪式，建立和老师之间的更多链接，因为我收了你们的钱，我要好好服务你们，因为服务你们，所以你们要接受我的管理。

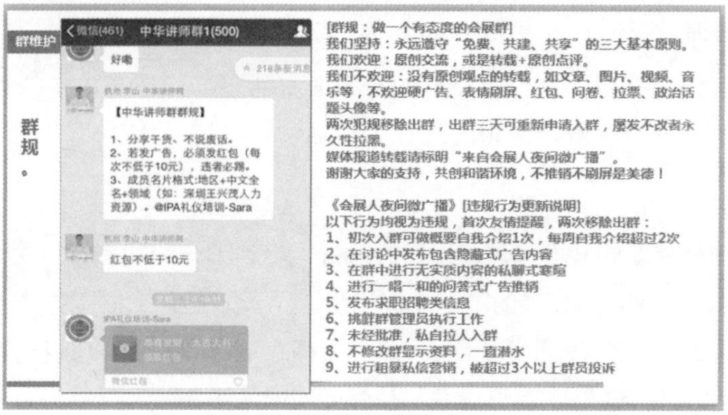

图 3-43　群规

7）案例

笔者合作的一个管理咨询公司，还没有建立自己的社群，我们利用本节介绍的几个与社群相关的问题，来对如图 3-39 所示的形式介绍为什么它要建立社群、是否可以运营好！

案例正如图 3-44 所示。

图 3-44　咨询公司建立社群

- 群的定位是：睿觉经纪管理，用于和机构互动，机构试听老师的课程；
- 参与者：睿觉同事，签约老师，培训机构；
- 机构好处：试听老师课程，发布找老师信息；

- 睿觉好处：招募机构来听课，获取培训信息；
- 管理者（群规和仪式感）：睿觉经纪要求只发布需求老师、试听课程、培训行业信息，并且要求禁止广告。

根据开始的分析，这个群刚好满足了所有的点，应该可以运营得很好，也正如我们判断的，本群已经很好地在平稳运营。

8）总结

随着越来越多的社群出现，我们的手机一定到了饱和状态，当我们打开微信或 QQ，第一眼看到那么多的社群未读信息，第一眼是什么感觉？大部分都对自己没有用，还是删除吧。正是因为大部门人都有这样的想法，所以社群也会越来越玩不下去。但社群是连接消费者与品牌之间的最短路径，我们最有效的销售方式就是社群，如果运营不下去该怎么办呢？有没有什么好的解决方案？

我们这里简单说几点：

（1）给群成员分类，比如新成员加群的时候，要求修改群名片，如地区+岗位+昵称。这样也方便后期的数据分析和统计，哪里的成员多，就可以多在哪里举办线下活动。

（2）运营人员有一定的网站流量考核指标，这个针对的是有官网的企业，实现从社群到官网的引流，比如一些技术咨询问题可以直接去官网，在群公告上出现官网地址。

（3）一开始就设计好群规，什么样的言论不能随便发；或者针对不同方向的客户设计不同的社群，以免相互影响，显得信息很乱。

（4）群成员规模达到一定数量后，一定要想办法让群成员觉得这里有价值，比如：

- 每周邀请一位嘉宾，给群内的小伙伴带来一场关于职场的分享。
- 分享时间：每周日晚上 8:30～10:00。
- 分享方式：群内文字分享，分为嘉宾分享和群内答疑两个环节。
- 嘉宾邀请策略：首先邀请公司内部相关人士，如我们的 CEO、CFO 等；其次，邀请我们一直以来都有相关合作或比较熟悉的嘉宾。

（5）预告，不管是线下活动还是线上分享，至少提前两天发布群公告，QQ

群可以@所有成员，让成员都收到，也建议他们相互传播，吸引更多的人入群。

（6）分享总结。在线分享结束以后，把分享的内容总结上传群文件，同步发到微博、微信以及官方小组，让更多的人发现价值所在。

实际上，如果按照我们上面讨论的方法，从群的定位、确认了参与者和各方价值、解决了内容运营和互动问题，通过群规规范，如果达到仪式感和自组织的形成，特别是自组织的形成后，这个群就稳定平衡了下来，群成员会自我管理和产生有价值的内容，群就基本可以正常运营，群主只需要简单引导管理就可以了。

第二讲：个人移动互联网品牌建立和销售完成

本讲主要内容：

- 传统企业如何处理移动互联网和从业员工之间的关系
- 个人销售通过微营销完成销售的步骤和要素
- 个人如何通过移动互联网定义个人品牌
- 销售人员个人如何通过内容运营个人品牌
- 个人微信上增加粉丝的功能及使用
- 销售人员基于移动互联网线上资源的圈子营销
- 销售人员基于移动互联网线下资源的圈子营销
- 传统企业销售及管理人员自建社群的要点和玩法
- 如何利用别人的社群的话语领袖建立自己的人脉圈子
- 个人销售如何把无关系变成弱关系、强关系、钱关系
- 销售完成和O2O活动及线下体验
- 不同企业类型的员工选择个人微营销工具选择的分析比较
- 公司对员工的管理和考核

1. 传统企业如何处理移动互联网和从业员工之间的关系

前面讲到移动互联网就是要建立链接和关系，粉丝是移动互联网的数据库资源，是链接的对象，是公司的核心价值，资源是个人的也是公司的。很多企

业的老总可能会问：我让员工用自己的微信来跟踪潜在用户，那公司怎么管理呢？

的确，公司可能碰到员工调动工作岗位或者离职的问题，而微信号和粉丝一般是随人走动的。企业怎么处理这个问题，怎么从前期就避免这类问题？

笔者的建议是，一般可以在开始，公司就考虑为重要的部门或者销售人员配备单独的手机，这样不会因为离职而发生公私不分的现象和问题。

2. 个人销售通过微营销完成销售的步骤和要素

个人销售要通过微营销完成销售需要经历如图 3-45 所示的 3 个环节，这些环节我们在接下来的章节还会细化。

图 3-45　移动互联网销售过程

- 移动流量：在移动端，粉丝就是流量，这里的移动流量就是粉丝或朋友圈好友的数目，这些流量可以通过手机通讯录或 QQ 好友导入，也可以在平时注意积累。
- 移动转化率：要让粉丝转化为销售客户，首先要打理好自己的个人品牌，比如让粉丝觉得你一直很贴心，粉丝生日赶紧送上祝福等；平时发布朋友圈也要注意内容方面的运营，发什么样的内容不会打扰到粉丝，什么样的内容又会引起粉丝的兴趣。也可以将一些有相同爱好的粉丝拉入共同的微信群，平时将一些活动信息、专业行业知识信息发布到群里。
- 完成销售：通过朋友圈或微信群的各种线上互动，与粉丝保持良好的关系后，再邀请他们到线下来试用（B2C 企业）或者参加线下活动（B2B 企业），再利用线下沟通完成最终的销售。

个人销售要注意粉丝好友的质量，粉丝好友一定是有效的，如行业人士或者意向客户。在打算通过微营销来进行销售前，一定要考虑两个问题：

- 我需要什么粉丝？
- 如何优化我获取粉丝的途径？

如图 3-46 所示我们举了 3 个例子，大朴、铁甲二手机和苏宁易购，因为企业产品的定位不同，也决定了个人销售面向的粉丝群体不同。选择粉丝一定要与行业或用户匹配。比如，大朴网要选择更注意家纺安全的粉丝；铁甲二手机就要选择机械行业内的人士；苏宁则选择所有进店人群。

图 3-46 粉丝的质量

知道了我们该选择什么样的粉丝，还应该知道选择粉丝的途径，我们不能到大街上随便拉住一位行人就让人加好友，这样的粉丝绝不会是有质量的粉丝。企业可以有几个途径来获取优质的粉丝：

- 行业会议高端人群活动
- 行业展会论坛
- 进店人群

3. 个人如何通过移动互联网定义个人品牌

前面我们曾经提到过，在个人通过微营销来完成销售的过程中，需要打造自己的移动个人品牌。个人毕竟不是产品，所以没法具体用价格、质量等产品属性来定位，但个人品牌是个人外在形象和内在涵养的展示，是留给客户的第一印象，所以个人品牌的打造对促成销售非常重要。

我们从以下三个方面来打造个人移动品牌。

- 微信名字和签名：加深粉丝对你自己的了解，名字和签名都可以是电话、职位、产品等。
- 背景图片：加深粉丝对品牌的印象，可以是公司 LOGO、产品图片等。
- 定位：可以是积极向上、正能量、善良、乐于助人等中国人喜欢的品质。

如图 3-47 所示笔者提供了一个朋友的朋友圈，我们来分析这个朋友的个人品牌。首先是微信名称，她的微信名字是“百度推广”，而从她的签名中我们可以了解到这是她的职业。将职业作为微信名字有两个好处：一是她发布的内容经常出现在你的好友圈里，你一看就知道她是做什么的；二是她如果在你的内容下面点赞，容易给你留下印象。其次我们看看她的背景图片，百度公司的背景，这是让企业品牌为自己的个人品牌背书，这么知名的企业，会增加别人对自己的信任感。

还有，我们看看她的签名和发布的内容。签名是“客户拒我千万遍，我待客户如初恋”，内容是“6 月干得非常漂亮，上分第一，是金子在哪里都会发光”，通过这两点，我们可以看出她对自己的定位，给别人的印象是：很正能量很积极向上，不达目的不罢休。

图 3-47 打造个人品牌

很多人用到现在也没有用过签名功能，这里多说几句。打开微信后选择右下角的“我”，打开后就会显示你自己的头像和微信号，点击头像后，可以设置微信名称、二维码、签名等。在签名处输入你要告诉别人的内容，别人打开你的朋友圈后，就会一眼看到你的签名了，如图3-48所示。

图3-48　微信个人签名

笔者的这位朋友，微信名字和签名也都具备前面介绍的打造个人品牌的几个要素，如“九型衣经”其实就是一套穿衣服的理论，我们看名字也能知道她是做什么的，从签名里面也可以看出，她是形象营销顾问、分享导师，这样有这方面需求的用户就会直接联系她。省去了“你是谁？”、“你是做什么的？”这类问题。

如今很多公司的员工开设卖企业产品的微店，这个时候起名就更加关键，比如苏宁员工，笔者建议是苏宁所在的地区+本人的姓名，如南京苏宁康志军，这样朋友一看就知道你是做什么的，还能让企业为你背书，给人留下深刻的印象，信任感也不言而喻了。

4．销售人员个人如何通过内容运营个人品牌

个人发布的内容要与所销售产品相关，注意这里提到了相关，并不是每天发自己的产品才是销售，才能销售。内容运营的关键是最终打动用户达成销售，如果每天发自己的产品，用户看不到他的价值，朋友圈的销售是潜移默化的。比如朋友圈里有个朋友卖玉，天天说这个玉好那个玉好，每天都是这些内容，大家都对他比较反感，已经悄悄“不看他的朋友圈”。那如果每天他除了说他的玉外，还可以讲解一些玉文化、一些玉故事、一些带玉对身体的益处，那我们会不会有时候还想看一看呢？

如图3-49所示是民办补习班的小学校长发布的朋友圈，他发的内容主要是教育，那为什么发法华经的内容呢（图右侧的圈注）？

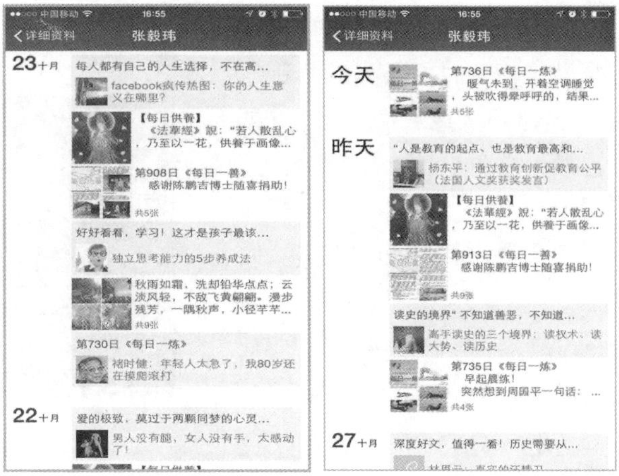

图 3-49　为什么经常发法华经

其实这也与他的自身定位有关，法华经教导人们向善、信佛，这位朋友发布这些内容也是告诉朋友们他的为人处世方法。

除了要运营好自己的朋友圈，我们也提倡多平台运营，如 QQ、微博、行业网站、商务交友等其他平台，如图 3-50 所示。我们发布在微信中的内容，也可以通过朋友圈的分享功能，直接分享到说说或日志中。微信提供这些分享功能，那我们就不用复制来粘贴去的了，也提高了我们的运营效率。

注意：个人时间有限的情况下，也可以转发企业的一些信息或资讯。

图 3-50　多平台运营

5. 个人微信上增加粉丝的功能及使用

微信为增加好友功能提供了很多的方便，如图 3-51 所示。添加好友主要的方式有 QQ/手机联系人、面对面建群、雷达加朋友、扫一扫。下面我们会分别简述如何使用这些方法。

1）增加 QQ 好友为微信好友

当我们点击添加朋友界面的“QQ/手机联系人”这一项时，首先会选择要添加的是 QQ 好友还是手机联系人，我们选择 QQ 后，出现如图 3-52 所示的 QQ 分组内容。选择要添加的 QQ 好友，然后点击右侧的“添加”按钮就可以发送微信好友申请了。

图 3-51　添加朋友

图 3-52　微信分组

2）面对面建群

面对面建群是微信推出的一个很有趣味性的功能，比如多年的同窗在一起聚会，那可以利用“面对面建群”功能创建一个单独的微信群，聚会后可以发一些聚会的照片和下一次聚会的地点。对于企业来说，一次小范围的线下新品试用会，也可以让销售人员与用户面对面建群，这样产品的一些使用信息、BUG 等可以通过群聊的形式提交给产品研发部。

面对面建群需要我们和身边的朋友共同输入四个数字，如 2486，然后微信界面就会显示已经输入这些数字的微信好友名单，如图 3-53 所示。输入数字后，界面上会出现一个“进群”按钮，我们只要点击“进群”就可以加入这个面对面建立好的微信群了。

提示：面对面建群后，群没有名称，如果是产品试用群，可以由销售人员更改群名称。

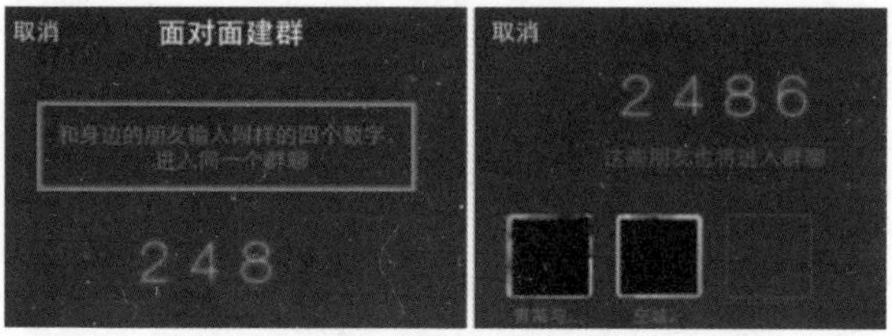

图 3-53　面对面建群

3）雷达加好友

这个功能也很有趣，但我们点击“雷达加好友”后，微信会出现一个模拟雷达扫描的界面，这里显示了一定范围内同时在使用这个雷达功能的人，如图 3-54 所示。

图 3-54　雷达加好友

4）扫描二维码

微信会帮我们自动生成一个属于自己的二维码，这个二维码可以带头像（比如产品或公司的 LOGO），可以变换形状，也可以是普通的二维码，如图 3-55 所示。目前很多人已经将二维码印在名片上，这样参加线下活动或一些展会时，发放名片，或双方互加好友会更方便。

图 3-55　个人二维码

6. 销售人员基于移动互联网线上资源的圈子营销

移动互联网的线上资源，这里我们主要讲社群，就是微信里面的微信群，如图 3-56 所示。销售人员可以利用微信群进行圈子营销。社群资源有两种：自己运营或者加入别人的。

图 3-56　社群好友来源

1）自己运营的微信群

自己运营微信群要注意目标客户要和自己的客户相匹配。自己运营的微信群最大的一个好处就是，你加群成员为好友的时候，他们一般不会拒绝，这样获取用户流量的成本就会很低。

如果要自己创建一个微信群，一定要考虑好几个问题：

- 我要建立什么样的社群？
- 建立后有什么好处？

如图 3-57 所示是笔者的一位朋友所建的微信群，他是做传统零售的。在移动互联网时代，传统零售最关心什么呢？就是创新营销，于是他创建了这个微信群“创新营销学院”，很快就聚集了几百个用户，或者说关心这个行业的朋友。

建立微信群后，并不是要直接在里面销售，如果天天在里面卖货，那很快就没几个人了，我们建群的好处是获取移动流量，也就是获取粉丝，我们要把群资源转化为自己的朋友圈资源。

图 3-57　自己运营的微信群

2）加入别人的微信群

用过微信群的人都知道，要加入别人的微信群有三种方式：

- 参加行业线下活动，每个活动都会自己建立一个群。
- 群成员邀请加入。假如你有认识的同行业的领袖或朋友，可以让别人拉你进去。
- 扫描别人微信群的二维码，这个二维码只有一周的有效期。这类比较难，可以在网上搜索你的相关行业微信群，会出来一些二维码，但鉴于时间关系，成功率较低。

如图 3-58 所示是笔者通过以上方式加入的群。

图 3-58　别人的微信群

7. 销售人员基于移动互联网线下资源的圈子营销

前面我们讲解了利用线上资源进行圈子营销，除了线上外，我们也不能忽视线下资源。线下资源的圈子营销主要有以下四种方式。

- 线下聚会：如 QQ 群的线下聚餐。
- 圈子活动：如本地 HR 交流会。
- 行业展会：假如你是做家具的，就可以参加家具展览会，如图 3-59 所示。
- 高峰论坛：行业大方向的一些交流论坛，比如互联网金融高峰论坛。

在这些活动中，我们可以使用雷达搜索好友，或者使用面对面建群的功能，拓展自己的圈子。

图 3-59 行业展会

还有一个方法能获取某些用户的微信号，例如把所有收到的名片都拿出来，添加手机号或 QQ 号试试，这也是线下资源转化为线上资源的一种方式。

8. 传统企业销售及管理人员自建社群的要点和玩法

前面我们曾提到如何做社群的营销，主要的内容就是如何把控以下几点：

（1）社群定位

（2）参与类型（多方参与，单方主导）

（3）多方价值

（4）内容运营

（5）互动问题

（6）群规，仪式感和自组织形成

这些内容虽然看起来简单，如果企业有专人负责还好，但个人在精力和资源上都很有限，这就需要个人把社群尽量地做成自组织。个人社群的优点是个人行为，社群的服务质量如果不是太好，别人原谅空间会很大。

如图 3-60 所示是名师学院自己运营的群，他们很容易就建立了和粉丝之间的关系。在群里可以参加线下活动、领取红包、@人名等，这都是和粉丝建立熟人关系的办法。当然，如果自己是群主，那你在粉丝心目中就会占据特殊地位，你自己也可以掌握哪些资源是粉丝需要的。

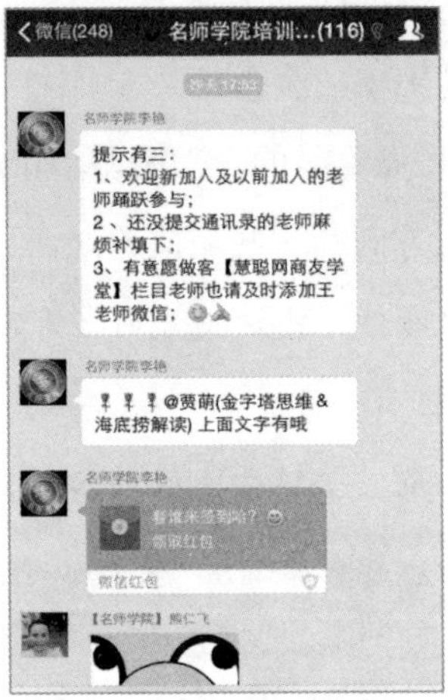

图 3-60　名师学院微信群

9. 如何利用别人社群的话语领袖建立自己的人脉圈子

转发适合群成员的文章，最重要的是有自己的观点和评论，多互动，建立和群主（即意见领袖）的关系，下次群里面有活动，如线下或者线上的，你可能作为嘉宾就参与了，马上会认识很多人。

我们这里通过两个案例来讲下如何利用别人的社群。

【案例一】

如何拉别人群里的人呢？

（1）进入别人的群，发表一些与群主题相关的内容，如图 3-61 所示，通过几番交流，群主在最后也发上来一个人像。这种内容尽量多发，多认识群里的一些意见领袖。俗话说，混个脸熟。

（2）混熟之后，查看群成员信息（如图 3-62 所示），可以将群成员加为自己的好友。

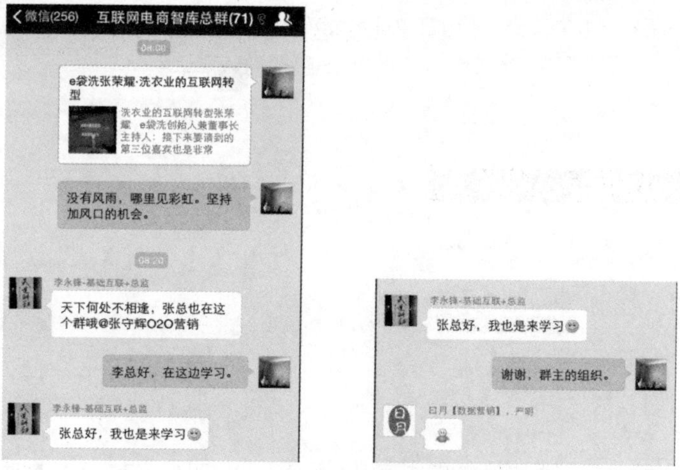

图 3-61　发布一些相关主题和群主互动

图 3-62　查看群成员

【案例二】

新班级如何让大家很快熟悉自己呢？

（1）刚好碰到班级群里某同学做了一个营销砍价活动，如图 3-63 所示。

（2）我不光立刻参与，还顺势引出自己的话题，有些人就会很好奇地询问，如图 3-64 所示。

（3）我赶紧很客气地和同学交互，保持互动很关键，如图 3-65 所示。

图 3-63　砍价活动

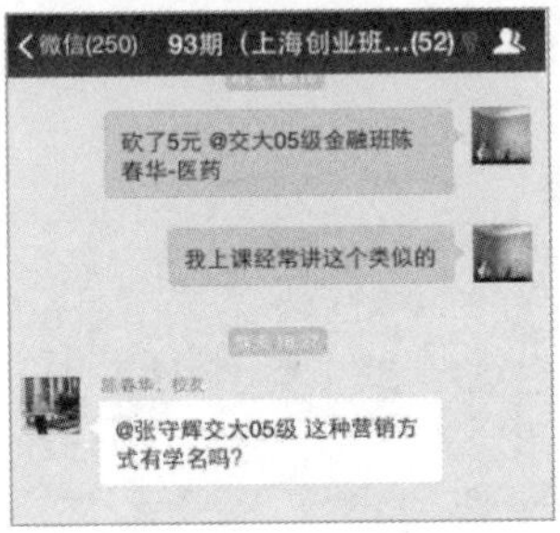

图 3-64　引出自己的话题

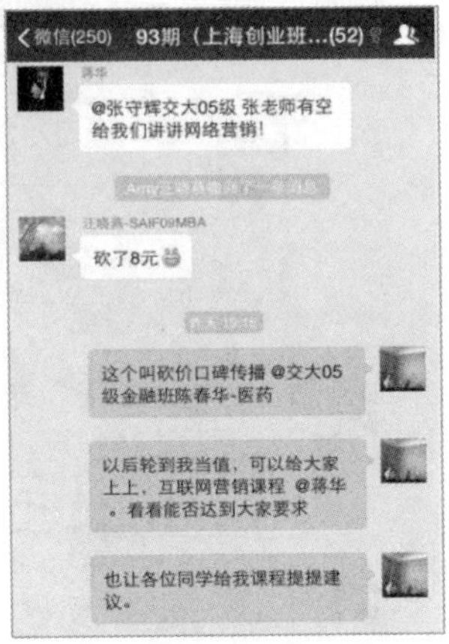

图 3-65　保持互动

（4）群内的规则是每月一个同学组织活动，原来是按照姓氏 a 到 z 进行的，这样可能就还轮不到我来组织，那怎么办呢？如图 3-66 所示，可以提建议。

（5）创业老总的执行力真是超强的，我的目的是达到了，如图 3-67 所示。

图 3-66　提建议

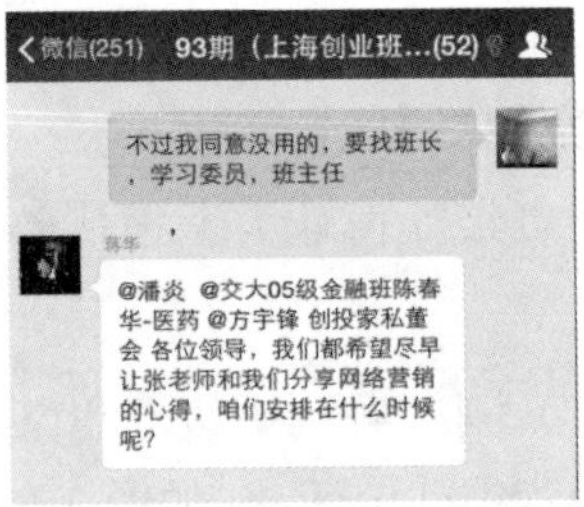

图 3-67　引起大家的共鸣

看似无意的活动和互动，背后其实是营销，以及对社群成员的心理及人情世故的把控。做不好别人说你出风头；做好了，别人很感谢你的辛苦付出。

不过也没有那么处心积虑，在自己力所能及的情况下帮助到别人，别人也自然会帮助你，最终达到各方共赢的目的。

10. 个人销售如何把无关系变成弱关系、强关系、钱关系

有人到苏宁逛了一圈，什么都没买就走了，离开店后，苏宁营业员就再也看不到这个客户了，这是无关系的客户。店员和客户之间没有建立任何关系。

以前参加展会，拿到一些企业或个人的名片，这是从无关系到弱关系。但我们拿到名片后，有多少人成为自己的客户呢？

图 3-68　微信销售成交过程

现在，微信让大家建立了另外一种弱关系，个人销售的过程就是将这种弱关系变成强关系，甚至钱关系，如图 3-68 所示。

1）关系的转化过程

假如有一名客户走进苏宁，告诉店员自己两个月后装修完毕，需要一些电器，先来看看。那店员除了介绍自己的产品外，还需要留下客户的联系方式？是要电话还是微信呢？如果要了电话，直接给用户打电话，用户会比较反感电话销售，那销售就无法达成了。但如果要了微信，平时多和用户有一些互动，用户会不知不觉产生信任，到店里有活动的时候，店员赶紧微信用户优惠券或活动主要内容，用户会不来吗？

以上就是店员将用户从无关系变成弱关系，再到强关系的整个过程。

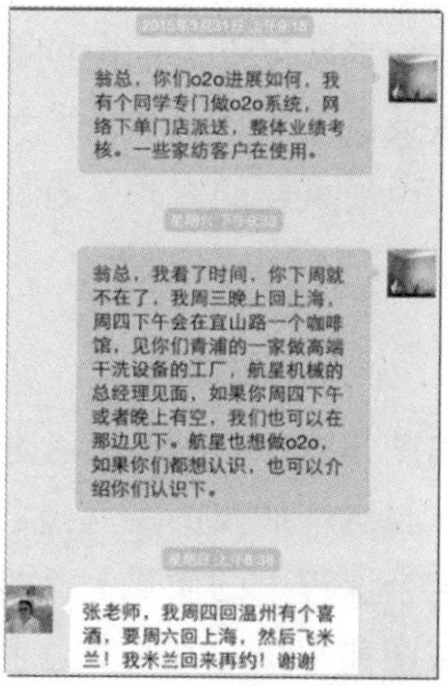

图 3-69　微信销售跟进互动

2）不怕麻烦客户

不要怕麻烦客户，客户没回答你，不代表客户没看到。如图 3-69 所示，笔者在 3 月 31 号的互动客户就没有回复，但后来联系上了后，笔者又发送了一条，不但得到了客户的回复，后来还成单了。当然，这里有个适度销售的临界点，这样的问题问多了，就成了骚扰了，后面我们有一个

图专门说这个。

3）盯住目标客户的互动，将客户变成熟人

我们先来看图 3-70，如何建立微信的熟人关系。

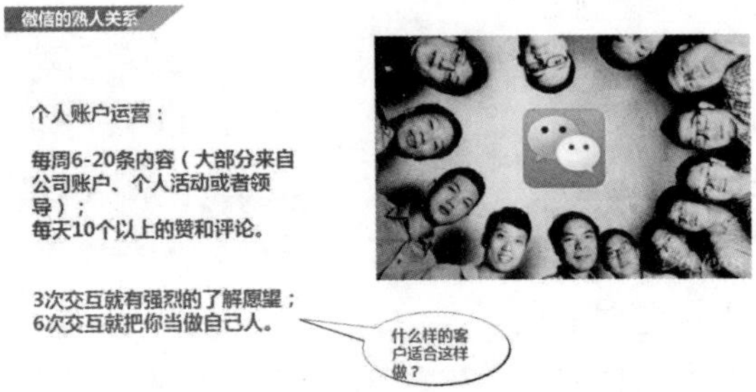

图 3-70　建立微信熟人关系方法

心理学研究证明，如果别人与你交互 3 次，你就会对他有强烈的了解愿望，而与你交互 6 次后，你就会把他当作自己人。体现在微信上的话你会发现，如果有人连续 3 天给你的内容点赞，或在你的内容下面评论，那你肯定会点击他的头像进入他的朋友圈看看这个人是谁？

所以我们在运营个人朋友圈的时候，给自己定一个目标：

- 每周发布 6～20 条内容。
- 每天 10 个以上的赞和评论。

很多销售达成起源于一个点赞，然后在评论的交互中，单独约见面最终达成销售。当然每个人的时间是有限的，你互动的客户一定是有购买意愿的，微信通讯录也提供了一些功能方便你管理这样的客户，如图 3-71 所示，你可以把对你来说最重要的客户，标记为星标客户，会显示在这个位置，方便你查看和互动。

4）个人完成销售

如图 3-72 所示是笔者通过运营个人微信号完成的一次销售。大家可以看到，在与这个朋友的交互过程中，他并没有问笔者是否能上这个课，也没有问笔者这个课程上的质量怎么样。这是因为笔者经常在朋友圈里发布一些授课活动的截图和感悟，凡是关注我的朋友圈的人都能看到，他已经通过朋友圈非常了解我了。

图 3-71　微信的星标好友功能

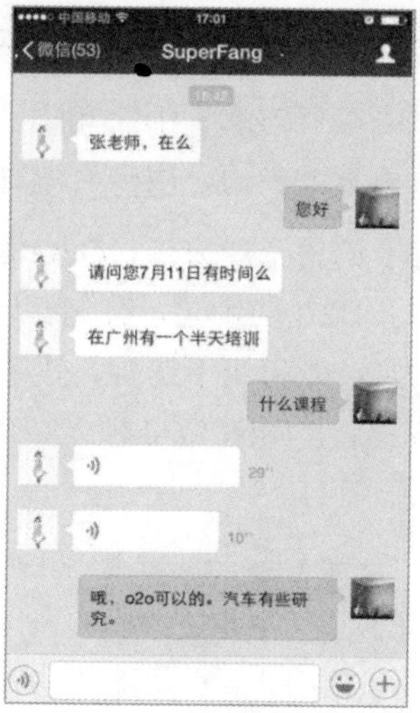

图 3-72　朋友圈完成的销售

最重要的是，通过我的朋友圈，他也非常信任我，并最终达成了我的销售。也应验了一句话：因为信任，所以简单。

5）适度销售

适度销售就是要判断目标客户的真实需求，了解到真实需求后，沟通也要适度。如图 3-73 所示是一个房地产中介给一个朋友圈好友的留言，首先这个好友不需要换房，没有这种需求；其次，同样的内容发布了大概 7 次以上，实在让人感到困扰。这就是过度营销，不但达不到自己的效果，还会失去潜在用户。

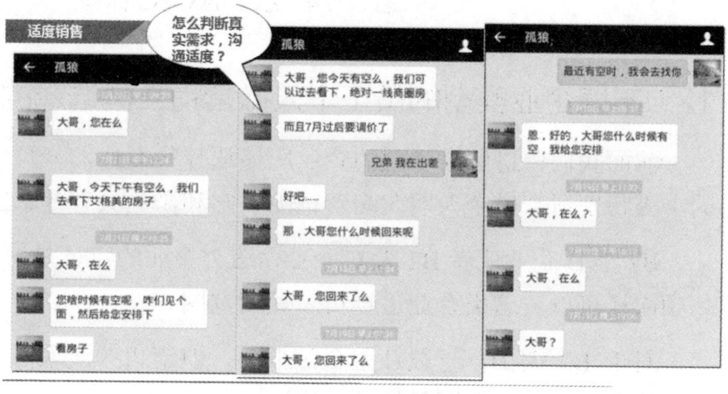

图 3-73　过渡营销

11. 销售完成和 O2O 活动及线下体验

相信本书的读者都能知道，现在的市场是一个买方市场。也就是说，市场上的产品是很多的，用户有选择的余地。那我们完成销售要怎么做呢？

对于销售企业来说，O2O 是很关键的一环，必须要采取线上线下结合的方式。对于 B2B 的销售，有句话叫见面 3 分熟，互联网营造了一个沟通的方便的手段，如果能和线下结合，效率会更高；对于 B2C 如联想已经开设了多家线下产品体验店，如图 3-74 所示。用户体验后可以到网上购买，也可以直接在体验店购买。

图 3-74　线下的 O2O 体验

12. 不同企业类型的员工个人微营销工具选择的分析比较

前面我们曾讲解过不同的企业应该选择什么样的社群。那什么样的企业中的个人特别适合做个人朋友圈营销呢？它和微商又有什么区别？

B2 小 B 企业或者 B2 大 C 企业，这类企业的特征是：订单的金额不高，销售频次还可以。这类企业适合员工做朋友圈。

对于 B2 大 B，一般订单金额很高，但销售频次太低。一般适合电话或者上门服务，个人朋友圈是辅助作用。

B2 小 C 企业，也可以使用朋友圈，如一些线下服装店，但只能起品牌推广作用，没有更多的精力互动及开拓客户。微商一般是帮助这种企业完成销售的很好手段，唯一要注意的就是不要刷屏，按照以上正常的流程做朋友圈，通过微商平台下订单和付款就可以。

13. 公司对员工的管理和考核

公司建立了移动互联网微营销的体系，能否产生效果，主要是执行和考核，既要对员工有一定的约束，同时也不要影响员工的日常销售工作。不要为了考核而考核，如图 3-75 所示是我们给某公司做的执行手册，特别要注意政策的灵活性，哪些是必须完成的，哪些是选择完成的，哪些是可以一段时间完成的，不同的企业可以根据自己的情况，选择执行。

一、	企业微信公众号内容提供		
1	时间次数	每次4-8条，早上8点前发送	
2	信息类别	励志故事	1-2条
		管理知识	1-2条
		行业新闻人物	2-3条
		公司新闻或i	1-2条
3	信息产生	公司部门产生	
		行业网站摘抄	
		别人公众账户转载	
二、	员工微信朋友圈内容规定		
1	时间	早上上班，网上下班为主	
2	条数	每天1-3条，每周10-15条，按周考核	
3	内容来源	每天转公司或者第三方的1-3条	
		每天自己产生1-3条	
4	内容类别	自己对工作的态度内容	
		对客户的拜访服务	
		公司实力：产品研发，外部活动	
		自己人生态度	
5	展示形式	图文结合	
		视角整齐（文字和图片）	
6	内容态度	阳光积极向上	
7	qq和微博	这两者和微信同步做	
		两者做的内容参照微信，工作量可以是微信的1/3到1/2	
三、	员工微信和客户互动规定		
1	互动数量	每天5-10个（至少2个行业或者意向客户），每周40个（每周10个），每月160个（每月40个），按月考核	
2	互动形式	点赞，评论，点对点沟通	
3	内容态度	内容和客户相关的，客户感兴趣的	
		态度真诚	
		赞美为主积极向上	
4	内容举例	你们进展很快，我在杭州看到你们的产品了	
		你们服务不错，上次报纸在报道你们	
		千岛湖的风景很好，你们公司真不错	
5	qq和微博	qq上重要的客户可以互动，但不做数字的规定	
四、	员工微信加粉规定		
1	加粉数量	每周5-10个，每月20-30个，其中5个是行业或者意向客户，以月为单位考核	
2	增加粉丝的办	线下活动：公司组织，个人圈子	
		加入别人的群	
		自己运营群	
		名片扫码	
		公司提供的手机号加入	
3	qq和微博	qq增加的好友数，如果和微信不重复，可以作为总体数字记入微信数字中	

执行内容规定 / 微信内容运营 / 公司销售微信运营

图 3-75 移动微营销内容规范

这个公司的背景是以销售为主的传统企业，如图 3-76 和图 3-77 所示设计的是公司的公众账号可以为销售人员提供内容的支持，销售人员自己通过朋友圈和客户交互，来完成销售。

发生日期	发布内容数量	文章发布情况	发布内容来源	发布时间：	图文阅读人数	文章分享转发次数	文章收藏次数	总关注人数	新关注人数	取消关注人数	原因分析
20150803	X	公司风采：《..》 管理知识：《..》	公司内部产生 行业网站产生	早上9:00	X	X	X		10	2	
20150804	..	..	..	..	..	..	..		..	..	

图 3-76 移动微营销朋友圈运营记录

发生日期	发布的内容（条）	互动数量（含赞和评论）（个）	有效客户互动数量	本周粉丝总数（个）	新增粉丝数（个，含qq微信）	新增行业人士或者客户数量
20150803	X	X	X	X	X	X
20150804	Y	Y	Y	Y	Y	Y

图 3-77　移动微营销公众账户运营记录

第三讲：建立运营社群圈子的其他互联网工具及应用

本讲主要内容：

- 个人销售如何定义自己的 PC 互联网品牌
- 个人销售如何通过博客沉淀自己的专业形象
- 微博个人品牌及主动营销
- QQ、QQ 群的主动营销和社群
- 商务交友和社群圈子
- 论坛、贴吧和社群圈子
- 众筹营销运营和活动吧网站

1. 个人销售如何定义自己的 PC 互联网品牌

虽然移动互联网发展很快，但毕竟常用的手机屏幕不大。在办公室、会议室等场所，大家还是习惯使用 PC 互联网。PC 互联网上也可以获取很多销售资源，像博客、论坛、QQ 群等产品还是更具备 PC 互联网的属性，适合 PC 互联网的操作。

个人 PC 互联网上面的销售过程可以参照如图 3-78 所示的企业互联网营销图。这张图是企业营销，在第 5 篇会有详细讲解，本章只说下对个人营销的参考意义。

个人和企业不一样，个人很多内容是没有精力、财力和必要做的。全网营销对个人的作用就是获取流量→实现转换（个人品牌）→实现服务和口碑。个人流量的获取来源主要是搜索引擎、行业网站、博客、微博等；实现流量转换的工具是百科、知道、微信、博客、微博、视频等。

具体如何做呢？

- 个人流量：还是关注搜索引擎，自己做的网络操作围绕关键字来进行，希望别人搜索关键字能找到我们，找到我们的地方可以是我们的网站、我们的博客、我们的微博、我们的第三方软文；国内搜索工具主要是百度、360、搜狗，但主要流量在百度。

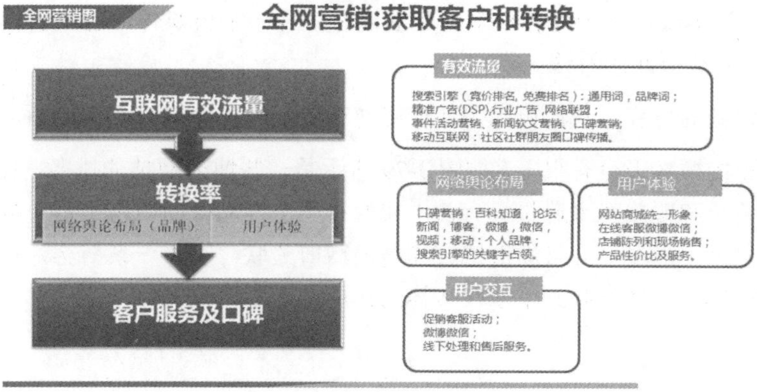

图 3-78　全网营销图

- PC 互联网品牌：和移动互联网的个人品牌一样，利用 PC 互联网的工具，展示自己专业向上、认真等公众或者客户能接受的形象；利用博客、微博等宣传工具。
- 客户服务及口碑：把 PC 互联网的流量转移到移动互联网（如微信）上，做客户关系维护；认识或找到朋友后再加微信保持联系。

2. 个人销售如何通过博客沉淀自己的专业形象

不知道现在还有多少人写日记，70 后，可能还习惯用笔记本来写日记，甚至还害怕别人偷看自己的日记。博客，就像我们写在网络上的日记，可以个人管理、不定期更新，博客系统还能将我们的日记按照日期的新旧来排序。如果怕别人偷看，也可以选择不公开博客内容。

博客的展示样式非常多样，修改也很灵活，是个人销售常用的展示个人品牌的工具。目前来看，博客的作用主要表现在：

- 作为网络个人日记，记录工作心情；
- 个人展示自己某方面特长，如专门教人做饭；
- 网络交友的地方，利用订阅、评论、私信等功能认识新朋友；

- 学习交流的地方，看别人的经验或分享自己的经验；
- 通过博客展示自己的企业形象或企业商务活动信息，转载公司的一些内容；
- 话语权，一个拥有众多粉丝的博客就像一个自媒体，能发表自己对世界或新闻的看法。

从营销的角度，我们更加关注使用博客展示形象，拥有一定的话语权。

常用的博客平台有很多，如图 3-79 所示是一些博客网站的排名，我们可以根据浏览量和覆盖率来选择最有益于我们打造个人品牌的博客平台。从排名来看，新浪使用最多，并且新浪博客和新浪微博关联，发布一条博客，默认会产生一条微博。这样就起到了双线传播的作用。

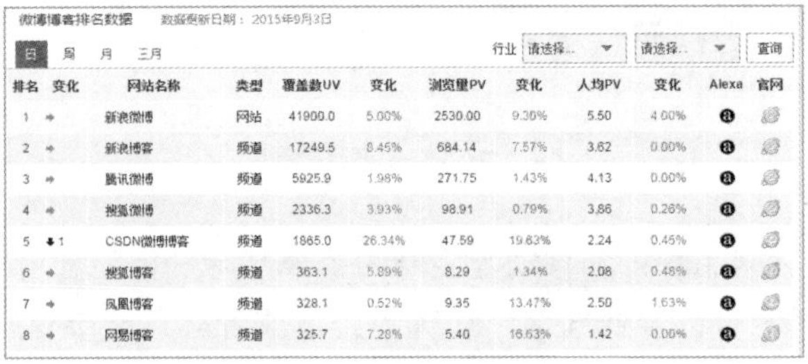
微博博客排名数据　数据更新日期：2015年9月3日

日　周　月　三月　行业 请选择...　请选择...　查询

排名	变化	网站名称	类型	覆盖数UV	变化	浏览量PV	变化	人均PV	变化	Alexa	官网
1	→	新浪微博	网站	41900.0	5.00%	2530.00	9.30%	5.50	4.00%		
2	→	新浪博客	频道	17249.5	8.45%	684.14	7.57%	3.62	0.00%		
3	→	腾讯微博	频道	5925.9	1.98%	271.75	1.43%	4.13	0.00%		
4	→	搜狐微博	频道	2336.3	3.93%	98.91	0.79%	3.86	0.26%		
5	↓1	CSDN微博博客	频道	1865.0	26.34%	47.59	19.63%	2.24	0.45%		
6	→	搜狐博客	频道	363.1	5.89%	8.29	1.34%	2.08	0.48%		
7	→	凤凰博客	频道	328.1	0.52%	9.35	13.47%	2.50	1.63%		
8	→	网易博客	频道	325.7	7.28%	5.40	16.63%	1.42	0.00%		

图 3-79　博客网站排名

我们了解了博客后，来看一个利用博客打造自己个人品牌的具体案例，如图 3-80 所示，大侠电商的赵进涛老师。

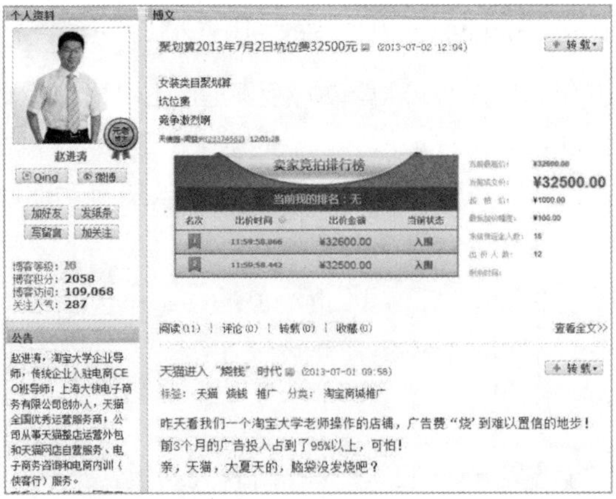

图 3-80　博客案例

我们看一下图 3-80 中用来打造 PC 互联网个人品牌的几个点。

- 描述照片：网络销售建立信任，一定要真实展示，自己的照片是最能完成真实性的表现；
- 公告：对自己真实的描述，给人留下初步的印象。
- 内容：图 3-80 展示自己的专业及行业见识；图 3-81 展示了公司在给一些大企业做项目，让大家觉得我们是可以信任的。

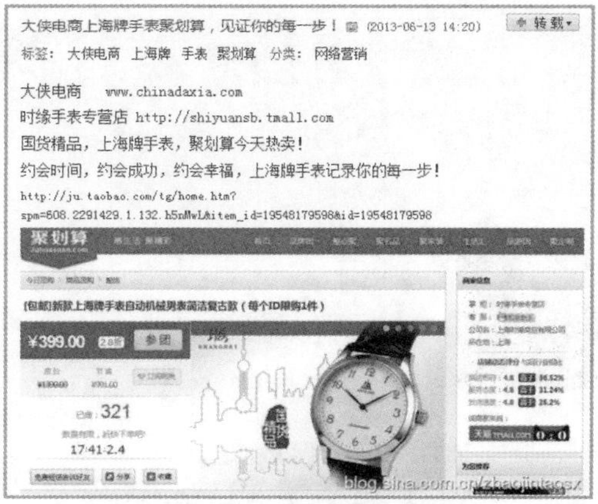

图 3-81 发布的合作项目

- 内容分类：和移动互联网里面的案例类似，可以围绕企业客户案例、客户见证、客户服务、个人感悟经历、行业和与我相关的事件、专业知识等展开。
- 博客发布的频次：博客的优势在于长久的积累，频次没有特殊的规定，但不要让别人一上来就感觉很久不更新了。可以每月 2~5 篇，而且要坚持这个频次。

博客有这么多作用，那什么样的人适合使用博客呢？

大客户销售人员、企业老板、专业咨询和服务人员天然适合使用博客，因为这些人对信任的要求很大并且需要流量，博客不但可以建立信任，还能带来流量。

要想让博客的搜索能在百度搜索里排名前几位，就要优化博客，这涉及到“标题”、“优化关键字”、“标签”等内容。如图 3-82 所示，博客的标题是：领导力培训讲师廖祐呈的博客，能看出来博主希望别人搜索“领导力培训讲师”

能搜索出来自己，具体博客 SEO 的做法大家可以参考，我们在单店 PC 互联网营销里面讲解的搜索引擎优化相关内容。这个标题还好在把关键字放进去了，和他要表达的语义很匹配，看不出来 SEO 的痕迹，也是我们做标题要注意的，既要包含尽量多的关键字，同时语义尽量接近自然。如图 3-83 所示是我的助理优化的我的独立博客的标题，她已经想办法放入了更多的关键字（如 O2O 老师、移动互联网营销讲师、传统企业转型老师、企业网络营销内训），而且尽量接近自然语义。

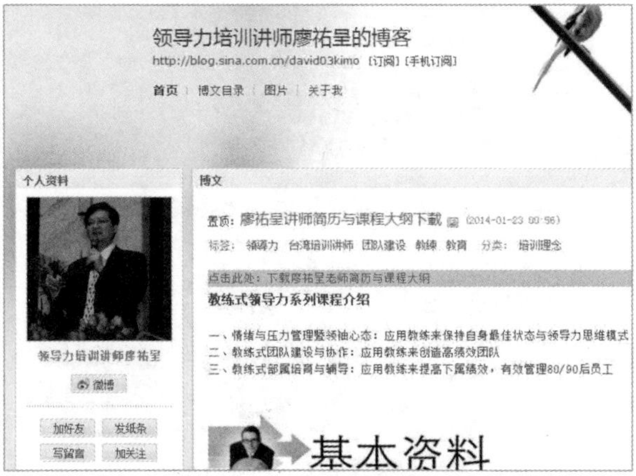

图 3-82　领导力培训讲师

图 3-83　作者的独立博客的标题

3. 微博个人品牌及主动营销

微博是一种小型的博客，它不需要发布太多的内容，一般限制在 140 字以内，可以配图。目前主要用到的微博是新浪微博，其在展示个人品牌上和微信、博客类似。

在销售里面我们可以利用微博来做几件事情：寻找潜在客户、找相关人或者和人打招呼，还有其他一些功能，本节将一一讲来。

1）寻找潜在客户

比如笔者作为培训老师，肯定要和一些培训机构合作，那如何在微博中找到这些培训机构呢？几乎所有的微博都提供搜索功能，如图 3-84 所示，我们在搜索框里输入“零售连锁培训结构”，那凡是微博名称或简介中包含这个关键字的微博都会被搜索出来。这种搜索不像百度搜索，会更加精准。比如我们在百度搜索里搜索同样的词，出来的只是一些机构的简介、机构的文章、机构的课程，没法这样直接接触机构。

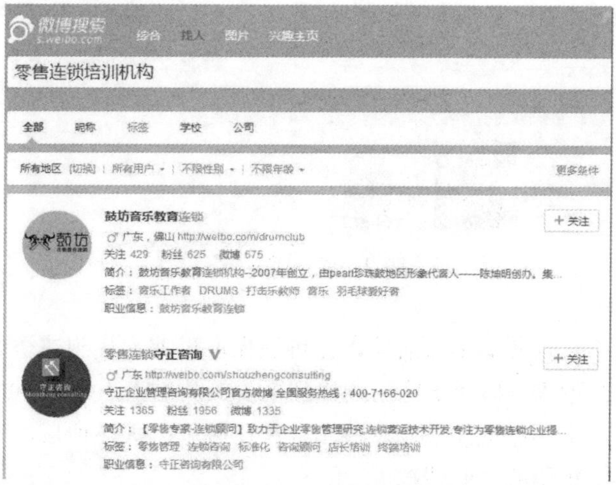

图 3-84　微博搜索

在微博中搜索不光更加精准，而且可以直接和客户联系。当然这个方法也可以反向操作（被别人找），比如有人要找一个老师，通过搜索找到了我，然后跟我私信。如图 3-85 所示就是笔者微博的个人私信，注意，这是“未关注人私信”。也就是说，我们找到客户后，不用关注客户也可以直接私信他，让沟通更方便。

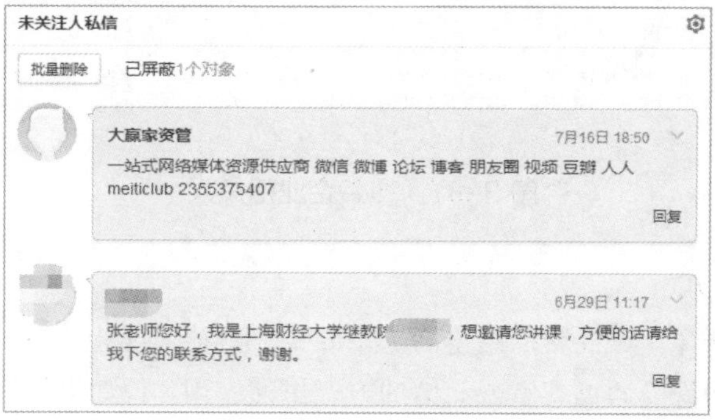

图 3-85　客户直接私信

2）找相关人或者和人打招呼

微博有一个功能，就是“圈”（@）他一下，表示和他打个招呼，如图 3-86 所示。比如我们参加了一个活动，要分享这个活动，就可以圈这个活动的主持人、活动嘉宾，他们收到后会进行转发，这也是和别人互动的一种方式，也是一种传播方式。作为个人来讲，可以通过互动跟他们逐渐混熟，从一面之交到铁杆粉丝。

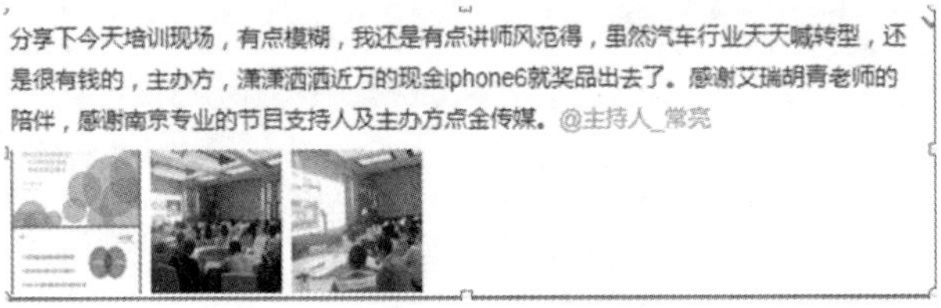

图 3-86　圈一下

如果要联系某企业准备做活动，也可以先通过搜索找到该企业的一些人，了解他们的组织架构，再通过这条线找到主要的负责人。如图 3-87 所示，我们通过搜索“徐工集团”就能找到在该企业工作的人。关注他后，可以经常与他互动，咨询徐工集团的一些情况。

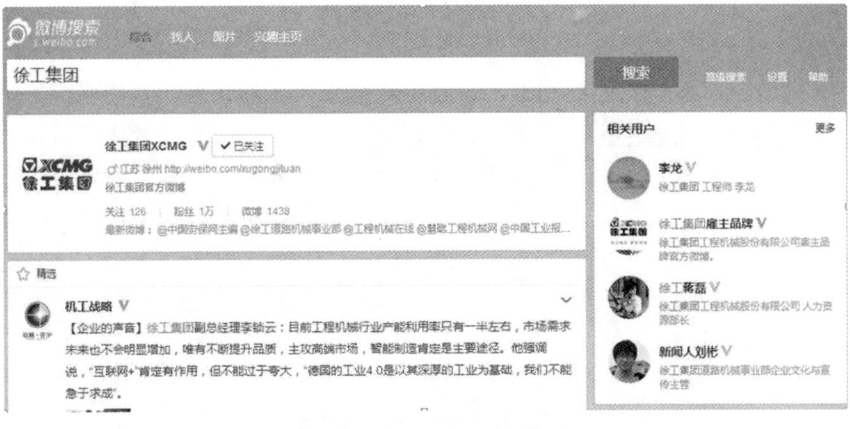

图 3-87　搜索企业相关人

3）其他方式

我们可以想象，在社交网站里面，如果要认识某个行业的牛人，需要跟他们取得联系。前面说的通过搜索或私信的方式虽然有用，但如果是牛人，私信他们的人很多，他们可能不会重视。那怎么办呢？一般有三种方法：

- 让你们共同的联系人介绍你们为朋友。
- 仔细查看他们微博内容，在他们的微博上留言，有见解地互动。
- 参加由这些人发起的行业内话题讨论等。

4. QQ、QQ 群的主动营销和社群

在 PC 互联网时代，QQ 和 QQ 群的用户体量还是很大的。本节就帮助个人销售来学习它们的使用技巧，主要解决的问题是：

- 怎么起名字让别人找我。
- 怎么找活着并且有价值的群。
- 怎么判断人及联系。
- 群邮件和发内容注意点。

对于 QQ 来说，很多人有按名字查找别人的习惯，这样 QQ 的名字就是一个很好的营销及应对方法。如图 3-88 所示，我们在 QQ 里查找“上海离婚律师”，就会出现很多律师，他们利用 QQ 名字来主动营销，我有个朋友每周就能有 5~10 个的咨询。

图 3-88　QQ 名称的主动营销

我们上面阐述了 QQ 的被动营销，客户也有查找 QQ 群的习惯，也可以用这个办法。但 QQ 群天天广告满天飞也是不争的事实，大部分群都被屏蔽掉了，如何找到有价值的群呢？

可以按照“关键字+禁广告”的方法来搜索找到，如图 3-89 所示。

图 3-89　“关键字+禁广告”的方法来寻找群

发群邮件（图 3-90）和在群里面发广告（图 3-91）也是推广的办法，但会让大家感觉受到了打扰，目前效果已经打了很大折扣了。其实可以在群的通讯录里面，把每个人点开，单独发信息还有些效果，当然也不可避免可能会有些人直接举报到群主那里，或者举报给 QQ 系统。

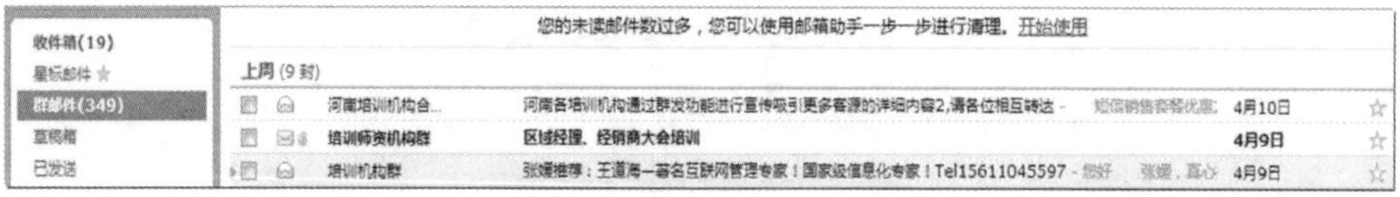

图 3-90　在群里面发邮件

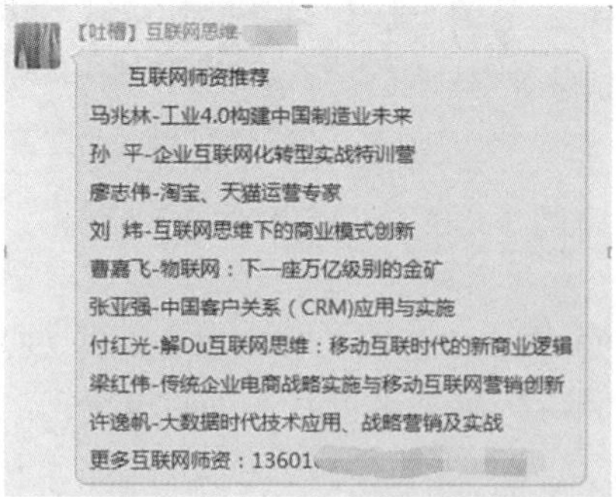

图 3-91　在群里面发广告

5. 商务交友和社群圈子

SNS 的全称是 Social Network Site，一般翻译为社交网络或社交网，前面也多次提到贴吧、豆瓣等 SNS 网站，本节主要介绍的是 BSNS（Business Social Service Networking，商务社交网络）。

做销售的相信都听说过六度空间理论，该理论描述的是：你和任何一个陌生人之间所间隔的人不会超过六个。也就是说，最多通过五个中间人你就能够认识任何一个陌生人。这五个中间人可以是自己的熟人、同学、朋友。依据六度空间理论，我们就可以利用一些商务交友网站，找到自己的社群圈子。

如图 3-92 所示是商务交友网站排名，从图上看，这些网站的覆盖率和浏览量都不算太高。从自己身边人使用的情况来看，这些网站已经过了最辉煌的时期，但还有些人会使用。我们后面也会选择“若邻网”来介绍，如何更好地利用这些社交网站拓展自己的圈子。

商务交友排名数据　数据更新日期：2015年7月21日

日　周　月　三月　　行业 请选择…　请选择…　查询

排名	变化	网站名称	类型	覆盖数UV	变化	浏览量PV	变化	人均PV	变化	Alexa	官网
1	→	天际网	网站	440.0	10.00%	23.00	10.00%	4.70	1.05%		
2	↑1	大街网	网站	160.0	70.00%	9.10	170.00%	5.30	60.00%		
3	↓1	若邻网	网站	80.0	31.02%	2.40	33.53%	2.80	3.82%		
4	↑1	人和网	网站	30.0	200.00%	0.70	300.00%	2.00	60.00%		
5	↓1	畅聊网	网站	19.0	17.97%	0.21	55.17%	1.00	45.36%		

图 3-92　商务交友网站排名

1）Linkedin

目前最流行的商务交友网站是 Linkedin，如图 3-93 所示。Linkedin 目前是全球最大的职业社交网站，会员人数在世界范围内已超过 3 亿，基本上每个世界 500 强公司均有高管加入。Linkedin 进入中国后发展很旺盛，外企用户很多，其使命就是连接全球职场人士，使他们事半功倍，发挥所长，包括找到适合自己的工作、找到适合自己的圈子、找到专业学习的机会、参加行业内的高峰聚会，等等。

图 3-93　Linkedin

Linkedin 的愿景是为全球 33 亿劳动力创造商业机会，进而创建世界首个经济图谱。他为个人提供了以下三种服务。

- 职业展现：可以便捷地制作、管理、分享在线职业档案，全面展现职场中的自己。
- 学习机会：行业里的很多牛人都在，个人可以关注行业信息、汲取人物观点、学习专业知识、提升职业技能。
- 商业机会：通过关系可以找到自己相关的熟人，还可以拓展人脉网络，掌握行业资讯。

Linkedin 作为职业交往的 SNS 是最适合跟行业前辈展开交流的平台，所以要认识行业内的前辈们，我们就要做好以下这几个准备。

- 有一个完整的 Linkedin 账号资料：资料完善了，别人才能更了解你。
- 写让人能记住的特点：比如有什么特长，做过什么项目。
- 及时地更新你的资料：让别人知道你一直在。
- 善用 Linkedin 的各种 groups：跟我们常说的群组类似，目前中文版还不支持，大家可以持续关注下。
- 善用搜索方式：利用搜索来找到你想要找的行业带头人或重要客户。

2）优士网

除了通过 Linkedin 来展现自己、认识新朋友，我们也可以使用现在的一些兴趣圈子，如图 3-94 所示的优士网，它号称是中国本土化的“Linkedin”。该网站的最大特色就是圈子，也就是人脉。从图 3-94 中的搜索框我们就可以看到，我们要搜索的不是人名、不是网页，而是“人脉”。优士的群组就是 PC 互联网时代的社群，其优势是我们可以轻松地找到与自己有相同爱好的朋友，缺点是及时性和互动性较差。

说明：虽然号称是本土化的 Linkedin，但目前使用人数远远不及 Linkedin。

3）若邻网

前面都是方便找圈子，还有一种方便找人的社交网站，就是若邻网，如图 3-95 所示。若邻网独创社交招聘新模式，社交行为贯穿整个求职、招聘环节，使求职招聘更高效、更精准、更透明。

图 3-94　优士网

图 3-95　若邻网

6. 论坛、贴吧和社群圈子

如果是 B2B 企业的商人、公司创始人等，笔者推荐商友圈 http://club.1688.com/，如图 3-96 所示，是阿里巴巴的产品，当然 B2B 的资源比较多了。进入商友圈的首页，我们会看到“专题推荐”或者“大家在聊”。我们可以发一些高质量的文章，想办法让网站置顶或推荐，这会带来很大的流量。也可以参与到大家都在聊的话题，增加曝光率。

商友圈的目的就是以商会友，在里面，我们可以找到一些行业圈子，如服装圈子、通讯圈子、营销圈子等，加入与自己相关的圈子，保持一些互动，关注一些名人，就能获取更多的人关注。

图 3-96　1688 商友圈

除了参加圈子，也可以在里面发起或参加一些线下的圈子活动，认识更多的人。

还有一些垂直类的圈子，如论坛和贴吧，不同的圈子类别会对应不同的用户群，如技术类圈子，如图 3-97 所示是 SEO 贴吧 http://tieba.baidu.com/f?kw=seo。要想在贴吧里引起别人的注意，就要多回答吧友的问题，多发高质量的帖子，成为里面的权威人士。成为权威人士后，你还有机会参加圈子的线下活动成为话语领袖，既保持曝光率，又能交到更多的朋友。

图 3-97　百度贴吧

论坛型社群由于专业人士很多，如果想在里面脱颖而出，需要长久的耕耘，最好是和自己的兴趣爱好或者公司的产品相关。如果能通过线下活动、付费或者其他方式认识论坛的管理员，你能获取更多的机会。

7. 众筹营销运营和活动吧网站

可能很多人都是第一次听说互动吧，它是国内最大的移动互联网活动发布平台，免费为用户提供活动发布、传播、报名、支付、签到、现场互动、会后 CRM 等全环节服务。企业或个人都可以利用互动吧在微信朋友圈、聊天群里组织各类活动。

因为互动吧可以直接把活动发布到微信上，所以它和移动互联网密切地结合在一起。如图 3-98 所示就是一个互动吧发布的活动信息。

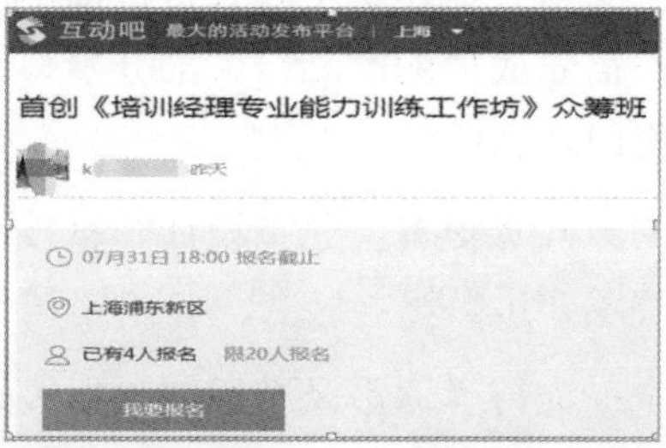

人数	单价	折扣
10	4500	6.3折
12	3750	5.2折
15	3000	4.2折
18	2500	3.5折
20	2250	3.1折

图 3-98 互动吧

如图 3-99 所示也是通过众筹来完成的一种互动，和移动互联网结合还可以通过众筹来积累粉丝。报名后可以引导成员添加微信。

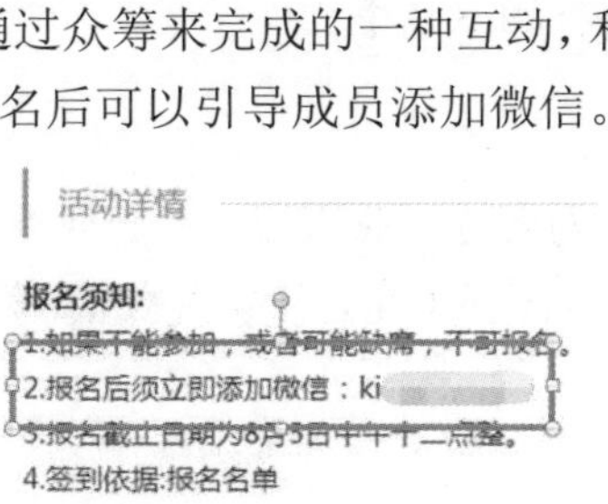

图 3-99 众筹累计资源

众筹这个词这两年才开始流行起来，实际上最早就有很简单的众筹，就是我们常说的集资，如以前的集资盖房、集资买生产设备。如微博名人杜子建曾经用众筹的方式出版过一本图书，该众筹项目的目标是，只要募集到 10000 个请客的东家或者 10 万金额，杜子建的最新著作将在各大电子书平台永久免费，供全国人民免费下载，纸质版图书也仅收 7.9 元的运费。而成为东家的条件仅仅是平常购买一本书的价钱而已。从这个案例我们大体可以看出，众筹就是大家集资来做一件事情，然后获得相应的回报。众筹的形式是“团购+预购”，利用互联网和 SNS 传播的特性，让小企业、艺术家或个人对公众展示他们的创意，争取大家的关注和支持，进而获得所需要的资金援助。

众筹的特征如下。

- 门槛低：不管是参与人员还是发起人员，都不需要各种政府审批和繁文缛节，甚至不需要成形的产品。大部分参与人员都是几十元和几百元的投资，投资门槛也低。
- 花样多：众筹的方向有很多，包括设计、科技、音乐、影视、食品、漫画、出版、游戏、摄影等。
- 依靠群众的力量：支持者通常是普通的草根民众，而非公司、企业或是风险投资人。
- 有创意：发起人必须先将自己的创意（设计图、成品、策划等）达到可展示的程度，才能通过平台的审核，发布的前提是要有可操作性。

众筹要依靠平台来完成，如果我们在博客或微信中发起众筹，参与的人就很少，除非你是名人，为什么呢？审核机制！众筹虽然是已知的项目，但是未完成的项目，谁来监督，后期如何获得受益，这都需要平台的审核和监督。

目前主要的众筹平台有如下几个。

（1）众筹网

中国综合众筹平台，为支持创业而生，后起而领先的综合类众筹网站，有很多高大上的项目，合作资源很丰富，从项目数量、筹资额度及整体质量上看，增长得很快。

（2）淘宝众筹

作为淘宝的一个子页，在首页给了一个很隐秘的入口，但在众筹网站中，流量已经算是巨大了。最早为面向名人的众筹平台，现已向所有人开放项目发起。淘宝众筹项目种类很多，偏综合，但还是以预售为主，除了名人项目，火爆的项目基本都是卖东西（毕竟是淘宝啊）。

（3）京东众筹

京东众筹主打产品类众筹，以智能科技产品居多，在众筹网站中具有很可观的流量。京东众筹几乎是一个预售平台，除了卖科技产品，也卖一些演出票等生活类产品。

通过本讲介绍的这些方式，然后结合自己的微信号及二维码，就可以把客户导流到移动互联网，继而获取到全网的流量。

第四讲：传统行业从业人员及企业社群运营需要的互联网传播知识

本讲主要内容：

- 移动互联网社群传播建立需要知道的传播学知识
- 社群传播案例原理和人性特征分析
- 移动网络传播文案写法要点和案例分析
- 企业需要给员工做社群传播的技术和内容支持
- 其他用户参与的案例分析和使用

1. 移动互联网社群传播建立需要知道的传播学知识

传播学是研究人类如何运用符号进行社会信息交流的学科。它是20世纪二三十年代从美国发展起来的、以人类社会信息传播活动为主要研究对象的一门交叉学科。之所以说是交叉学科，因为传播学与政治学、经济学、人类学、社会学、心理学、哲学、语言学、语义学等众多学科都有交叉。尤其是心理学，我们都知道传播效果与传播对象的内在动力和情感因素有着必然的联系。

比如说，有这么一条新闻：

“一辆飞速行驶的汽车将前方正在等红灯的小汽车撞飞，一死一伤”

同样的内容，改编成这种写法：

“宝马豪车撞飞一辆正等红灯的小汽车，车内小女孩当场死亡”

第 2 条的传播效果肯定比第 1 条更广，因为“宝马豪车”、“小女孩”这俩关键字对传播对象的心理会有很大的影响。

传播学研究的重点是人与人之间信息的传播过程、手段、媒介、传递速度与效果，传播过程主要包括五个要素：传播者、信息、媒介、受众、效果，即传者、媒介、受者、传播内容、传播效果。这么描述非常学术化，我们来看图 3-100，这是传播学奠基人哈罗德·拉斯韦尔提出的 5W 传播模式。

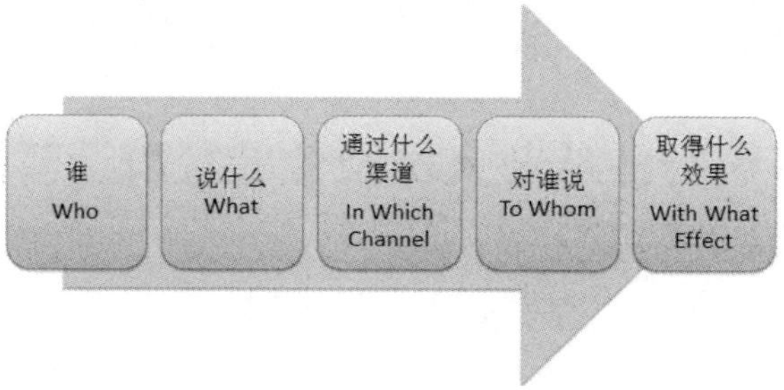

图 3-100　5W 传播模式

- “谁”就是传播者，在传播过程中担负着信息的收集、加工和传递的任务。传播者既可以是单个的人，也可以是集体或专门的机构。比如某慈善机构当时传播的拐卖孩子判死刑的文章，在朋友圈转疯了。
- “说什么”是指传播的信息内容，它是由一组有意义的符号组成的信息组合。符号包括语言符号和非语言符号。在当下的电子传播环境中，我们多以图文的形式来表达信息，如春节时百度发布的迁徙图，一图胜千言。
- “渠道”是信息传递所必须经过的中介或借助的物质载体。它可以是诸如信件、电话等人与人之间的媒介，也可以是报纸、广播、电视等大众传播媒介。目前的渠道主要表现在两微：微博、微信。
- “对谁”就是受传者或受众。受众是所有受传者如读者、听众、观众等的总称，它是传播的最终对象和目的地。如果要传播自己的信息，首先我们要定位好受众群，比如要宣传婴幼儿奶粉，那主要受众就是年轻妈妈们。

- “效果”是信息到达受众后在其认知、情感、行为各层面所引起的反应。它是检验传播活动是否成功的重要尺度。我们定义的“病毒式”传播就是当下移动互联网时代最好的效果。

目前，传播媒介主要指的就是网络，在这个网络传播的时代，读者可以思考一下：**网民是不是单纯地属于受众？**

在最早的网络门户中，大部分网民只是受众，我们只是看信息；但有了微博、微信后，我们通过转载或转发传播者的内容，我们自己也成了传播者。

对于传播者来说，“说什么”要考虑如何易于受众接受或者传播效果更好。移动互联网属于网络+人际关系的传播，能打动别人的心理的内容才会引起别人的转发，最终达到口碑传播或病毒传播的目的。传播者要想让传播效果更好，就要考虑网络时代信息的几个特征：新闻性、娱乐性、知识性、价值性、真实性、时效性。传播的技巧主要有如下三种。

（1）明示法和暗示法：在信息加工过程中，将所要传播的中心意思或基本内容做出明确的或含蓄的归纳总结，具体而言，对文化程度较低的受众，适用于明示法，反之，适用于暗示法。

（2）首位法和新奇法：出现两个或两个以上的不同观点时，先出场的传播者和观点比较容易引起大家的重视，这叫首位法。

（3）沉默法：出现问题时保持沉默。一般有以下几种情况。

- 问题很复杂不便于表态时；
- 为了显示自己的身份和地位，对对方表现出不值得搭理的态度；
- 道理明摆着，不必再多说；
- 遇到了自己一时不明白的事物或事理，无法表态。

2. 社群传播案例原理和人性特征分析

对于企业来说，传播的目的就是为了营销，而营销就是要抓住或使用人的本性（人性）。那人有什么本性呢？

- 懒惰
- 喜欢简单
- 贪便宜

- 表现欲、炫耀
- 受关注（认同感）
- 受尊重、好胜
- 喜欢帮助别人
- 同情弱者
- 需要关怀（亲情友情爱情）
- 回忆过去
- 合群交流
- 好奇

如果能让大家接受，特别是希望别人能帮助传播，一定要善于利用以上人的人性，别人才愿意帮助传播。

我们来看几个案例，它们都或多或少利用了部分人性。

【案例一】

如图 3-101 所示，2015 年 3 月，春节抢红包的热潮刚过，朋友圈里又掀起了“砍价”风。原价近万元的埃及跟团游、巴厘岛半自助游砍完都变 1 元出行……变魔术般的降价力度、高频次的中奖几率让砍价一夜之间就在朋友圈里火了。据携程旅行网内部人士透露，活动上线两天，已引发数万名网友参与，砍掉的总金额高达数百万。

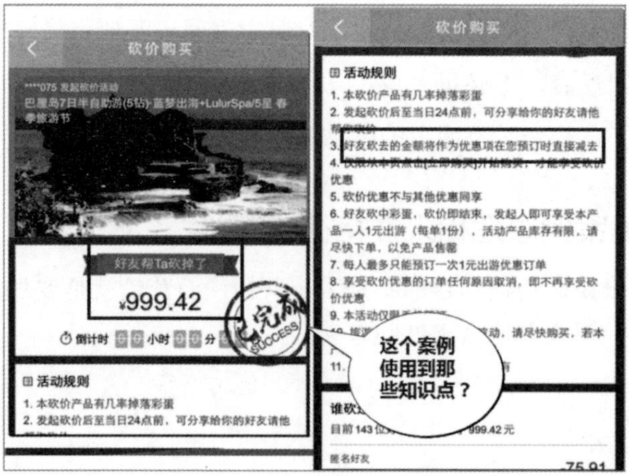

图 3-101　携程砍价旅游

砍价活动之所以风靡，不仅仅是价格优惠的刺激作用，这个活动本身具有强烈的社交性和娱乐性，比如它需要邀请好友来帮忙砍价，成功地增进了好友之间的感情（图 3-102），并形成话题，而且每次有人砍中 1 元彩蛋后，都会迅速在朋友圈引发一波讨论热潮。

图 3-102 参与好友

从人性角度来看，这个案例利用了“喜欢帮助别人”、“贪便宜”这两点。

【案例二】

招商银行在 2015 年推出“全民吹气球”活动，凡使用招商银行网银专业版 7.0、手机银行完成转账汇款、生活缴费、信用卡还款及他行转招行交易，或使用招行卡通过网银（含专业版、大众版及手机银行）进行网上消费，点击操作成功页面中的“参与抽奖活动”即可参与“全民吹气球”活动，获得抽奖机会，赢取话费充值、抵扣券等百万份好礼。

这个活动的特点就是好玩，也是将传播游戏化的一个案例。它能调用人的好胜心理，如果中奖了还能在朋友圈晒晒，引起更多的人参与。活动虽然鼓励分享，但分享后并没有增加分享者的抽奖机会，所以分享的人数并不算太多，这也是活动的一个弊端，所以没有【案例一】流行。

图 3-103 招商银行吹气球活动

【案例三】

英孚口袋英语的微信账号被微信桥评为年度最有趣的微信账号。每日放送新潮单词、趣味测试、大片视频。如图 3-104 所示是英孚教育一个“全球化吃货”的趣味测试。

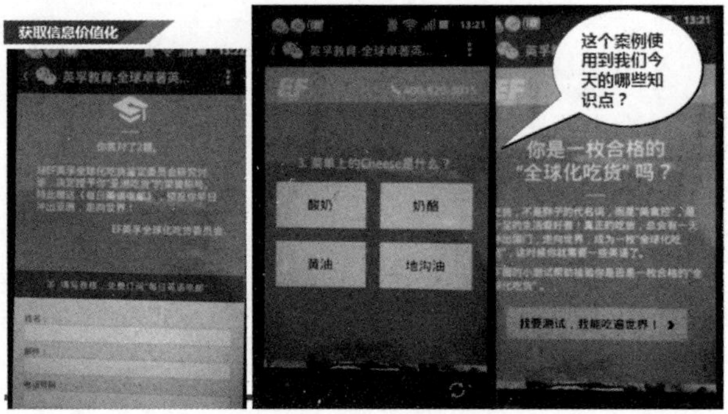

图 3-104　英孚教育

该案例贴近生活，又能引起人们的好奇心。英孚利用“趣味”、“接地气”这两点让我们学习英语变得更简单。这种趣味测试的最终目的就是给受众一个购买的理由，让你填写你的个人信息，达到他们后续跟单做销售的目的。

【案例四】

随《变形金刚》电影举办的变形金刚展，每天到购物广场和变形金刚合照发微信晒照片就有机会免费获得大黄蜂、猛大帅、巨无霸福特博派基地等大奖。如图 3-105 所示是活动现场和规则。

图 3-105　变形金刚展

本案例的特点是用户参与简单，又能唤起小时候的记忆，属于情感营销。

3. 移动网络传播文案写法要点和案例分析

电影《北京遇上西雅图》刚开始时起的名字是《美丽有缘》，在即将上映时临时改了名字，原因是什么呢？北京和西雅图两个城市地标产生了两个完全不同气质的人，演绎出不同时空、文化、观念引发的碰撞。新名字能更准确地表达影片“爱情奇遇”式的故事，属于对受众的精确定位。电影的定位就是爱情轻喜剧，目标人群是有一定学历的青年观众，尤其是 20～29 岁间的女性观众，因为女性观众更喜欢浪漫、更容易相信爱情。

电影名称是电影最基本的营销，因为通过一个名称就能定位内容和受众。传播文案的创作就像给电影取名字一样，要考虑受众、考虑内容、考虑文字的取舍，因为文案也是企业营销的根本。

文案创作要把握以下几个要点。

- 好的文案要搭配出色的图片：再动人的文案不如一张有说服力的照片，长篇大论不如图文并茂地解说。新闻学研究已经证明，图片与图片底下的图说阅读率远胜过内文许多倍。
- 商品文案要说出有利的事实：这个商品源自哪个知名品牌？是目前哪个领域的销售冠军？是哪个网站网友口碑最佳的商品？哪个当红名人代言这个商品？还要凸显这个商品的绝对价格优势。商品好才是真的好。
- 广告文案要站在消费心理上说话：如当年的“凡客体”，这种自我介绍式的文案，说出了一部分个性消费者的心声。李奥贝纳曾说：“如果你无法将自己当成消费者，那么你根本就不该进入广告这一行。”
- 文案要让受众看得懂：“没有任何一个客户，会买他自己都没兴趣，或是看不懂的广告。”这也是李奥贝纳的名言。消费者看不懂就没有参与和传播的兴趣，看不懂的文案再好也只是文案，起不到任何转化的效果。

我们来看几个广告文案的创意。

1）夸张型

如图 3-106 和图 3-107 所示是新疆苏宁 418 的活动文案。文案起了一个看上去很有趣的标题“白娘子喊你来看爆款机”。很多人都看过“新白娘子传奇”，也知道里面的主题曲是“千年等一回”。文案借助了“千年”这个难等的机会，又用了白娘子的卡通形象，来说明这次活动难得一见。虽然“千年”和“白娘子”这些看起来很夸张，但能吸引眼球。想起了杜甫的一句诗“为人性僻耽佳句，语不惊人死不休”，文案的创作也是如此，不过要适度。

图 3-106　文案页面 1

图 3-107　文案页面 2

2）自然推广销售型（软文营销）

自然推广销售型，我们也可以说成“软文营销”，就是在一篇看似与产品无关的文章里，结合上自己的产品。从最近的电影市场和各种真人秀综艺节目中我们就会看到，“植入式”广告已经泛滥成灾。电影里出现的笔记本、节目里炒菜用的油、文章里出现的产品，都是营销手段。

“植入式”广告是指在影视剧情、综艺游戏中刻意插入商家的产品或服务，以达到潜移默化的宣传效果。由于受众对广告有天生的抵触心理，把商品融入这些娱乐方式的做法往往比硬性推销的效果好得多。软文销售和“植入式”广告是一样的营销方式。

如图3-108所示是几篇海尔公众号的文章，我们来简单介绍下，这都算是软文营销的文案。

（1）“窦唯与他”是借助热点话题，先说窦唯的执著，后来引出另一个男人的执著，这是海尔的工程师，继而引出这个男人执著着做出来的产品。

（2）右边鞋子文章很有霸气，给人印象很深，再看这句看上去很有情怀的文案“穿对了鞋，腿再细，也可以有踏平一切的霸气”，很容易引起传播。

（3）中间的图下面还有一篇文章“人类是怎么变懒的”，其实是海尔一篇推广自己的微型洗衣机的文章，很软的软文，等你看完才知道是宣传文章，最后的产品如图3-109所示。这篇文章有个很关键的产品特性：解决用户的痛点。大部门人其实都喜欢不用动手吃喝不愁，又脏又累的活都不喜欢做，那让谁来做呢？海尔的产品就解决这个问题。

图3-108　海尔公众号

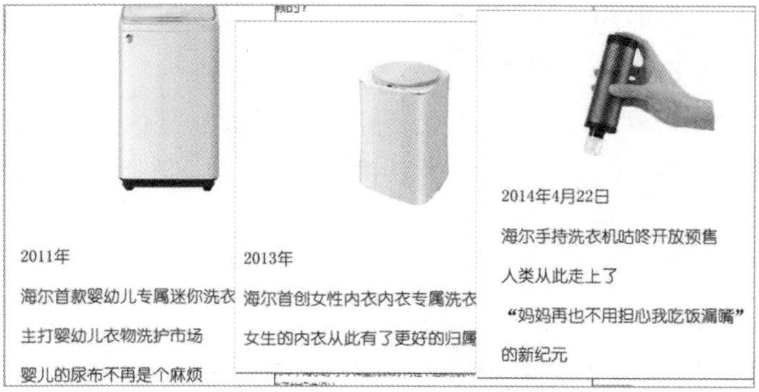

图3-109　海尔软文

4. 企业需要给员工做社群传播的技术和内容支持

在移动互联网时代，企业都支持员工用朋友圈跟客户或潜在客户互动。员工的精力和资源都是有限的，这就需要企业给员工做社群传播的技术和内容支持。

1）软件支持或技术支持

前面我们分析过很多营销案例，如砍价传播、晒照片活动、促销活动等，这些活动都需要相关的软件或技术支持，企业需要提供这类功能，后台可以简单设置就可以发布。

这些需要整个公司从专业的公司购买方案，每个员工都可以获取一个用户名和密码，员工在自己的账户里面，可以自己设置这些活动功能。

专业的公司还会提供微店功能，员工也可以在自己的账户里面，使用公司已有的微店模板产品，建立自己的微店，在社群或者朋友圈可以宣传自己的微店，销售的商品直接计入自己账户的销售额里面。

2）如何把内容转发到微信

微信中如何生成一篇图文并茂的文案，如我自己的网站内容，怎么转发到微信里面。这里主要介绍三种方法：公众账号的转发、第三方平台的分享、PC 内容的转载。

（1）可以由企业的微信公众账号发出来，员工们转发。如图 3-110 所示是微信公众账号的后台，由专人通过群发来发布企业的文案。

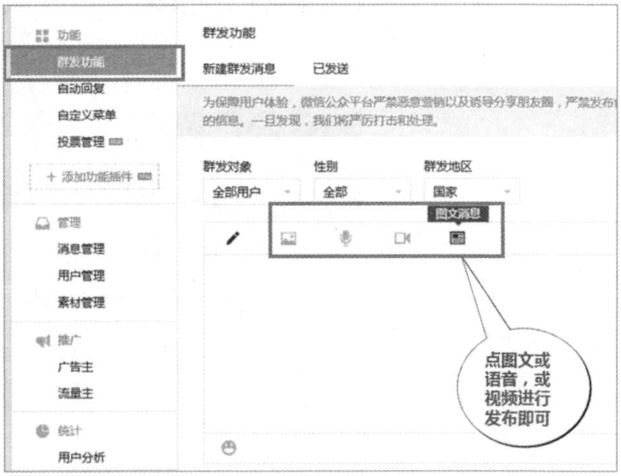

图 3-110　公众账号群发功能

（2）第三方平台大部分都提供了分享到微信的功能。如图 3-111 所示是笔者在酷 6 网上的课程，我们看到最下面一行有“分享到”的功能，提供了微博、微信、百度和 QQ 空间的分享。

图 3-111　第三方平台的分享功能

我们点击微信图标后，会出现如图 3-112 所示的扫码分享界面，用员工自己的微信扫描二维码就能分享到他们的朋友圈。

图 3-112　扫码分享

（3）员工自己由 PC 上转到微信里面。PC 和移动端都登录 QQ，在 PC 上，通过手机 QQ 提供的“我的电脑”功能，把地址发到移动端上，如图 3-113 所示，这里显示的是一些链接。

用手机 QQ 打开页面后，选择右上角的按钮，QQ 最下端会出现如图 3-114 所示的界面。

图 3-113　PC 传过来的链接

图 3-114　转发功能

点击微信或者朋友圈，即可完成转发，转发后效果如图 3-115 所示。

图 3-115　转发后的效果

3）传播规则

铁人王进喜有一句名言："井没压力不出油，人无压力轻飘飘。"企业可以用奖励的方法来给员工安排任务，也可以用增加压力的方式，如制定任务量。

对于企业来说，每周要制定总体内容促销传播规则，例如，每人多少商品可以用来传播，统一的折扣价格，建议的传播模板是什么。这些传播规则要量化，分摊到每个员工的身上，用压力或奖励的方式来增加他们传播的动力。

5. 其他用户参与的案例分析和使用

移动互联网时代，产品的创意层出不穷，有些创意可以参考别人的产品，有些创意要根据自己企业的定位来定制打造。这里我们讲几个用户参与的案例，通过分析这些案例，来了解产品打动用户继而吸引用户来参与的关键。

【案例一】利用熟人及喜欢多人一起逛街的场景进行的产品功能设计，通过利于传播建立的数据库。

银泰百货根据自己企业的性质和对消费用户的定位，打造了一个新产品“银泰闺密圈”。它是银泰百货为百万 VIP 顾客量身定制的闺蜜们的分享特权平台，目的是让女性购物者一起购物，快乐分享。

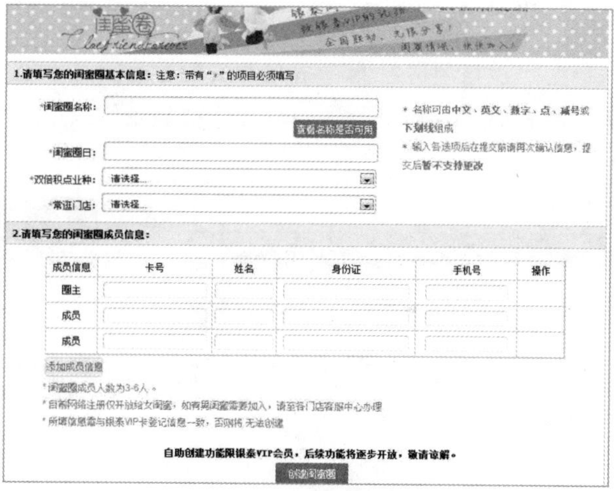

图 3-116　定义的闺密圈

女性客户可以在银泰平台上创建自己的闺密圈，如图 3-116 所示。创建闺密圈后，不仅自己购物能够积点，其闺密圈的闺密们也能享受积点奖励。闺密圈的四大特权优惠如图 3-117 所示。

四大特权优惠，只为闺蜜寄情于购物：

1.积点双倍。自选任一指定业种，圈内闺蜜购该业种即享双倍积点。

2.一人消费，圈内闺蜜人人即获10%积点奖励。

3.圈内任一闺蜜生日当天，圈内闺蜜均可享银泰VIP铂金卡优惠。

4.闺蜜日特权，圈子可自定“闺蜜日”，闺蜜日当天圈内闺蜜均享银泰VIP铂金卡优惠。

活跃的闺蜜圈代表，除固定特权和闺蜜购物怡情外，还将可能获得众多惊喜，如两月一次的“和闺蜜去旅行主题抽奖”，也许去香港红磡听演唱会，某一化妆品或女装品牌全年免费使用权等。

图 3-117　闺密圈特权

纵观银泰闺密圈这种新型购物分享模式，我们可以总结几点：

（1）通过闺密圈，掌握消费者的个人信息和消费记录，打造客户数据库，为以后精准定位做准备。

（2）O2O 时代，实体零售和电商的界限越来越模糊，服务质量要求越来越高，利用闺密圈为消费者提供更好的体验式服务。

（3）增加分享机会，让更多的人来购物，还能促进闺密情感交流，既能参与又能分享。

（4）除闺密特权外，还提供一些抽奖、品牌免费使用权等惊喜，让消费者时刻关注银泰百货，增加服务黏性。

【案例二】最常用的用户参与趣味活动的游戏。

用户参与门槛最低，参与人数最多的莫过于趣味抽奖，如图 3-118 所示的大转盘和如图 3-119 所示的刮刮乐都是我们在很多企业或公众账号里常见的参与方式。

图 3-118　大转盘

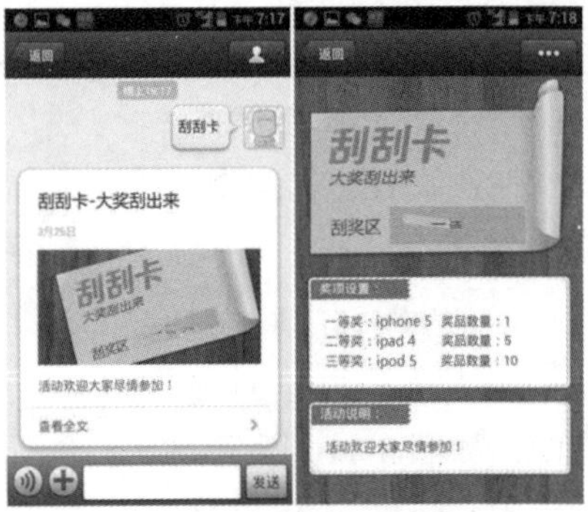

图 3-119　刮刮卡

这类活动的设计需要有一些技巧：

（1）企业品牌形象要突出，这样参与的人才能关注到企业。

（2）活动要尽量让更多的人参与进来，比如每人只有一次机会，但是如果分享到朋友圈，就会多两次机会。

（3）获取用户信息很关键，当下大部分活动都是以手机号信息为主。同时，手机号也是大部分人的微信号。搭建好用户数据库，为后期营销保存资源。

（4）活动设计要简单，基本上就两步：输入手机号、抽奖。

（5）奖品最好与企业产品挂钩。

（6）活动要做好前期预热，吸引更多人关注。

（7）活动尽量发布在微信公众账号里，让用户关注是吸粉的关键。

【案例三】好玩新奇，愿意帮助传播，吸引人关注我们的公众账号。

2014 年年底，一篇漫画刷爆朋友圈，快看漫画创始人陈安妮的“对不起我只过 1%的生活”。有兴趣的也可以关注下这个漫画，这篇漫画好玩有趣，又击中了 80 后 90 后年轻人特立独行、追求自我的性格特质。该文两天就有超过 6000 万的阅读量，有超过 30 万的用户下载了她创业开发的“快看漫画”APP，该应用也在 App Store 里最快冲到了免费榜榜首。

从产品营销角度来看，她是非常成功的，而成功的关键是一则好故事。网上活跃的都是年轻人，年轻人愿意去传播这样宣扬个性的故事。企业也要借鉴这一点，好玩、新奇的内容用漫画的形式表现出来，即使我们只是发布在自己的平台，也会有人愿意去传播。

我们这里选用了联想公众账号在元宵节发布的一篇漫画，如图 3-120 和图 3-121 所示，鉴于篇幅，这里只截取了两篇。从图中我们可以看出，这是一篇漫画故事，不光有故事，图文描述中还说了有“福利”！

图 3-120　元宵节文案 1

图 3-121　元宵节文案 2

我们来分析下这篇文章：

（1）是漫画故事，好玩有趣，人们愿意传播。

（2）正好是有关节日的话题，打情感牌，朋友圈里都得发个祝福，发文字太无趣，发篇好玩的文章更能彰显自己的个性。

（3）转发到朋友圈才会有福利。

公众账号里的文章要想让粉丝主动传播，一定要有趣味，结合场景的趣味更容易引起粉丝的情感共鸣。

第四篇

零售连锁实体企业 O2O 社群执行篇

第一讲：单店 PC 互联网流量和网络舆情

本讲主要内容：

- 单店客户需求信息和网络舆情应对
- 如何做好单店搜索引擎营销和用户关键字的选择
- 第三方平台的推广办法和文案策划要点

1. 单店客户需求信息和网络舆情应对

假设客户想去苏宁买套电器，但是不知道本地的苏宁在哪里？那客户该如何做呢？最早以前，我们会通过大黄页电话簿来查询企业的电话，那企业就需要把电话印刷到大黄页中去；后来通过 114 查询，那企业又要把电话登记在 114 数据库里；再后来 PC 互联网发展起来，大家都用百度搜索，因为百度搜索结合地图功能，既给出了具体地址，还能导航你去，甚至告诉你做什么公共汽车，如何换乘。如图 4-1 所示是在百度里搜索兰州苏宁的效果。

那企业该怎么办呢？用户在网络上搜索，他们需要什么，我们就做什么。

1）查找我们的网站或者品牌信息

针对这一需求，大的品牌企业会做自己的网站和网络软文的投放，百度及其他地图也是很好的利用的方式，我们后面章节会讲解如何利用地图展示我们。

如果是连锁企业，单店可以有自己独立的网站，也可以设置在企业网站的二级目录中。投放网络软文就需要用到一些关键字优化等信息，让客户按照关键字搜索的时候，我们能展示在前面，后面一节我们再详细介绍。

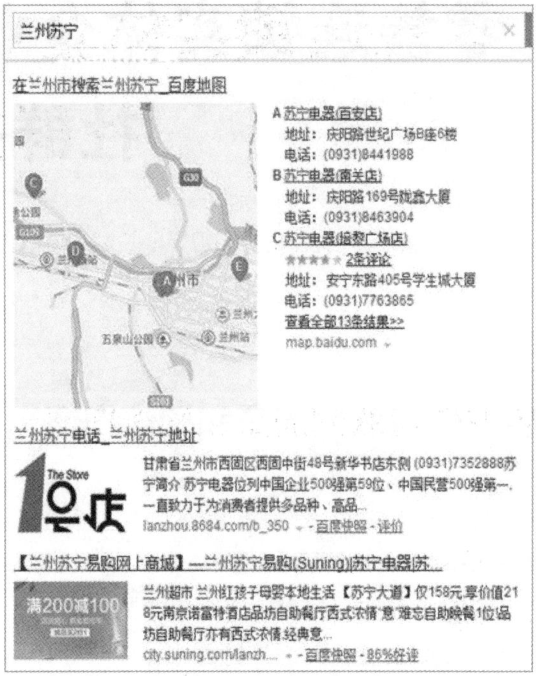

图 4-1　百度搜索效果（客户能看到的）

2）查找我们的地址、电话、开门时间

对于我们线下连锁单店，类似“四平路阿姨奶茶电话”、“苏宁客服电话”、“苏宁开门时间”、“兰州苏宁地址”是客户最喜欢搜索的，我们怎么针对客户需求让别人能轻松找到我们呢？

百度知道里的自问自答很容易解决，如问题是“苏宁客服电话”，可以用其他账号回答“全国统一服务热线，电话 400-********”。大家在做的时候要注意，提问的问题里面一定包含关键字，如“苏宁客服电话是多少”，这样以后别人在百度搜索“苏宁客服电话”才能搜索到你。百度知道是百度自己的产品，所以用户在百度搜索里搜索“苏宁客服电话”，百度知道的答案会优先排在前面，如图 4-2 所示。

图 4-2　百度知道

对于单店来说，开门时间也是经常被搜索的需求，如图 4-3 所示。我们也可以将其放到百度知道里。

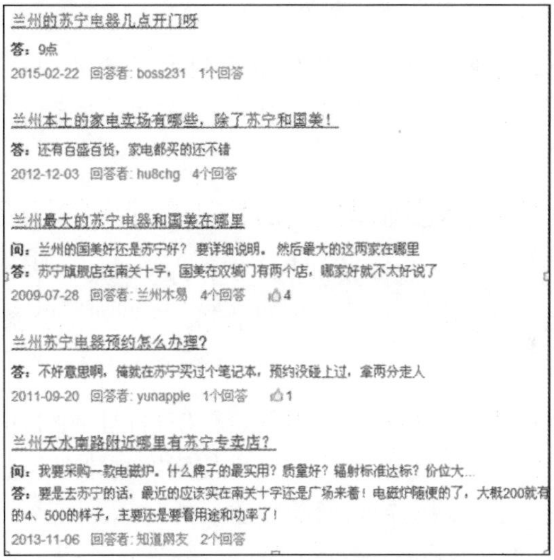

图 4-3　搜索开门时间

大众点评和百度地图是老百姓最常用的平台，那如果在此类网站出现了非正面信息怎么办（图 4-4）？不及时删除或处理的话对企业的声誉有很大的损害。我们讲几个解决方法。

- 新帖子：态度认真负责的第一时间电话联系，取得谅解，让客户自己回复问题已解决，或者说好话一类的。
- 旧帖子或者已经过期的：删除帖子是最好的，但很多网站目前操作比较困难，可以自己注册账户，压帖子到第二页。

- 用第三方的口吻回复：如中立语句，店大了管理难度加大，我上次购买服务蛮好的，可以电话联系下他们的客服，听别的朋友说处理很及时。

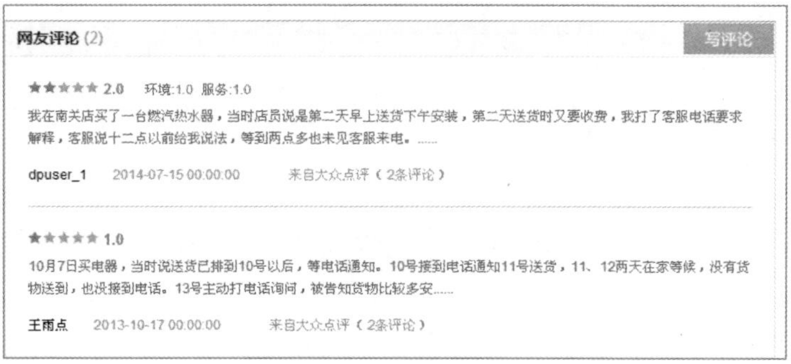

图 4-4 非正面信息

建议： 有解决方法，就不要等到事情闹大了才处理，要设置专门的舆情监控人员，每天查看主要平台的用户留言或评论。

2. 如何做好单店搜索引擎营销和用户关键字的选择

搜索引擎营销，就是针对搜索引擎（如百度、搜狗、谷歌）所做的营销。搜索引擎营销主要分为如图 4-5 所示的四部分，而这四部分都会围绕“关键字”来做文章。

- 搜索引擎优化（SEO）：利用搜索引擎自己的排名机制，修改自己网站优化关键字，让客户按照关键字搜索网站排名靠前，从而获取更多搜索流量，达成网站销售及品牌建设的目标。
- 竞价排名：按效果或按点击付费给搜索引擎，客户搜索特定的关键字，网站展示在前面，流量来得少，就少付费，流量来得多就多付费，也是 PC 互联网时代的网络推广方式。用少量的投入就可以给企业带来大量潜在客户，有效提升企业销售额和品牌知名度。
- 网络联盟：可能大家都看到过，在很多流量比较大的网站上都会看到广告主投放的广告，这些广告出现是因为你搜索过相关的关键字，这说明广告主使用了网路联盟推广。这种推广一般是由百度或 Google 发起联盟，加入他们的联盟会员通过百度或 Google 平台展示广告来完成信息广告播放。

- 第三方平台推广占领搜索：就是在其他第三方网站平台发布软文，软文里面包含关键字，客户在搜索引擎里面搜索的时候，第三方网站平台将你的软文展示出来的推广方式。

图 4-5　搜索引擎营销

注意：SEO 是由 Search Engine Optimization 缩写而来，中文意译为“搜索引擎优化”。

单店更多关注第三方平台推广占领搜索引擎，如搜索“兰州家用电器年底促销活动”（图 4-6），如果我们是一个销售电器的线下店，我们非常期望展示的信息是我们自己店发布的新闻或者软文信息。

图 4-6　第三方平台推广占领搜索引擎

要第三方平台推广占领搜索引擎，就要注意信息发布的标题原则：

- 使用地区关键字，如成都家电优惠活动、成都空调团购促销活动、成都**店优惠活动、成都西门子电器促销；
- 关键字尽量不要分开，如空调团购促销活动，中间不要出现其他文字；
- 相近关键字可以重复出现 2~3 次。如图 4-7 所示标题（兰州苏宁电器团购，兰州苏宁电器团购网，兰州苏宁电器精品团购导航，兰州苏宁电器团购网站大全）：电器、团购等出现了多次，并且语义也能符合原意。

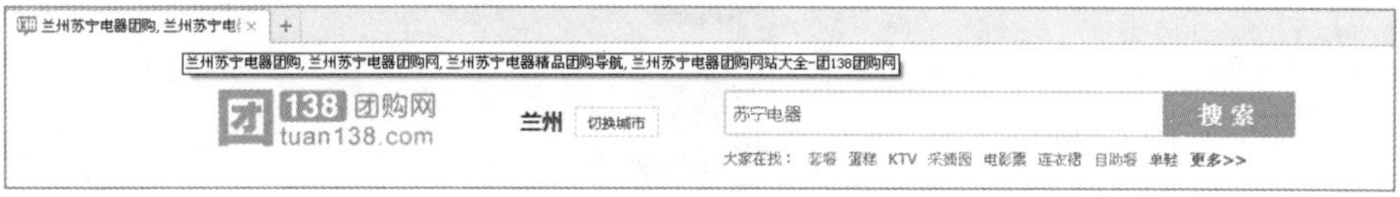

图 4-7　关键字重复出现

做好 SEO，企业的搜索排名才会更靠前，图 4-8 是做好 SEO 的原则。

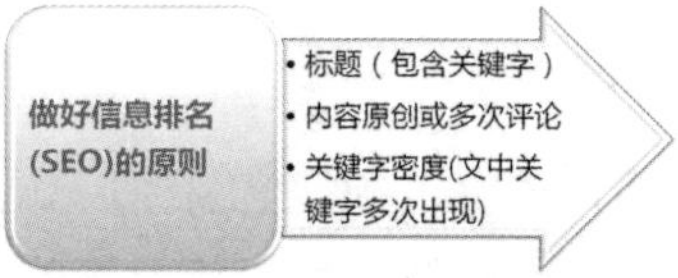

图 4-8　SEO 的基本要点

- 遵循前面说的标题原则，标题必须包含关键字；
- 内容尽量原创，有评论功能的页面要多次评论；
  - 内容原创或者至少第一～第二段是原创，搜索引擎更关注前两段的；
  - 特别是对于一些论坛的帖子，可以多用几个账户做评论，搜索引擎认为你页面内容经常变化，会给你增加权重，这样排名就更靠前。
- 关键字在文中多次出现，我们叫关键字密度。不需要自己计算，可以使用一些第三方工具查询，如 http://tool.chinaz.com。

如图 4-9 所示是上面介绍的工具，以 O2O 为例，O2O 算作 3 个字符，工具可以帮助计算在页面里面 O2O 出现多少次，关键字密度=3*O2O 出现次数/当前页所有字符个数。关键字密度在 2%~8%之间是最好的。小于 2%搜索引擎认为这个页面和 O2O 关系不大，大于 8%搜索引擎可能认为你在作弊，达到这个数字，文章一般语义就不通了。

图 4-9 关键字密度计算工具

3. 第三方平台的推广办法和文案策划要点

第三放平台的推广方法，我们更推荐在百度里搜索“地名+论坛”的方式（图 4-10），这样大部分城市都可以找到很多免费的资源。

图 4-10 搜索“地名+论坛”

利用搜索找到一些地方资源后，企业可以通过支付少许费用来置顶，如图 4-11 所示。如果不想付钱，就要考究你的软文写作水平了。图 4-11 中的前两条，就是付费置顶。特别是对于销售型企业，可以留不同的电话，检测企业一天的费用，到底能产生多少销售。如果算下来利润是可以的，就可以持续地做下去。

图 4-11　论坛付费置顶

如果不想付费，要写好的软文。图 4-12 是一家企业的软文，通过第三方自己经历的口吻，把产品介绍得头头是道，也不至于让别人产生反感，在论坛上也没有被管理员删除。文章的标题“世界那么大，我想用视界”，让人很容易会心一笑，联想到当时比较出名的一个辞职事件“世界那么大，我想去看看”。

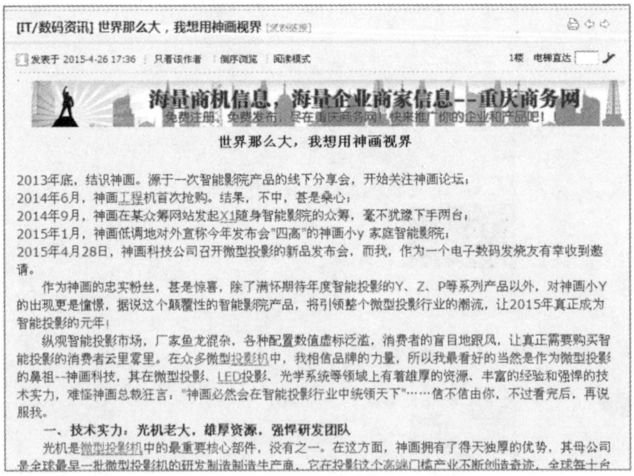

[IT/数码资讯] 世界那么大，我想用神画视界

发表于 2015-4-26 17:36 | 只看该作者 | 倒序浏览 | 阅读模式　　1楼　电梯直达

海量商机信息，海量企业商家信息--重庆商务网

免费注册、免费发布，尽在重庆商务网！快来推广你的企业和产品吧！

世界那么大，我想用神画视界

2013年底，结识神画。源于一次智能影院产品的线下分享会，开始关注神画论坛；
2014年6月，神画工程机首次抢购。结果，不中，甚是桑心；
2014年9月，神画在某众筹网站发起X1随身智能影院的众筹，毫不犹豫下手两台；
2015年1月，神画低调地对外宣称今年发布会"四高"的神画小y 家庭智能影院；
2015年4月28日，神画科技公司召开微型投影的新品发布会，而我，作为一个电子数码发烧友有幸收到邀请。

作为神画的忠实粉丝，甚是惊喜，除了满怀期待年度智能投影的Y、Z、P等系列产品以外，对神画小Y的出现更是憧憬，据说这个颠覆性的智能影院产品，将引领整个微型投影行业的潮流，让2015年真正成为智能投影的元年！

纵观智能投影市场，厂家鱼龙混杂，各种配置数值虚标泛滥，消费者的盲目地跟风，让真正需要购买智能投影的消费者云里雾里。在众多微型投影机中，我相信品牌的力量，所以我最看好的当然是作为微型投影的鼻祖--神画科技，其在微型投影、LED投影、光学系统等领域上有着雄厚的资源、丰富的经验和强悍的技术实力，难怪神画总裁狂言："神画必然会在智能投影行业中统领天下"……信不信由你，不过看完后，再说服我。

一、技术实力：光机老大，雄厚资源，强悍研发团队

光机是微型投影机中的最重要核心部件，没有之一。在这方面，神画拥有了得天独厚的优势，其母公司

图 4-12　企业软文案例

讲到文章宣传，我们就要思考新闻和软文的区别。比如人称、口吻、发布地点、是否正式（文字和内容）等。**新闻稿一般是以企业以第一人称写成，发布在新闻网站；而软文多以第三人称写成，可以是自己的经历、感想等，发布到一些论坛贴吧等免费的网站。**

我们可以多看看大企业的软文是怎么写的，也可以参考前面咱们介绍过的传播文案的写法。

第二讲：品牌实体店移动互联网和微商社群营销

本讲主要内容：

- 单店的 LBS 位置营销
- 移动互联网单店社群营销
- 品牌零售店的全员微商及运营
- 精准单店流量推广办法和应用
- 单店微信公众账号及运营
- 百度直达号的作用和使用
- 360 来店通如何帮助我们管理客户资源

1. 单店的 LBS 位置营销

位置营销的目的是将“路人”转化为“粉丝”。当一个“路人”距离商场几公里的时候，他可能需要到商场里去，但并不知道商场的具体位置。传统的查找方式是问路：“这附近有商场吗”或“XX 商场怎么走”。随着智能手机的发展，手机地图 APP 成为 LBS 的入口。那商场如果想做 LBS 位置营销，就要和这些地图 APP 进行合作了。

手机上常用的地图都有“附近”这个功能，利用此功能就能实现单店的位置营销。图 4-13 是消费者使用百度地图 APP 查找商场的场景。打开百度地图 APP，点击“附近”按钮，就会出现如图 4-13 左侧所示的界面，在这里用户可以查找景点、咖啡厅、商场等场所。当我们要去附近的商场时，点击“商场”按钮，就会出现一些附近的商场，还会显示商场的推荐指数、距离，选中具体的商场后，百度地图就会导航用户过去。

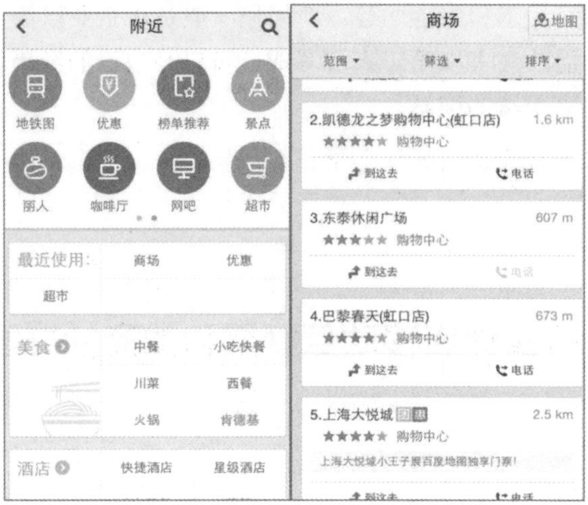

图 4-13　LBS 位置营销

“附近”这个功能用户已经使用得非常习惯，如开车在路上，急需加油站或厕所，通过这个功能就能以最快时间、最短距离解决问题。当用户使用该功能成为习惯后，衍生服务就会越来越多，餐厅、便利店、ATM、电影院等与我们日常生活相关的服务都会嵌入在其中。

如果我们的店能出现在各种地图、大众点评、团购网站等基于位置 LBS 的软件中，我们就有更多的展示机会。如图 4-14 所示，有很多地图网站，大家一般注册百度、搜狗、好搜、高德这些国人常用的 4 个。大部分 LBS 的定位软件都是使用这几家技术和数据库。

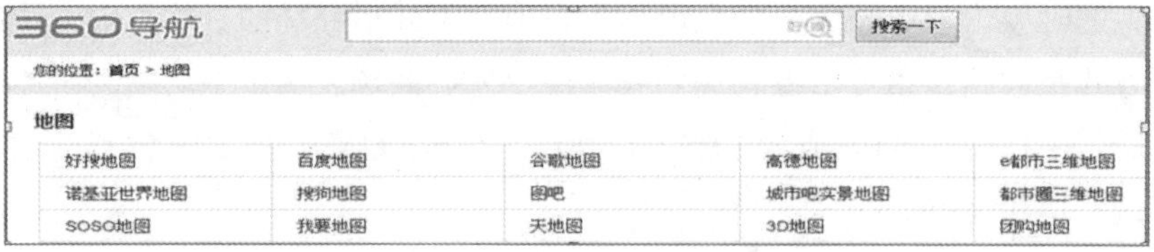

图 4-14　常用的地图网站

注册地图都是不要钱的，这里以百度为例：如果已经有人注册了（图 4-15），你可以选择认领，成功后就可以修改维护上面的内容，可以完善自己店面的信息（图 4-16），加上联系方式、主营产品、地址等，方便顾客找到我们。正如前几章展示的，在百度搜索里百度地图是显示在最前面的，所以百度地图的这个注册一定要做。

图4-15　百度地图标注

图4-16　完善地图店面信息

将店面标注在地图上，对企业来讲，有两点优势：

（1）利用地图的亿万用户，获得海量曝光机会。

（2）利用手机地图的“附近”功能，实现基于位置的精准营销。

2. 移动互联网单店社群营销

单店社群比连锁企业的总社群具有本地化的优势，所有的粉丝可能就在店面周围，这样有利于组织一些线下活动。图 4-17 是苏宁某社区服务站的微信群，读者可以先看一下群里面的活动。我们可以思考下：苏宁为什么这么做？

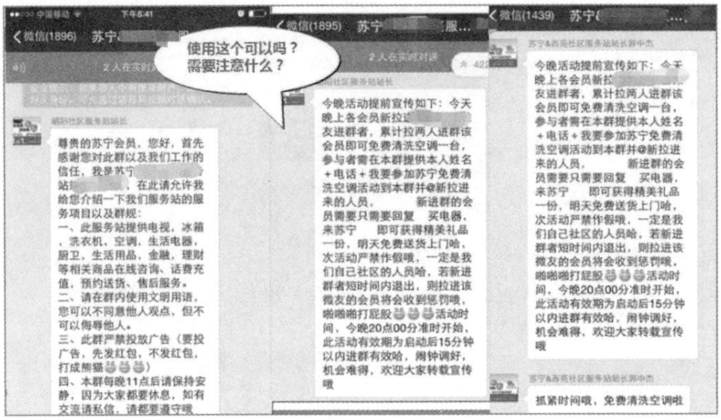

图 4-17　苏宁单店社群

1）为什么做单店社群营销?

随着移动互联网和微信的崛起，社群营销将是未来的趋势。企业利用社群，先给粉丝传递价值，黏住粉丝，然后考虑赢利，这是普遍的社群营销形式。通过社群营销，企业可以提供实体的产品满足粉丝的需求，也可以提供某种服务或者知识让粉丝觉得社群有价值。如果是大企业做社群，可能提供产品会更好，但如果单店做社群，利用本地化的优势，提供服务（如实时送达）会更加有优势黏住粉丝。

利用社群，为本地粉丝提供更好的线上和线下结合的服务，聚集上百个粉丝后，通过各种活动，促进粉丝传播，再延伸到陌生群体，最后会形成一个庞大的市场。

2）单店社群营销怎么做?

做社群营销的关键是有好的产品或好的服务。我们从图 4-29 可以看出，苏宁的这个社群是社区服务站，主要做社区服务，目标非常明确，服务的也是具体的某个社区里的居民。我们通过这个社群来看下，如何做社群营销：

（1）做好本群的服务定位，由社区服务站站长发布，让粉丝知道这个群有什么用途。

（2）设置好群规，尽量不骚扰群里的粉丝。如晚上 11 点后保持安静；不发广告。

（3）提前做好活动预告，尽可能多地让所有粉丝都参与进来。

（4）做一些活动，让老粉丝拉新粉丝入群。如拉两个新粉丝进来，提供一次免费空调清洗服务。

（5）群里要有一个或几个意见领袖。可以是站长或热心楼主，让群保持活跃，而且增加粉丝的信任感。

单店销售人员更多运营社群的案例和方法我们将在后续章节，详细阐述。

3. 品牌零售店的全员微商及运营

微商（图 4-18）曾经是 2014 年很火的一个话题和电子商务的一个模式，它是以分销业绩提成为主的模式，通过大量的下线，导致销售额迅速提高。图 4-19 是之前很火的两种微商模式：通过分销模式依据下线销售业绩提成；以许诺受益方式诱导用户滚动发展下线。

图 4-18　微商及关键概念

图 4-19　微商分销模式

虽然微商很火，但违背了商业本质，大量的喝鸡血似的推销，最后货品都积压在下线手上。面膜、红枣满天飞，朋友圈到处被刷。针对此情况，微信公众平台 2015 年 2 月 15 日晚间发布的《关于整顿非法分销模式行为的公告》，大力整肃微商市场，大量的涉及微商的公众账号被关闭。

但这并没有结束，微商的火爆也说明了一点，朋友圈是可以做销售的。那如何经营微商呢？有些企业（如苏宁）借助已经有的资源，配合扁平化管理，和移动互联网微信的社群朋友圈结合，回归商业本质，积极满足客户需求，创造新的商业价值，也得到了很好的发展。

1）苏宁的微商模式

苏宁是全国 O2O 做得最好的企业之一，它自己有近 20 万员工，有近 2000 家门店，每天开门几百万客户就会进入门店。但进入门店的客户大部分都会流失，离开店以后，基本上是无关系了，店面对他们没有影响力了。如何发挥 20 万员工的积极性，如何和这几百万客户建立联系，对他们产生影响，是苏宁 O2O 想解决的重要的问题之一，也就是 Offline to Online 的问题。我们看下苏宁怎么做的。

线下店进店用户和营业员是微商的资源和参与者，资源如何使用，怎么能做起来，怎么能调动营业员的积极性？奖金的分配是微商发挥人积极性最要解决的问题，按劳分配是邓小平提出来的，也是最要做到的。苏宁已经建立了全员微店体系，如图 4-20 所示。可以通过员工来解决销售问题，通过员工来建立与用户的弱关系。但老板也要知道员工怎么销售的，不然怎么设计系统、管理 KPI 呢？

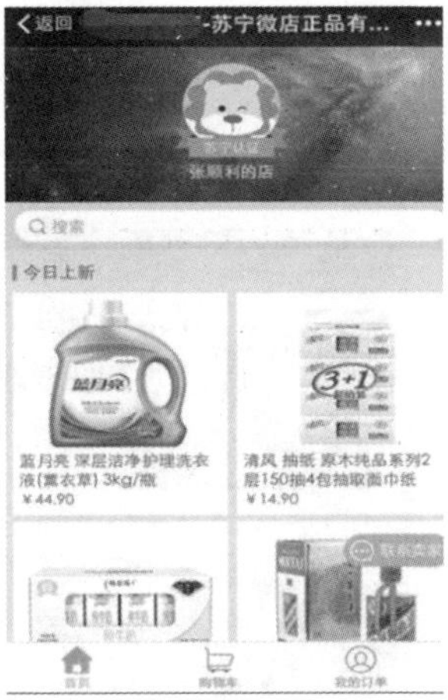

图 4-20　员工的苏宁微店

苏宁有个整体微店，每个员工都有自己的用户名和密码，都有自己的一个子店，员工转发总店活动来营销自己的子店。客户买东西，整体微店后台系统马上知道是谁卖出去的，微店做的促销活动被转发了所产生的效果，苏宁后台都知道。

苏宁系统的好处是，对于员工的管理很直观，销售多少转发多少，自己的子店只放自己想卖的产品。但缺点是，资源（粉丝微信号）都掌握在自己员工手里面，所以苏宁考虑给关键销售岗位的员工都配置公司手机，人走了，手机要留下来。这个问题解决了，苏宁 20 万员工，自己会想办法把每天几百万进店的用户，都转到自己的朋友圈自己的社群，完成线下到线上再到线下。

苏宁太大了，只能这样，对于我们单一品牌店，要建立我们的 O2O 系统，是否有改良版本呢？

2）单一品牌企业的微商 O2O 模式

单一品牌企业的微商 O2O 模式和苏宁思路大致是一样的，如宝洁就开了微店，而且把“微店关注”放到了天猫旗舰店的右上角，如图 4-21 所示。

图 4-21　天猫宝洁旗舰店

我们以一家家纺企业为例，家纺企业中的员工首先要想办法把进店用户拉到线上，然后员工努力和粉丝用户沟通保持联系，家纺企业在粉丝管理上做了些改进，如他们尽量让粉丝汇集到企业的公众账户里面去购买，便于资源向总公司的集中。怎么做的呢？

看到图 4-22 右侧的这个二维码了吗？每个员工有一个，只要你扫描这个二维码关注了公众账号，系统自动记录了这个粉丝是这个店员的。只要这个粉丝以后有消费，提成都按照系统界面的设置比例（见图 4-23）分给店员。这个店员有动力了，天天玩朋友圈社群和这些客户黏在一起，先想办法把进店客户带到线上，然后聊天，发链接动尽脑子，让用户购买。系统还有活动（砍价、限时、限购等）功能，不光通过二维码，你在活动里面转发的产品购买链接，都暗含店员的个人信息，系统都能把客户的购买记录到对应的店员身上。店员可以通过图 4-24 的账户来查看自己收到的提成。

图 4-22　带有员工自己信息的二维码

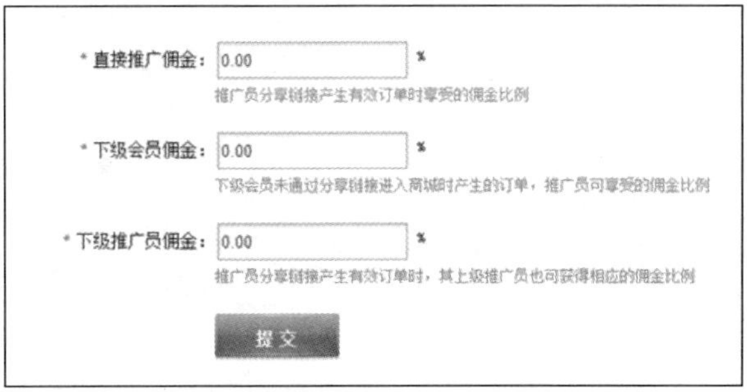

图 4-23　员工提成设定

图 4-24　员工的提成转账

大家看这个系统的好处：员工通过微信，拉拢进店客户，客户一直都在自己的朋友圈。在发起购买的过程中，粉丝必须关注企业公众号，资源向企业集中。而且单一品牌企业，产品不会太多，大家都上总公司微店，也不会感觉很乱。

系统缺点是，对员工来说，不简洁，不易懂。但因为是内部员工，可以通过培训解决。

4. 精准单店流量推广办法和应用

目前，精准单店流量推广办法有两个：L-PUSH 技术和 DSP 技术。L-PUSH 技术偏移动互联网，目前主要在一些电商平台应用；DSP 技术正在逐渐流行起来，提供的是跨平台跨媒介的投放广告方式。

1）L–PUSH 技术

L-PUSH 技术是移动互联网精准流量的投放，可以根据你手机安装的 APP（如安装了天猫、京东，判断你是网购用户），以及你的年龄、位置等信息，把促销信息定向推送到你的手机屏幕中。L-PUSH 的执行展示如图 4-25 所示。图 4-26 是劲霸男装通过 L-PUSH 技术推的广告，把促销信息推送给安装了天猫、京东 APP 的用户，很好地完成了自己的销售目标。

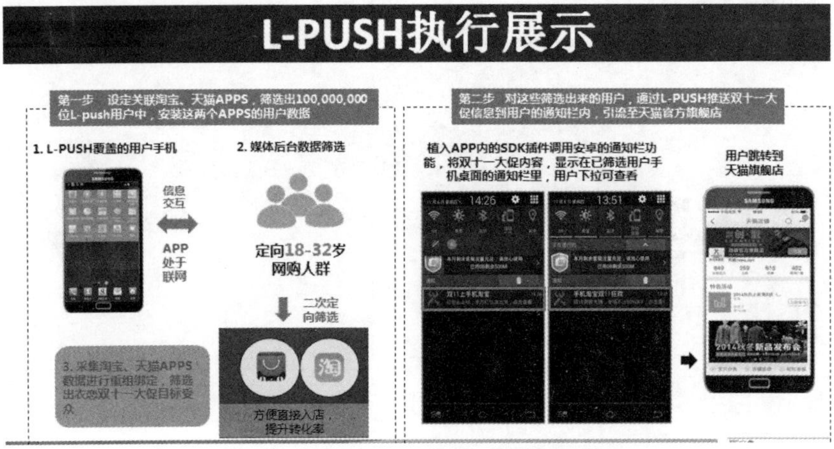

图 4–25　手机 L–PUSH 技术

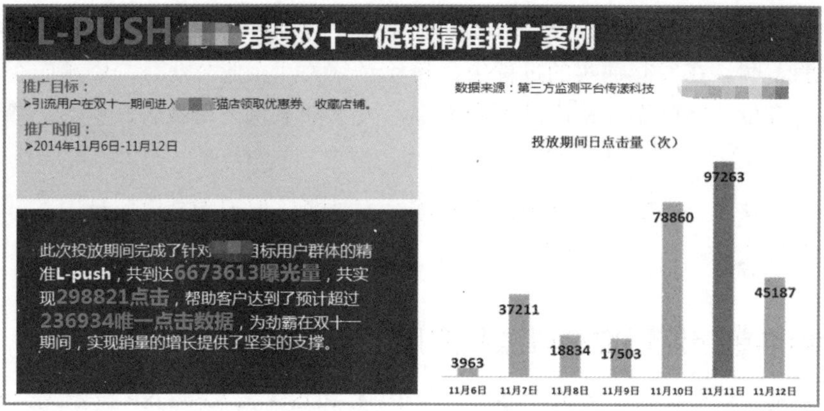

图 4-26　L-PUSH 案例

2）DSP 技术

SEM 根据你搜索的关键字来展示广告，而 DSP 的维度更多（如图 4-27 所示）。每个人上网都有一个 Cookie，可以记录你上网的信息，如上了哪些网站、在什么地点、什么时间等。一些供应商根据你过去的行为信息，可以对你进行分析，实时地把对应的广告推送给你。如你常上小孩网站，又常上汽车网站，利用 DSP 技术就会把小孩安全座椅的广告推送给你。

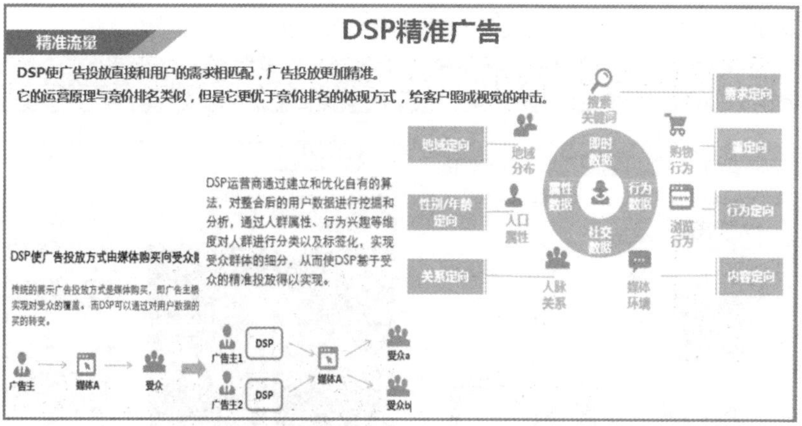

图 4-27　DSP 技术

说明：SEM, Search Engine Marketing，也就是搜索引擎营销。它的基本思想是让用户发现信息，并通过（搜索引擎）搜索点击进入网站/网页进一步了解他所需要的信息。

DSP：Demand Side Platform，需求方平台，是为广告主、代理公司提供的一个综合性管理平台，通过同一个界面管理多个数字广告和数据交换的账户。利用 DSP，广告主可以在广告交易平台(Ad Exchange)对在线广告进行实时竞价(RTB Real-Time Bidding)，高效管理广告定价。利用 DSP 也可以根据目标受众数据分析进行理性定价。

5. 单店微信公众账号及运营

大点的店可以申请自己的公众账号，有了公众账号，建立自己的微店就有了直观的入口，可以在如图 4-28 所示的菜单里面设置，链接到我们的微店首页。

微信公众账号具有强大的后台功能，可以协助我们做很多发布、推广、用户分析工作，如图 4-28 所示。

图 4-28　公众账户后台

在“消息管理”菜单中，我们可以设置自动回复，包括关注的回复、关键字的回复等，如图 4-29 所示。当用户关注到我们的公众账号后，系统会自动提示一条信息，用户可以直观地了解我们这个公众账号提供什么样的功能。

在“自定义菜单”这一项中，我们可以设置公众账号底端的菜单，如图 4-30 所示。用户可以通过菜单了解企业提供的各种功能，也能实现自助客服的一些功能，这有点像我们打银行客服电话 9558 中的提示：“按 1 进入企业账户，按 2 进入个人账户。”自定义菜单让这种客服形式更直观了。

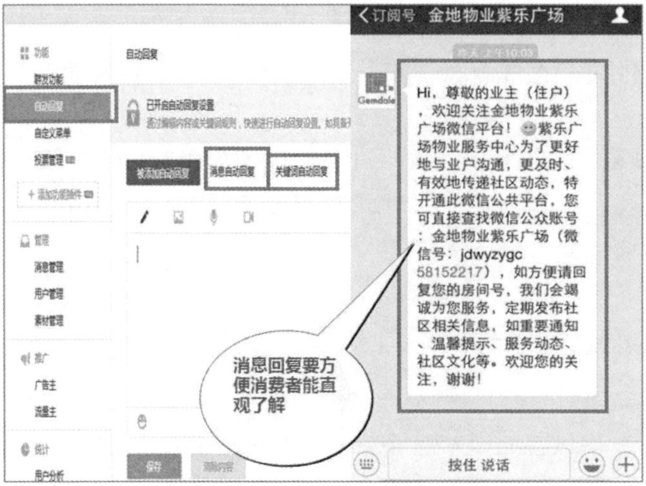

图 4-29　自动回复

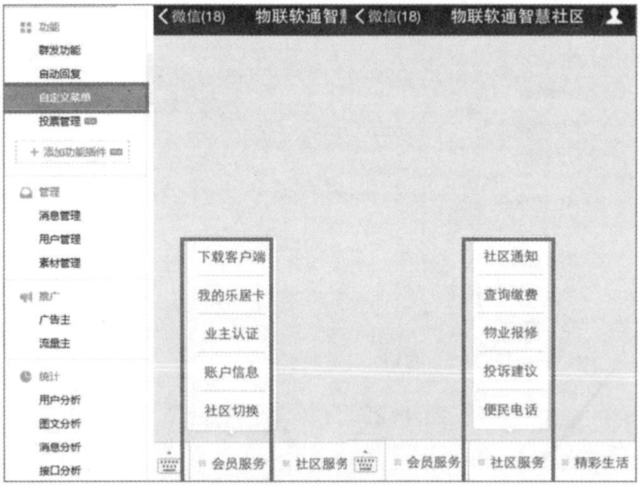

图 4-30　自定义菜单

通过“用户管理”菜单，我们可以将自己的用户分组，如图 4-31 所示。用户分组后，我们可以发布具体的信息给每一个分组的用户。比如未购买产品的用户，我们可以发布优惠券信息，实现他们的转化；比如已经购买了产品的用户，我们可以发布反馈调查表，及时了解用户的反馈，改进产品或服务。

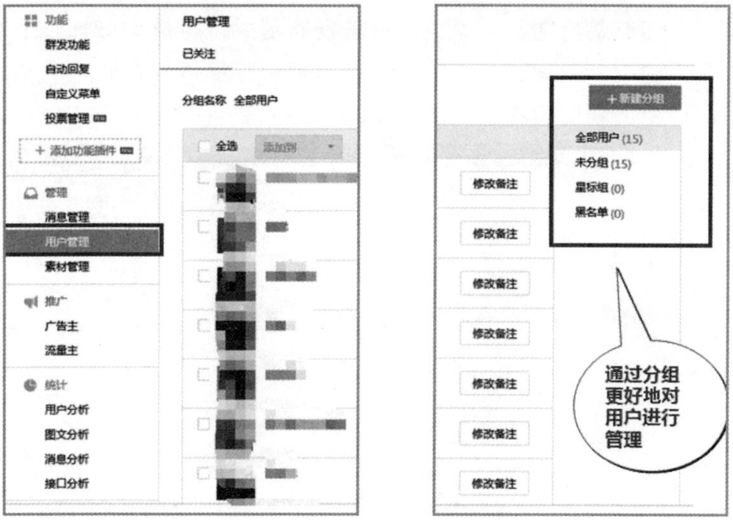

图 4-31 用户粉丝管理

通过“素材管理”菜单，我们可以提前准备好要发布的视频或图片，如图 4-32 所示。利用一些第三方工具，我们可以先设计好图文信息，然后发布到公众账号中。这些属于内容运营，发什么样的信息给用户，与用户怎么互动更好，都要通过图文、图片、视频这些来完成，如罗辑思维公众账号就是每天发布一条 60 秒语音，给人印象非常深刻。如“一条”的公众账号，是每天发送一条视频，阅读量也是非常大。

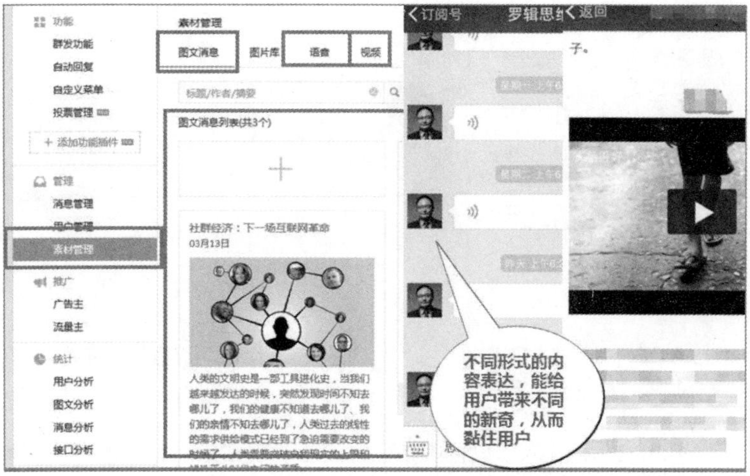

图 4-32 图文消息、视频、语音

还有一个细节要特别跟大家说，就是发布消息时，最下方有一个“阅读原文”的链接。利用“阅读原文”功能就可以把用户链接到企业的网站，并最终在网站上实现会员注册等服务，如图4-33所示。

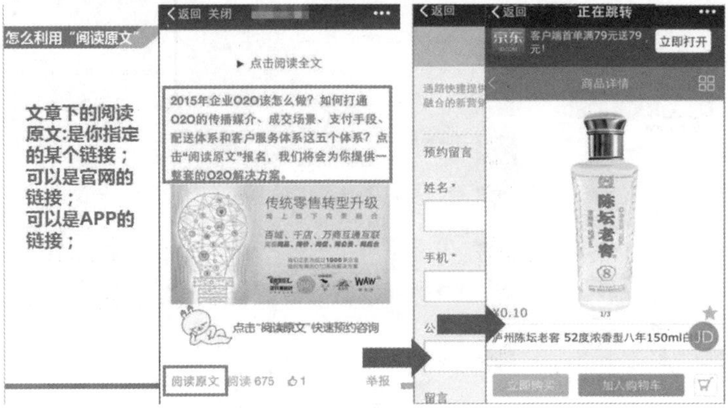

图4-33 阅读原文

单店运营更多的是使用公众账户对粉丝做活动促销推广，关于活动促销策划，我们在后续章节讲解。

6. 百度直达号的作用和使用

百度直达号是百度为商家在百度移动平台上打造的唯一官方服务账号。它基于移动搜索、@账号、地图、个性化推荐等多种方式，让亿万有需求的客户随时随地直达商家的服务，快速提升服务效果。百度直达号的优势如图4-34所示。

图4-34 百度直达号的优势

百度直达号是基于移动端的服务，只要在手机百度客户端或百度移动页面上输入“@海底捞”，就可以直接到达海底捞的移动网站，如图4-35所示。

图 4-35　百度直达号——海底捞

百度的直达号非常便于品牌展示，用户可以直接找到企业。如图 4-36 所示，只要我们开通了直达号，当用户输入@关键字后，百度后台就会自动提取与关键字相关的直达号。

图 4-36　百度直达号

我们单店可以免费申请直达号，把地址放到宣传资料上面。开通也非常简单，只需要提交资质信息，审核通过后设计自己的移动页面即可。

7. 360 来店通如何帮助我们管理客户资源

据 360 统计，全国每天有 1 万家商户开业，也有 1 万家商户倒闭。要想让商户持续发展，就得连接更多的用户，如何连接呢？360 想到了最传统的方式：电话。然后利用 360 手机卫士的移动流量打造了 360 来电通这一营销平台。360 来店通在不改变用户习惯的前提下，用通话这一最自然、最便捷、最传统的方式连接用户与商家。只要打过我们商家的电话，就关注了我们的来店通。商家还可以使用来电通推送最新商品促销等信息。360 来店通的优势如图 4-37 所示。

海量用户
通过 360 手机卫士作为展示平台，是拥有 6.5 亿终端用户的移动流量超级入口。

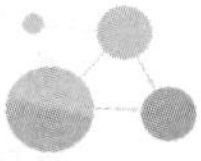

多样性营销平台
整合多种营销工具，可根据商家的营销活动及实际的客流情况，定制不同策略。

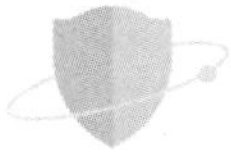

安全品质
以安全为核心，为用户提供安全可靠的服务，为商家树立优质的品牌形象。

图 4-37　360 来店通优势

360 还统计，全国每天产生 18 亿的通话量，其中 2.4 亿是商家通话，这也说明了“电话”依然是当今用户的使用习惯。所以利用 360 来电通进行营销，也是目前移动端很好的模式。在 360 来电通中，商家可以利用营销管理功能（图 4-38），把优惠信息、企业形象等内容定向地推送给打过我们电话的手机号，帮助商家增加知名度和点击量。

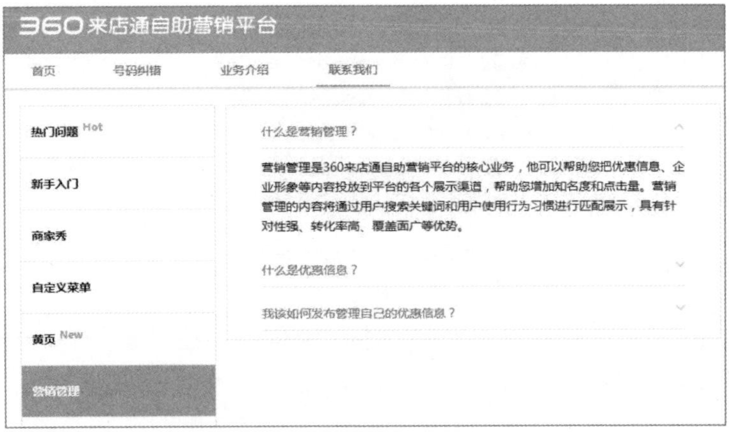

图 4-38　360 来店通的营销管理

商家可以在 360 上直接注册（http://dian.360.cn/index），不需要付费。注册该平台后，还可以开通商家秀功能，企业信息就会在被叫用户手机上显示，如图 4-39 所示。这种来电秀的形式不仅有助于展示企业形象，宣传企业的活动，还能避免被标记为垃圾广告，提高了电话接通率。360 也提供这种来电秀的模板，已经注册的商家可以使用多种模板，非常轻松就能打造有自己企业风格的来电显示。

图 4-39　商家秀

第三讲：单店销售人员的移动互联网营销

本讲主要内容：

- 店长如何处理单店和员工之间的移动互联网关系
- 单店销售如何通过线下进店人员获取更多的粉丝（线下到线上）
- 个人销售或者单店如何运营社群形成自组织
- 个人销售或者单店如何通过移动互联网运营完成客户二次转换（线上到线下）

1. 店长如何处理单店和员工之间的移动互联网关系

前面我们曾经提到过，无论是苏宁这种大型连锁企业，还是家纺这种单店形式，他们运营客户的关键，都是让进店人员先进入本店员工的微信朋友圈。因为朋友圈是最方便沟通和交流的，而且关系最紧密。

那么，员工的流失就会导致客户信息的流失，店长该如何处理这种关系呢？

首先，核心销售人员或每个店都要配备单独的手机，员工离职后，手机回收。

其次，利用各种考核，要求销售人员将客户拉到公司统一的微信群或公众账号中，如前文家纺企业的系统做法。

随着90后进入职场，人难管，管人难，这是目前大多数企业都会面临的问题。作为移动互联网中最有效的朋友圈和社群工具，还是建立在员工积极性的基础上，所以建立专门的考核制度非常有必要。

2. 单店销售如何通过线下进店人员获取更多的粉丝（线下到线上）

对于单店来讲，销售人员与客户直接面对，可以利用各种方法将客户变为自己的粉丝，本节我们主要从“术”的角度，来实现这种从客户到粉丝的转变。

1）扫描二维码

最常见的方式就是利用二维码，因为微信提供了二维码扫描工具，所以可以轻松实现这种转变。

（1）打折吸引，扫码9.5折，完善资料9折，如图4-40所示。

心理学研究发现，人们对失去身边的东西比意外地得到东西更敏感。比如丢了100元的痛苦程度，比捡到100元的喜悦程度要大。打折就是利用了人们的这个心理，打折就好比是少从用户身边拿走东西，让用户觉得捡了便宜。目前很多单店都会在店里放置二维码标牌，用户扫一扫就能打折，谁会不扫呢？

图4-40　打折吸引

（2）小礼品：只扫码送小礼品，要是消费额大送大礼品，如图 4-41 所示。

图 4-41　扫码有礼

在移动互联网时代，获取用户的成本越来越高，一旦客户走进店里，就给我们提供了以最低成本获取用户的方式，不能轻易让用户流失。留住用户最好的方法当然是消费，但如果用户没有发现自己要买的东西，那也可以留住用户，就是“扫码送礼”。即使不购物，扫码就有礼品拿，用户还是会愿意成为你的粉丝的。

（3）易拉宝、包装、吊牌上有二维码，如图 4-42 所示。

图 4-42　包装和吊牌上的二维码

既然移动互联网时代获取用户最好的方式是二维码，现在几乎所有商家已经都在外包装上使用了二维码。二维码除了让用户关注提供给用户优惠外，还可以在二维码中放置品牌主页的链接，手机一扫就能自动打开主页。销售人员还可以将自己的微店二维码放在易拉宝上，让用户扫一下就能进入自己的微店。这也是获取用户流量最简单直接也是最有效的方式。

（4）关于二维码

我们常用的微信二维码有三种类型，分别是公众账号二维码、个人二维码、社群二维码，如图 4-43 所标明的。在什么情况下，使用三种不同的二维码呢？

图 4-43　二维码的不同类型

一般来说，对于中大的品牌企业，有自己的运营团队，偏重于使用公众账号；这种做法可以给客户一种高大上的感觉，有利于高端品牌的形成，也方便总体管理；但随移动互联网发展用户参与理论的深入，最近部分品牌企业的单店也已经把二维码换成店里面的特定手机的微信二维码了。如果你是很小微的企业，或者只有一到几个店，根本没有专业的人员运营微信公众账号，而且进店的很多都是老顾客，建议大家就使用个人微信的二维码，非常便于实施和落地。至于社群的二维码，一般是熟悉的客户让其扫描进入，或者先进入个人朋友圈，再由朋友圈拉入社群里面来。

2）销售话术和场景

除了扫描二维码外，销售话术和场景也很重要。

在客户进店后，销售人员首先要给用户比较亲和的感觉，让用户觉得有信任感，然后告诉用户“扫码马上就可以打折”（图 4-44），即使这一次不购买，那后面有活动也能及时通知。

图 4-44　销售话术

我们在吃饭结账时，店小二经常会说：扫码可以立减 10 元，真是恰到好处。如果去饭店一落座，餐桌上就有二维码，还写着扫码送一份小吃（图 4-45），真是让人立刻心情大好。这些都是利用二维码进行的场景营销。

图 4-45　餐桌场景

我们也经常在逛商场的时候碰到微信支付的活动，一分钱可以中奖（图 4-46），奖品可以是一瓶水、一个笔记本。要花这一分钱，我们就需要绑定微信中的银行卡。微信群的人数达到 100 后，再加群的成员就必须绑定了银行卡才可以加。微信利用各种活动和各种微信群，已经获取了 1 亿数量的银行卡绑定。

图 4-46　微信支付

3）线下优惠活动

线下优惠活动是目前最有效的获取粉丝的办法，如图 4-47 所示。目前我们在超市里很多饮料的包装盒上都会看到一些二维码促销活动。有些是企业自己的产品打包促销，有些是跨界促销，如可口可乐和某养车 APP，买可口可乐后，外包装上有某养车 APP 的二维码优惠券，扫描就可以使用。

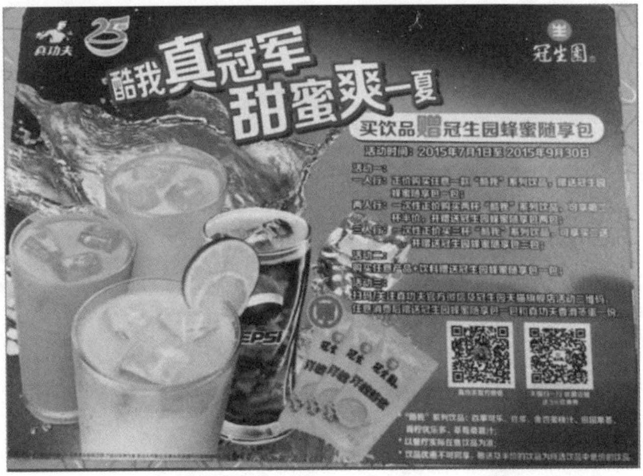

图 4-47　线下优惠活动

4）新技术的应用

我们这里说的新技术，其中之一是虚拟试衣间，如图 4-48 所示，它可以仿真模拟穿着展示。女孩子逛街总是不停地试衣服，不光陪逛的人觉得累，女孩子也很累的。很多店家就推出了 360 度虚拟试衣间。当时淘宝也推出过淘宝试衣间，买家可以任意搭配，试衣宝贝真人展示模拍，结合 3D 展示，这是线上试衣体验。线下也可以这么做，当客户试完衣服，顺手打开手机扫描下二维码就可以支付了，同时默认关注了店家的公众账号。

图 4-48　新技术

3. 个人销售或者单店如何运营社群形成自组织

在线下店的 O2O 运营中，店员获取互联网的流量除了进店人员，还可以是通过社群的方式，如前几章讲解的加入别人的社群或者运营自己的社群。本节将以前文的服装企业“一抹黛青”作为案例讲解社群的运营。

1）适合运营社群的企业产品特征

适合做社群营销的企业，必须满足几个条件：

（1）多频，多次消费，这个一般是零售企业，线下店基本都满足这个要求，因为只有多频了，社群里面的老客户才能多次消费，社群的运营者见到了销售才有更多的财力和兴趣去运营社群，企业毕竟是销售驱动的。

（2）有大家感兴趣的内容和话题，一个是内容大家感兴趣和自己的特定目标客户兴趣匹配，同时这个话题有内容可以谈，比如“一抹黛青”的社群就以中国传统文化作为谈论的主要方向；而本书里面的“益涂”移动互联网案例，就以孩子的绘画教育作为谈论的话题，而“思烤”点心社群，可以谈论点心的制作过程，各种原材料，话题肯定也不少。

对于大型品牌连锁企业的产品只要符合以上特征，每个店都可以做社群，下文我们将对总部和很多店之间的管理和协调做些说明；对于小微连锁企业的企业主基本不存在协调和分开管理问题，此类社群操作起来更加容易上手。

2）运营社群前的规划

运营社群的规划可以分为所有店之间社群架构的规划和单个社群运营的规划。

对于大型品牌连锁企业，可以建立自己的社群矩阵图，如图 4-49 所示，我们建议每个店配备一个专门的手机，手机对应一个微信账户，使用这个手机建立客户的社群，同时手机的微信号作为管理员，这个手机的微信也运营自己的朋友圈，在店里面的活动等可以放这个手机的二维码，把一些核心的客户导入到这个微信的朋友圈里面。从品牌连锁企业的总部来说需要配备专门的人员对各个店手机的朋友圈和社群进行监控，同时在运营上对各个店进行指导，帮助产生内容及策划活动；要求总部也需要有一个手机号对应微信，这个手机把总部的专业的部门为各个店社群运营产生的内容和策划展示到自己的朋友圈，这个手机号和各个店的微信互为好友并且加入到各个店的社群，同时总部也建立自己的社群，并且各个店都加入到总部的社群里面；通过以上的架构，各个店可以通过总部微信的朋友圈获取到自己社群运营的内容及策划信息，总部可以在自己的社群里面对各个店提出来指导意见和要求；总部可以抽查各个店的朋友圈和社群运营；对于各个店朋友圈和社群运营出现的问题和好的经验，各个店可以在总部的社群里面分享互相学习讨论，总部可以总结后发布到自己的朋友圈，作为对所有店的指导。当然了总部除了这个手机号外，总部的管理人员如市场部经理也可以把自己的微信加入总部的社群和朋友圈，也可以分别加入到各个店的社群和朋友圈，就可以完成总部的多人对各个分店的监控和管理功能了。

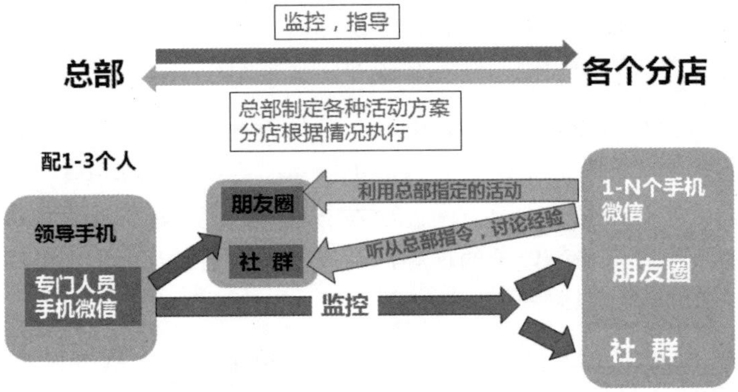

图4-49 社群矩阵图

对于只有很少店的单个社群的运营和规划，我们策划了后文的标准模板，不同的企业可以根据自己的实际情况来使用，主要的目的是要结合店的产品的情况，也要结合店的人员情况，比如对网络和内容运营的熟悉程度，选择使用。

*****店社群运营流程

（一）社群名字

1. *****传统服饰文化研讨群

（二）针对的人群

1. 主要是对传统文化感兴趣的群体，如：爱好休闲，爱好传统文化研究，喜欢修身养性的人群。传播传统文化的同时，无形中带入我们的品牌。

2. 主要是以*****的客户或意向客户为主。

（三）运营的模式和目的

建完群以后，由*****拉进来30～50人老客户（种子用户），希望通过群的活动和运营，让种子用户拉新的客户进来。通过1个月到2个月的时间达到100～200个人的规模，再来复制新的社群。

（四）社群每日发布内容

1. 研讨传统文化为主：以禅修、茶道、瑜伽、琴棋书画、汉文化探讨等传统文化研究的内容为主。

2. 社群成员每个人都可以发布。

3. 群规：

大家好，我们这里是*****社群。

在这个群里大家可以自由地分享关于传统文化及服饰相关的知识。同时我们在这个群里晚上会定时举行活动，每周一晚上我们会举行我们的新品发布会，大家可以参与，每周二和周日我们会有团购优惠活动，每周三晚上我们的设计师会分享我们产品制作的过程以及分享我们品牌的理念，同时大家也可以参与到我们的制作过程，每周四晚上我们会有红包活动。定期还会举行传统文化服饰等相关的线下活动。

注意要点：在这个群里我们可以分享我们对传统文化的理解文章探讨，但是不能私自发广告信息，图片刷频，如果您要发广告，请私下跟群主说，由群主审核通过代发，如果私自发广告，警告三次，将会被请出群，如果届时想进群，需跟群主申请。

4. 拉人进来前的介绍：

我们是*****，鉴于您是我们尊贵的老客户，我们建立了*****传统服饰文化研讨群，在这个群里我们将就传统文化和服饰进行探讨，定期会举行各种优惠或探讨传统文化的线下活动，大家都是传统文化和服饰的爱好者，欢迎您的加入。（如果对方没有回复，开始阶段酌情一天以后，直接邀请，等待他确认是否进群）。

（五）每人都可以发布的内容及形式

1. 文章：内容的分享传统文化，服饰。

2. 视频：新品的制作过程微视频或者是对传统文化研究的视频鉴赏等。

（六）群主固定时间发布社群优惠活动

1. 向群里发一个红包

1) 红包活动的规则是：社群粉丝如果领取红包钱数是N，如果粉丝要购买衣服，衣服可以优惠钱数为10*N。如：领到0.5元，购买衣服时，可以优惠$0.5×10=5$元；

2) 同时使用领取到的红包的数量以一个月为期限，也就是一个粉丝可以把一个月里面领取到的红包累积使用；

3) 发红包的活动可以有一个固定的时间，如每周周四晚上 8 点；

4) 发红包，可以 10 元红包发 20 人（累计的次数，一个月为期限）；

5) 一周发一次，一个月 4 次，凭红包的剪切屏幕为依据；

6) 一个粉丝平均优惠的估算：一个人每次领取 0.5 元红包，一个月 4 次，合计 2 元，总共优惠 10×2=20 元，大家可以根据自己产品的价格和利润来设置条件，设置红包规则。

2. 三人成团优惠活动

1) 社群粉丝拉进来两个粉丝进群里，2 人购买可享受优惠（也可以是精美的赠品）；

2) 两人购买优惠可按照 85 折；1 人购买享受 9 折；

3) 每周二周日晚上 8 点发布优惠活动信息。

3. 朋友圈点赞活动

1) 群主有新品在群里发布，粉丝分享到自己的朋友圈，获得 N 个赞以后，能享受到优惠；

2) 每周一晚上 8 点新品发布会；

3) 点赞截图 20～30 个人，发到群里或者私信群主，享受 85 折优惠。

4. 设计师分享产品设计及品牌理念

1) 由设计师分享自己制作衣服的理念和过程，穿着场景；

2) 每周三晚上 8 点到 9 点分享；

3) 通过语音或者文字的方式。

（七）线下活动

1. 当粉丝聚集到一定程度，可以开展定期的线下活动；

2. 活动可以是：茶道，瑜伽，插花，服饰研究，好书分享；目的是集中大家到线下来，在交流的过程中一起加深认识和互相了解。

3）如何产生种子用户

一般先把进店用户变为个人朋友圈用户，再通过朋友圈的认识交互，作为种子用户拉入社群，开始社群至少有 30～50 人为宜。

在社群的开始建立中，可以有自己的其他账户，自己私密的朋友账户，这些账户可以在你互动比较冷清的时候，做些帮衬的工作，慢慢形成自己的真正的铁粉；有了自己可以控制的账户，也会很好地解决运营社群过程中对负面舆情的担心，如果有粉丝出现了负面的言论，一个方面我们要真诚地对待，帮助解决问题，另外一个方面是其他的账户也可以使用一些中性的言论起平息的作用；当然了，做社群你一定要对自己的产品有充分的自信，坦诚地把产品的标准公布给大众，移动互联网时代已经完全去除了信息的不对称，消费者知情是最基本的，如果你对产品没有这个信心，你也不适合做社群了，或者你更应该去思考产品的核心竞争力问题，自己产品能否在市场立足都是要仔细思考的。

一个有效的产品及销售社群不是人越多越好，根据您的产品特征来决定，根据笔者的经验，常见产品销售社群人数控制在 200 人以内为宜，当然微信社群的上线人数是 500 人，您可以根据企业及产品具体情况来设定。一般社群里面除了自己公司的运营账户和私密朋友外，大致会有 10%～20%的活跃用户粉丝，这部分粉丝群主及运营人员基本都要认识，他们是社群以后活跃和内容产生的最主要来源；一般社群 50%以上的粉丝基本是不说话状态，不说话不代表要把这部分人驱除出去，这些人不说话但会观察和浏览群内信息，一旦你有合适的、好的产品，他们会主动购买的。又回到前面话题，为什么社群不是人越多越好呢？因为如果社群人过多，特别是对于活跃粉丝，也就是我们常说的铁粉或者资深粉丝，不容易全部认识，信息也容易刷屏，导致照顾不到，体验不好。

对于铁粉或者资深粉丝，如上文“一抹黛青”就有类似的铁粉粉丝，这些粉丝每月都会买她们的衣服，不穿就放家里，会把他们的每个款式都收藏进去；而“思烤”点心在运营的过程中，很多粉丝很佩服蛋糕主人的精细用心制作（这个要感谢朋友圈的功劳），很多粉丝都以能吃到“思烤月饼”而在朋友圈转发展示自己的自豪。一个社群群主就要用心地培育自己的铁粉，正如前面讨论的，正常情况其他的粉丝大部分只看不参与，而铁粉的参与度就很高，如果铁粉能达到 20%以上的比例，整个社群就很活跃了，社群进入自组织阶段（粉丝自我管理）。

4）社群运营及自组织的形成

正如规划里面所列，“一抹黛青”在日常的运营中，会常展示自己的衣服制作，客户穿着体验，如图 4-50 所示；对美的内容大家都是很关注的，“一抹黛青”的衣服刚好符合这些，是大家运营要注意的。另外大家要注意通过各种方式形成自己的铁粉，如图 4-51 所示，铁粉有的是对产品或者理念的认可，有的是你线下活动认识的朋友，他们对你人的认可，也会在社群里面配合展示，并且就服饰穿着、衣服质量给予互动和评价。所以自己常举办或者参与一些线下活动，也是我们社群运营人员经常要做的，毕竟在中国还是很讲究人情的，如图 4-52 所示，“一抹黛青”会有意识地参加或者组织一些活动。

图 4-50 社群参与互动

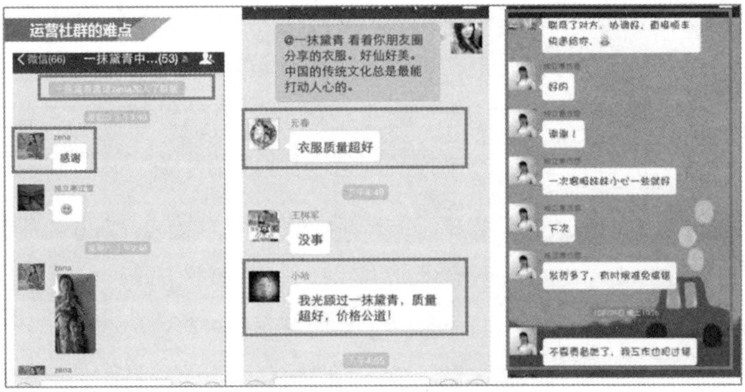

图 4-51 社群参与互动

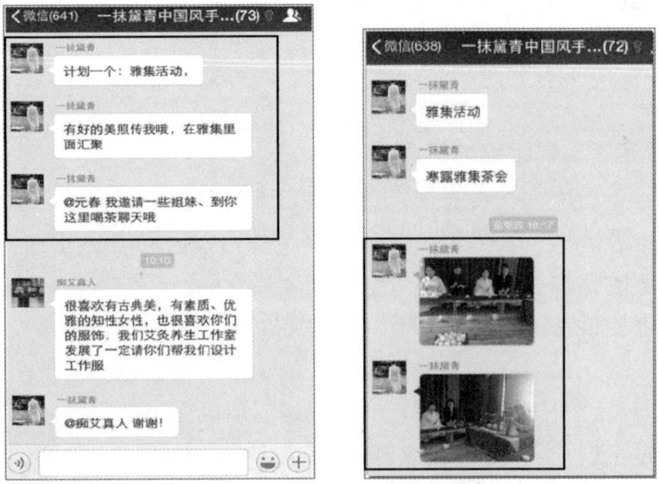

图 4-52 线下活动配合社群

图 4-53 和图 4-54 是“一抹黛青”社群里面的一次互动，通过这次互动我们可以总结一些运营社群可以学习的点。如早上一抹黛青说了“早上好”，就没有互动起来，到中午又说了一句“中午好”，笔者一句话“有没有新款衣服”，马上就互动起来了，说明了需要团队的配合，同时问题要是开放式的，便于别人接话；在图中我们可以看到有合作伙伴愿意送赠品，还有其他客户需要购买；也说明了在社群的运营中，群主、群主朋友、合作伙伴、铁粉是最活跃的，群主团队之间的配合是时刻要规划和做的。

图 4-53　社群如何引导互动

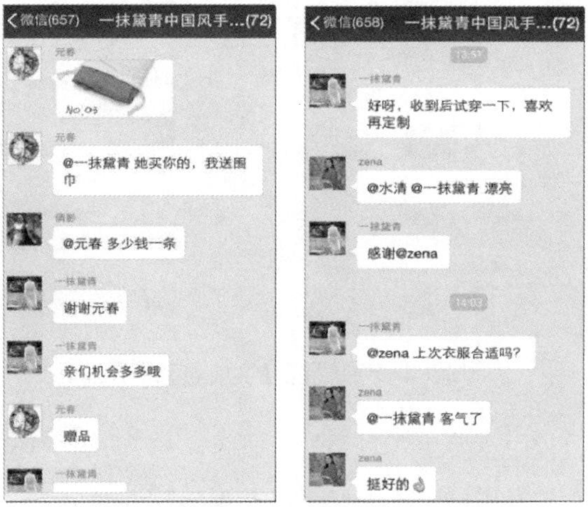

图 4-54　社群互动看出来里面人员关系

社群的运营中内容要和社群的定位匹配也是大家要关注的，如图 4-55 和图 4-56 所示。“一抹黛青”常以文章链接或者文字的方式发布内容，内容和粉丝的群体相匹配。“绿色食材养生吃货群”是一个农产品的淘宝店运营的群，他们的内容都围绕吃和绿色展开。

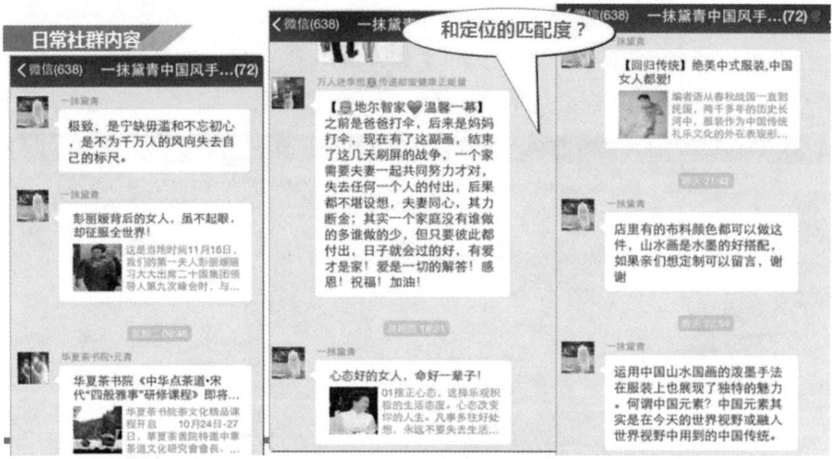

图 4-55　社群的内容运营

图 4-56　社群的内容运营

社群的运营过程中会发生各种情况，如图 4-57 所示，不但有人希望成为我们的代理，还有人想退出群，只要心平气和地处理就可以了，没必要挽留，还是需要相同兴趣爱好的人在一起。

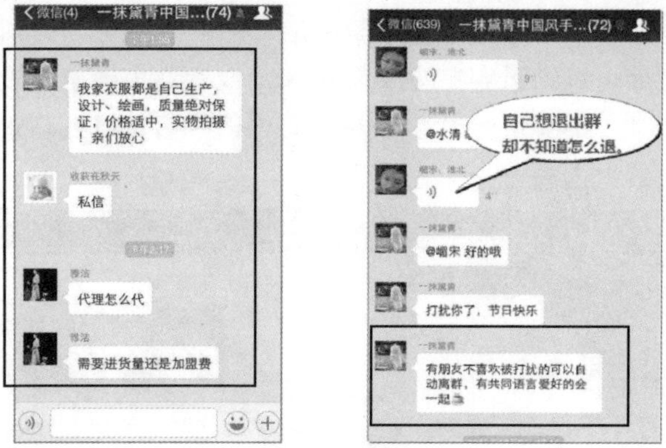

图 4-57　社群特殊情况的处理

5）社群运营的成本思考

单店社群的运营可以考虑使用营业员或者店主的碎片化空余时间来做；对于中大型品牌连锁企业，正如前文在社群架构里面描述的，需要专门的内容和策划运营专职人员，但大家也看到了，在内容运营和策划上一个店和多个店的运营成本差别不大，只要把开始的几个模板店做好复制出去就可以了，这样平均下来运营成本是很低的。

当然对于只有很少的店，不可能配专职人员的连锁店，对于负责的店长或者分管人员，在文案、语言沟通、言语舆情控制上，需要花费一定的时间，具备一定的经验和能力。

6）支付和购买

在社群运营的过程中，支付和购买已经形成常态，如图 4-58 所示，需要注意的是微信绑定支付，很多购买工作可以转到个人之间的单独聊天，不要过多地在社群聊天，以免刷屏。

图 4-58　支付和购买

对于有条件的店主，还可以开通微店，如图 4-59 所示，可以在微店里面直接完成支付，微店可以通过第三方平台申请，或者你申请了公众账号，就可以在腾讯里面申请了。如图 4-59 中间的图中，申请好后可以在自己微信账户的基本信息里面的更多上面建立一个连接。

图 4-59　微店使用

4. 个人销售或者单店如何通过移动互联网运营完成客户二次转换（线上到线下）

把客户拉到朋友圈成为粉丝后，最关键的目的当然是实现销售的转换。本节介绍几种实现转换的方式：朋友圈运营、公司工具和社群运营。

1）朋友圈运营

把客户变成粉丝后，可以直接在微信中给客户发送活动信息，如图 4-60 所示。这种方式属于直接推广，一般频率至多一月一次，不然你就要被拉黑了。

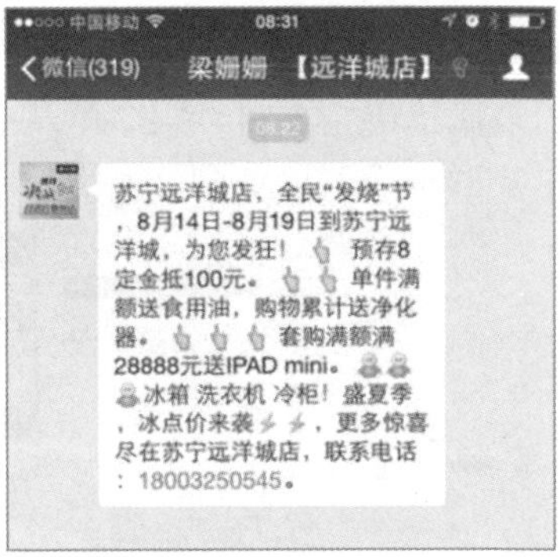

图 4-60　朋友圈运营

除了直接推广，还可以不定期在自己的朋友圈中发布一些穿着场景、制作过程：包含时间、地点、原材料等信息，如图 4-61、图 4-62 所示。做服装的可以发衣服，做蛋糕的可以发制作场景、原材料等信息。

图 4-61　穿着场景

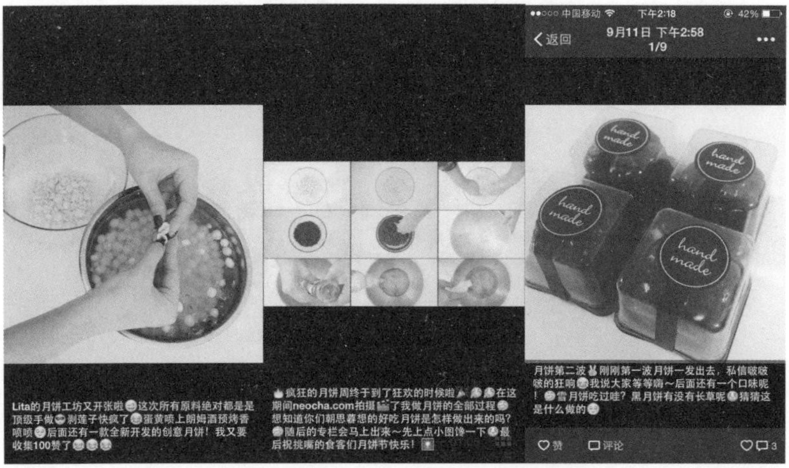

图 4-62　原材料+制作过程+最终产品

最简单最有效的朋友圈运营方式，还是各种抽奖，当然奖品最好设计成到店领取，这样就多一次和用户直接见面交流的机会，如图 4-63 所示。

图 4–63　到店兑换

除销售人员个人运营内容外，还要时不时转发公司的优惠活动，企业也要在这方面给予员工更大的支持，如图 4-64 所示是两家企业公众账号策划的活动，作为公司的员工就可以转发了。

图 4–64　公司活动

2）公司工具

前面在讲朋友圈运营的时候，我们也提到，企业要为员工提供更大的支持，包括内容和活动上的支持。除了这些，企业还要利用自身的 APP 优势，引导用户到店消费，如图 4-65 所示。

图 4-65　APP 引导

目前优衣库主要做的方式是线上体验，线下购物，如图 4-66 所示。这样线上纯粹是为线下引流，帮助员工或店铺更好地获取本地粉丝。

图 4-66　线上体验线下购物

3）运营社群让客户购买或者到店

前面章节讲解了建立和运营社群的细节，实际上通过社群运营活动的举办等方式可以吸引客户马上购买，以及二次到店消费。这里我们介绍几种主要的方式。

（1）利用红包，在群内开展活动、互动、引流，增加进店人数，维护客户。

抢到红包者，到店消费，可以购买（指定）产品抵扣现金，按“红包金额的 10 倍或 N 倍”抵用现金，如图 4-67、4-68 所示。红包既是一种游戏，吸引用户的关注参与，又能让用户得到实惠。

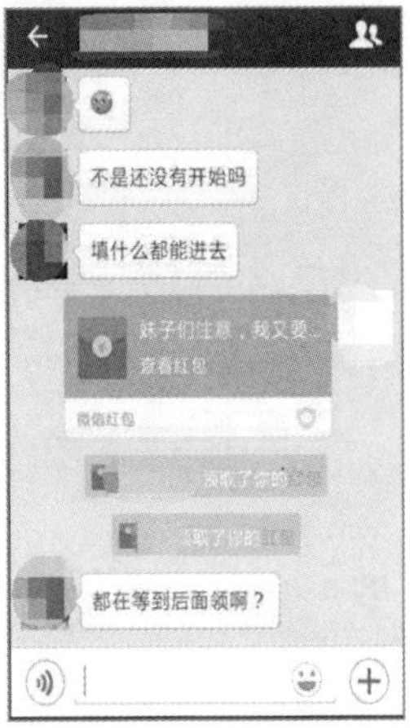

图 4-67　微信群红包

图 4-68　微信群红包

（2）定期微信群讲课（营养讲座、健康讲座、服饰搭配讲座等），增加粉丝进来，课后问答有奖，到店领取礼品，如图 4-69 所示。粉丝既能学到知识，又有礼品可以拿。

图 4-69　定期讲课

提示：微信语音讲授每次只能 60 秒。

（3）集赞活动。通过在群内发一款有特色的赠品活动，让大家分享在朋友圈里面集赞，达到目标数就可以到店免费领取一份赠品，如图 4-70 所示。可以吸引用户到店，又能利用朋友圈点赞的功能传播企业品牌。

注意：赠品一定要有吸引力，同时价格不宜太高，减少支出成本。

图 4-70　集赞活动

（4）群内开展团购活动，VIP 顾客拉朋友入群，然后组团 3 人一起过来购买（图 4-71），可以享受团购的最低优惠活动。当然也可以指定几款产品吸引顾客进店。

图 4-71　群内开展团购

（5）线下活动，建立圈子。前面曾经提到过苏宁的摄影课堂（图 4-72），利用定期举办线下活动的方式，打造自己可以控制的圈子，在圈子线下活动上不仅能推广摄影器材，还增加了客户的黏性，让客户觉得有价值。

图 4-72　线下活动圈子

第四讲：O2O、LBS的实体店应用

本讲主要内容：

- O2O、LBS的几种存在模式
- 常用O2O入口破解和分析
- O2O借助已有资源增加粉丝的方法和实施
- 用户的口碑传播二次消费和闭环营销系统的建立
- 如何利用LBS、Wi-Fi系统增加新的粉丝及互动

1. O2O、LBS的几种存在模式

前面我们曾介绍过O2O和LBS的概念，本节主要从应用模式入手来讲解O2O和LBS。

O2O的本义是Online To Offline，也就是将线下商务的机会与互联网结合在一起，让互联网成为线下交易的前台。这样线下服务就可以通过线上来揽客，消费者可以在线上筛选服务，在线成交和结算等，互联网的作用就是提高流量和规模。从这个概念上来看，几乎所有的互联网交易类内容都大致可以算是O2O模式，如生活服务类、团购类、点评类、订餐类、购物类等。O2O这个词来源于国外，随着国内移动互联网的迅猛发展，O2O在国内又进行了演化，有了线上到线下、线下到线上、线下到线上到线下（O2O2O）的多种模式。

纵观各种模式，O2O的目的都是相同的，就是实现拉新、促销、二次消费、会员、口碑推荐等。

线下就意味着线上服务的本地化，本地化又离不开LBS。目前LBS主要应用在移动端，常用软件有地图类、点评类、团购类等APP和网站。这里举一个本地O2O和LBS结合的应用百度外卖APP。

百度外卖上线后，最初以开放平台的方式运营，线上接入合作外卖O2O公司，线下采用合作外卖O2O公司的物流，自己仅提供平台。但2014年下半年后，百度外卖开始逐渐自营，线上的餐厅由自己谈折扣。同时开发了外卖调度系统，线下整合多方面的物流人员，并已建立物流团队“百度骑士”。百度外卖依托百度搜索、百度地图、百度糯米获得流量支持。百度CEO李彦宏表示，百度要在O2O领域投资30亿美元。如图4-73所示为百度外卖APP订餐后的一个流程图。

图 4-73 百度外卖 APP 订餐流程

百度利用自己的地图优势，将 LBS 功能嵌入到 O2O 订单状态中，用户可以通过地图查看目前百度骑士在哪个位置。用户订餐后还可以发百度红包到微信朋友圈，帮 APP 来进行推广。如果使用百度支付来结算，还可以立减 2 元，这样同时也推广了自己的支付功能。从 LBS 的使用、到朋友圈的推广、到自己的支付，百度外卖打造了一个完整的闭环服务系统。

2. 常用 O2O 入口破解和分析

上一节我们提到，O2O 几乎涉及到所有的互联网交易类内容，对于中小企业来说，我们更加关注自己怎么应用 O2O。本节我们就来看看在当下这个时代，O2O 都有哪些入口，哪些企业占据了这些入口的流量，我们传统企业应该怎么选择这些入口。

图 4-74 的左侧是笔者总结的 8 个 O2O 入口，右侧是入口的把控者或服务形式。

• 搜索入口	百度，360，搜狗
• 商圈位置导航入口	百度地图，高德地图
• 评论入口	大众点评
• 团购折扣入口	优惠券、折扣券
• 老客户预约入口	呼叫中心电话、QQ、微信、微博
• 会员卡服务入口	会员卡、储值卡
• 口碑入口	朋友间分享邀约消费
• 数据入口	消费数据和需求数据分析

图 4-74 O2O 入口及把控者或服务形式

搜索入口是互联网时代的主要入口，用户通过搜索找到服务的商家；商圈位置导航入口我们前面也介绍过，通过“附近”功能查找目标企业；评论入口也是O2O的关键，除大众点评外，豆瓣也是看电影评论继而购买电影票的一个入口；团购折扣入口可以说是引爆了O2O在中国的发展，以前素有百团大战之称；老客户预约入口有比较传统的电话方式，也有最新的微信社群及公众账号预约方式；会员卡服务入口既有传统的实体卡也有微信的电子会员卡入口；口碑入口是分享型消费模式，微信朋友圈就很适合传播口碑，还有就是阿里买下的口碑网在2015年9月9日也宣布要投入50亿元扶持线下商户，协助本地生活服务行业转型升级；数据入口因为大部分企业的技术能力还不够，目前被BAT三大企业把控，如阿里巴巴下的天猫和淘宝，商家都要借助平台提供的一些数据分析工具，微信公众账号用户也要借助微信提供的后台数据分析工具。

3. O2O借助已有资源增加粉丝的方法和实施

对于已经具备线下店的企业，我们肯定要发挥已有的资源来发展O2O，这里以苏宁为例来了解如何借助已有资源，如图4-75所示。

图4-75　借助已有资源

在移动互联网时代，已经有资源了我们还要与微信结合起来，将原来的客户转化成微信的粉丝。转化方式如图4-76所示。

（1）门店推广就是在商铺的主要位置放置微信公众账户的二维码，将进店客户转化为企业粉丝。

（2）产品包装上印刷二维码我们已经讲过很多次了，目前来说这种方式还比较有效，尤其是一些对品牌忠诚度高的用户，他们会默默关注品牌的一些活动。

（3）短信推广方式是利用我们已经有的客户资料（电话），给他们推送我们新的微信公众号，实现他们的线上转化或二次消费。如果关注有礼效果会更好。

图 4-76 微信 O2O 转化方式

4. 用户的口碑传播二次消费和闭环营销系统的建立

图 4-77 是一个闭环营销系统，系统中最重要的是支付，其次是评价反馈。之所以说支付重要，是因为我们保留了用户的支付信息后，可以分析用户的消费习惯，比如多长时间会购买一次，比如习惯买什么价位的产品。分析用户消费习惯后就可以对用户实现精准营销。评价反馈也很重要，因为好的评价会带来好的口碑，不光吸引用户的二次消费，还能带来更多的客户。在获取用户成本越来越高的情况下，口碑传播是降低营销成本的好方法。

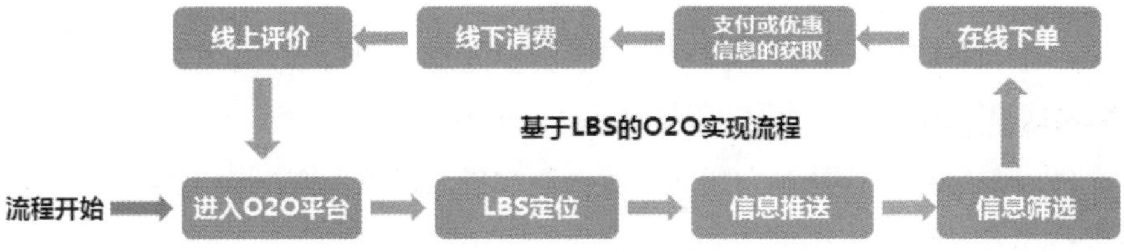

图 4-77 闭环营销系统

当下最流行的 O2O 模式就是，线上平台为消费者提供消费指南、优惠信息、便利服务（预订、在线支付、地图等）和分享平台，而线下商户则专注于提供服务，如图 4-78 所示，主要包括以下五个阶段。

- 第一阶段：引流
- 第二阶段：转化
- 第三阶段：消费
- 第四阶段：反馈
- 第五阶段：存留

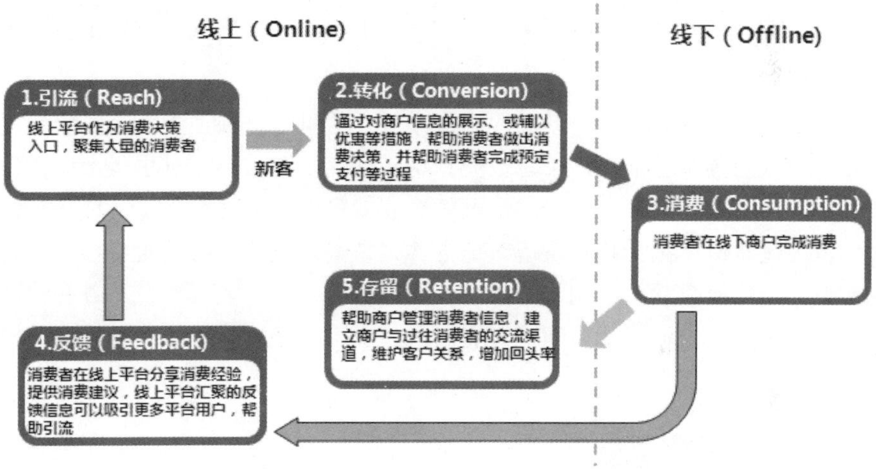

图 4-78　当下最流行的 O2O 模式

线上的操作基本上前面我们已经讲过很多次，图 4-78 中最需要企业关注的就是线下再把用户引流到线上。图中我们特意标注了“微信号”，不管是利用员工自己的朋友圈还是企业的公众账户，利用微信实现线下到线上的引流是目前最常用的方法。

5. 如何利用 LBS、Wi-Fi 系统增加新的粉丝及互动

对于饭店或咖啡馆、美容馆这些有等待时间的场所（图 4-79）来说，提供 Wi-Fi 是一种便民措施。这里就涉及到一个转化，如何提供 Wi-Fi 的同时还能获取粉丝呢？

图 4-79　提供 Wi-Fi 的饭店

客户想使用 Wi-Fi，必须加店铺的微信或者默认关注微信公众账户，这样凡是使用 Wi-Fi 的客户都能变成粉丝。获取了粉丝后，店铺就可以很方便地与粉丝互动了。

让用户登录 Wi-Fi 后自动关注公众账号，这里可能涉及到一个技术问题，企业可能认为成本会很高，腾讯已经想到了这点。微信目前推出了一个微信连 Wi-Fi 功能（图 4-80）。已经认证过的企业就可以申请这个功能，成功后，用户仅需通过微信“扫一扫二维码”的方式，就可以快速连接企业提供的 Wi-Fi 免费上网。连接成功后，用户微信主界面顶部会出现“正在连接 Wi-Fi”的状态提示，用户点击该提示，即可查看商户公众号、优惠活动以及使用商户提供的在线功能和服务。

图 4-80　微信连 Wi-Fi 功能

微信连 Wi-Fi 功能目前多适用于商圈、酒店、餐饮、医院这种人流量较大的区域范围内，需要一定的硬件支持，不能仅仅靠软件。对企业来说，微信连

Wi-Fi 功能可从以下方面让企业更有效地连接：

- 直达入口，微信首页免费推广入口，将帮助企业触达 4 亿潜在用户（所有用微信的用户）；
- 近场服务，可帮助商户近距离精确了解用户的消费行为，推送精准的场景化服务；
- 微信体系中的微信公众号、微信支付等系列微信服务打通，可低成本实施。

第五讲：品牌商和实体店的 O2O 活动及品牌推广

本讲主要内容：

- 什么是连锁实体企业 O2O 全网营销系统
- 万达的活动案例分析
- 大悦城最新的活动案例分析
- 八宝粥的品牌推广和公关活动

1. 什么是连锁实体企业 O2O 全网营销系统

连锁实体企业一般是 B2C 零售企业，其全网营销系统主要分为品牌推广、单店 O2O、电商平台系统、社群营销。

（1）品牌推广：参见图 4-81 的 Touch Point 模型，包括注意、兴趣、搜索、在线购买、分享整个闭环过程。每一个过程都会对消费者的购买决策或消费欲望产生影响。我们可以使用图 4-81 的营销手段，分别来完成各个过程。

（2）电商平台：常见的平台包括淘宝、天猫、京东、苏宁、当当。实体企业可以在这些平台上开设自己的电商旗舰店，也可以提供专门在电商平台上销售的产品系列，区别于线下产品，解决线下线上产品价格等冲突问题。

（3）单店 O2O：包括基于用户查询关键字的搜索引擎推广，基于 LBS 位置的地图及软文营销、团购促销活动等，基于线下活动的全网推广（见本节后面的案例）。

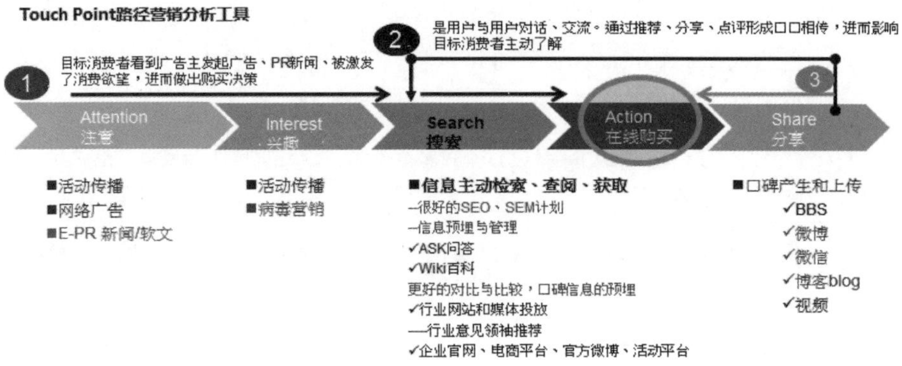

图4-81 Touch Point模型

（4）单店CRM的社群营销：包括单店公众账户、单店社群营销（微信、QQ等）、单店朋友圈运营等。

2. 万达的活动案例分析

实体店的活动一般有两种：开业周年庆和传统节日。中国人在节日里有走亲访友的传统习惯，所以各种节日进行的促销活动更能刺激消费者的购买欲望，刺激的力度取决于一个活动的好坏。

要策划一场促销活动，以下几点要准备好。

- 活动的背景：是店庆，还是节日，还是合作方的大型宣传。
- 活动的时间段：包括预热时间、活动时间，考虑到传播的时效，活动一般持续1~2周时间。
- 活动的创意：在一个依靠口碑传播的时代，如果活动一点创意都没有，只是满千返百、新品八折等形式，首先构不成传播，其次没有吸引力。
- 活动的传播策略：目前大多数实体店都采用全网营销系统来实现全平台的广泛有效覆盖。
- 活动的目的：传统实体店已经过了唯销售额为目标的时期，目前除销售额外，粉丝的增长数量也在整体KPI的考核数据内。
- 活动的执行：不管活动前期策划得多好，没有到位的执行，结果可能与前期设置的目的相差太远。如何执行？这个要体现在具体的活动落地上，如粉丝加了关注后如何发红包、如何参加活动、如何引流到店、到店人流的处理、是在微信还是微博发红包、怎么利用全员参与做传播等细节。

了解了这几点后，我们以“万达百货闺蜜月”的活动为案例，详细介绍一下如何开展一个活动。

【活动背景】

针对即将到来的三八妇女节，当下很多实体店都会举办“女生节”活动，万达百货也策划了一场“百万蜜疯节”活动，吸引更多人到万达广场消费。这次活动主是针对年轻女性，希望借助闺蜜间的传播影响更多的人。

【活动的创意】

一个完整的活动包含多个活动主题，一般包括几个线上预热活动和一个线下活动，万达的活动也不例外。“百万蜜疯节”的活动分为四个主题。

- 活动主题一：闺蜜报报，关注抢红包，活动期间关注万达百货官方微信即可抢红包大礼！
- 活动主题二：闺蜜抱抱，@闺蜜抽大奖，报上你的闺蜜暗号，还有更多惊喜等着你。
- 活动主题三：闺蜜要大牌，万人踩价一元购钻，闺蜜齐上阵，私人定制珠宝疯抢启动！
- 活动主题四：闺蜜那些事儿，制作漫画赢美妆定制，分享闺蜜购物表情到朋友圈即可参与抽奖。

每一个主题的活动旨在让更多的人参与进来，每一个主题下都有丰厚的奖品。图 4-82 是本次大型活动中的四个活动主题与其要实现的最终目的。

活动主题	活动目的
闺蜜报报	对闺蜜月进行告知和预热，同时派送红包吸引粉丝关注万达百货微信
闺蜜抱抱	闺蜜月活动预热告知 用红包及优惠券的发放带动闺蜜月期间的人流
闺蜜要大牌	借助微信圈子营销，为闺蜜月聚集人气，带动线下人流 对合作品牌进行推广传播
闺蜜那些事儿	为闺蜜月聚集人气，强化与粉丝的联系，打响“闺蜜”概念

图 4-82　四个主题活动

策划主题活动要注意，门槛要低，尽量让所有的人都可以参与，如关注就可以参与；参与方式要有趣味性，如“闺蜜那些事儿”就用漫画的形式体现，大家可以转到朋友圈。

【活动的时间段】

活动的时间定在 2 月 21 日到 3 月 16 日，考虑到这么长的活动时间，活动的热度、活动的节奏就要有很好的把控，需要制作一个活动时间轴去把控每个时间段需要做什么事情。图 4-83 是万达“百万蜜疯节”的时间轴。整个活动期间有一项贯穿始终的活动，然后配上其他活动保持活动的热度。

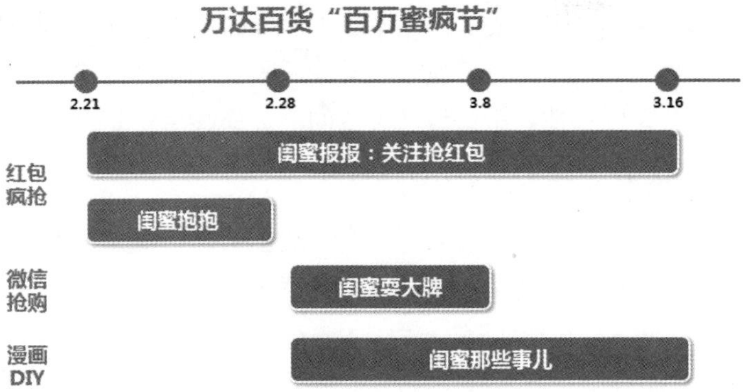

图 4-83　活动时间轴

【活动的传播策略】

传播的目的就是让更多的人知道，而让更多的人知道就需要将活动发布在人们常去的地方，包括论坛、官方微博、微信、网络新闻等。图 4-84 是万达这次活动的传播策略。考虑传播策略的时候，还要考虑传播的成本，比如自己的官方微博、微信发布或转发都是不需要钱的，但一些 KOL 的有偿发布则价格不菲；还有网络软文新闻一般也都是软文形式，大部分是有偿的。

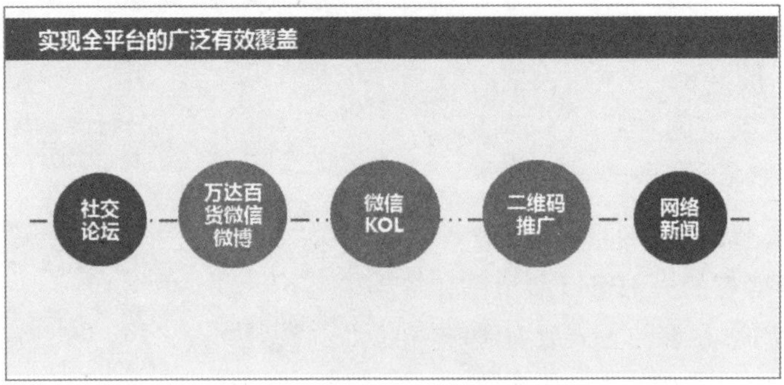

图 4-84　传播策略

说明：KOL，英文全称是 Key Opinion Leader，直译过来就是关键意见领袖。微信 KOL 就是指在微信上有话语权的那些人，或拥有百万粉丝的那些人，与微博上的大 V 类似。比如罗辑思维的罗振宇、吴晓波频道的吴晓波，都是微信中的 KOL。

【活动的目的】

一个活动的好与坏是如何区分的呢？这个最关键的是要看活动的目的是否达成，在活动策划期，就要想好活动的目的，如到底增粉多少才算成功？营业额有多少才算完成？图 4-85 是万达这次活动定的整体 KPI。

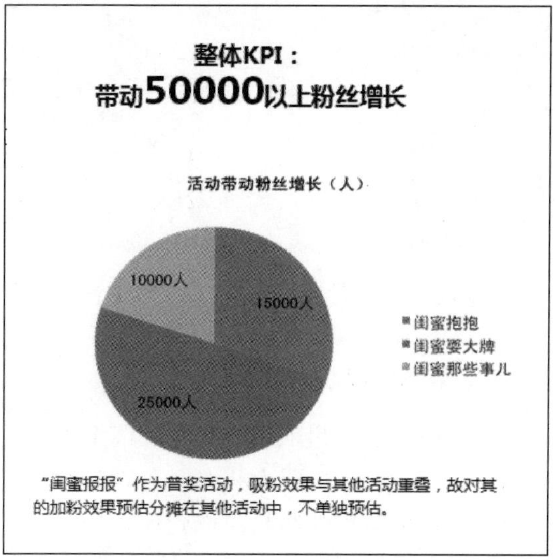

图 4-85 活动的目的

【活动的执行】

万达设计了四个主题活动，每一个活动是否成功都可能会影响到下一个活动，所以有创意虽然很重要，但执行得是否好也很关键。

（1）主题活动一：闺蜜报报

这个主题活动的目的是预热，让更多的人参与进来才能有更大的传播影响力。在执行上就是关注官方“万达百货”微信号，关注后自动推送一条活动信息，然后介绍如何拿红包，如何参与抽奖。这次活动的执行操作如图 4-86 所示，界面设计如图 4-87 所示。

- 网友首次关注后，收到一条自动推送信息：
- 自动回复内容：你好，欢迎关注万达百货，2月28日—3月24日，万达百货闺蜜月将倾情启动！
- **回复【红包】参与拍大奖活动，即有机会获取红包大礼**
- **回复【抱抱】参与“闺蜜抱抱”活动，赢取男神导购和更多惊喜**
- **回复【踩一下】参加“万人踩价一元购钻”活动**
- **回复【那些事儿】制作你自己的“闺蜜那些事儿”**
- **回复【闺蜜月】了解更多闺蜜月活动详情**

图 4-86 【主题活动一】执行操作

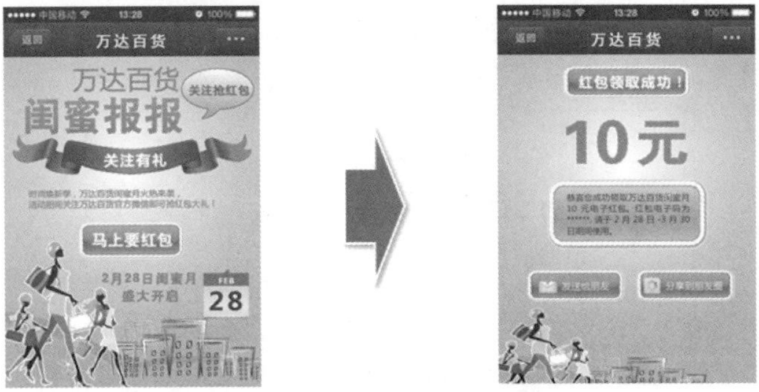

图 4-87 【主题活动一】界面设计

（2）主题活动二：闺蜜抱抱

这个主题的目的是带动闺蜜一起来购物，增加线下人流。来购物者就要发给一些本地活动优惠券。万达设计了四大礼券，分别为帅哥陪购券、电影券、美食券、欢唱券。如获取帅哥陪购卷奖品，你到现场后，会有活动的帅哥陪你购物。本活动主题的界面设计如图 4-88 所示。

选择闺蜜海报 **分享到朋友圈**

图 4-88 【主题活动二】界面设计

（3）主题活动三：闺蜜耍大牌

这个主题的目的是借助粉丝微信圈子营销，通过粉丝的转发参与，为闺蜜月聚集人气，带动线下人流，同时对合作品牌进行推广传播。因为要对合作品牌（万达百货入驻品牌）进行推广，就要有与合作品牌一起进行的活动，图 4-89 是活动品牌的参与形式。图 4-90 是【主题活动三】界面设计。最终你获取了兑换码要到线下万达广场来兑换，达到为线下引流的目的。

活动合作	活动形式	活动办法
联合周大福和周生生，针对此次活动开发定制款吊坠，原价1999元,5枚。活动为期一周。	订购人数每达百人降价10元，一千人降价100元，直至降至最低价1元。3.8当天进入抢购项，限时一天，抢完为止。	抢购成功后，微信推送电子码，粉丝凭电子码到当地万达百货兑换。

图 4-89　活动品牌的参与形式

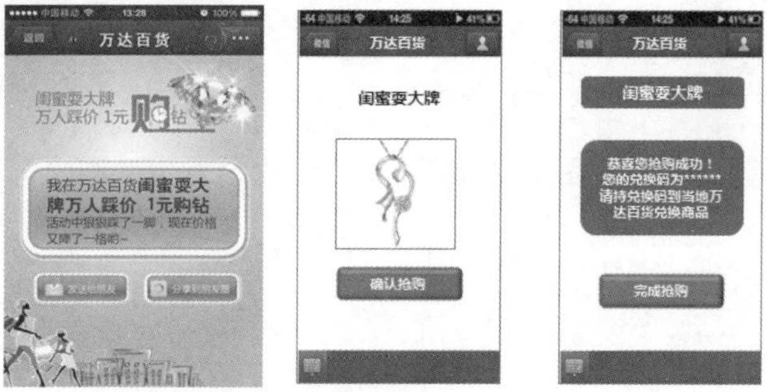

分享到朋友圈　　抢购产品　　获取兑换码

图 4-90　【主题活动三】界面设计

（4）主题活动四：闺蜜那些事儿

闺蜜月启动后，制作漫画生成器，请粉丝自己配台词制作漫画。设计完成的漫画要方便转发到朋友圈，而且要趣味性强，促进传播，如图 4-91 所示。

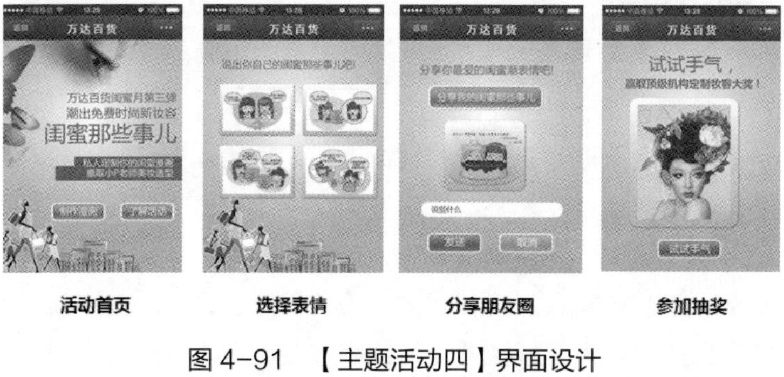

活动首页　　选择表情　　分享朋友圈　　参加抽奖

图 4-91　【主题活动四】界面设计

（5）传播、内容

在活动期间，使用万达百货总部微信作为主活动平台，协调各门店及员工微信、微博进行辅助的传播推广。万达百货总部微信作为总活动平台，通过外接服务程序形式实现所有的功能。

要传播就要有好的内容。万达还策划了四大内容板块在微信微博传播，如图 4-92 所示。在传播的同时，要充分考虑各种亮点的推送、病毒话题的策划，还要发布一些主题海报。

图 4-92　内容主题

【总结】

每次执行完活动后，负责活动的小组都应该写一份活动报告，如粉丝活动的目的是否达成，什么时候粉丝增量最多，有哪些失败的地方值得下次注意，又有哪些成功的地方值得借鉴。本书主要从营销角度来看这个问题，万达的这次活动，强调线上的全网推广，各种类型活动策划，目的是吸引客户到店消费，同时增加微信的粉丝数量。

3. 大悦城的活动案例分析

万达和大悦城绝对是当今国内商业地产界最为响亮的品牌，前面介绍了万达，这里我们再说一下大悦城。

作为当前一二线城市时尚青年的根据地，大悦城以独树一帜的时尚个性获得了大批粉丝。从产品角度来看，大悦城的定位非常清晰，其主旨是打造“国际化青年城市综合体”，其定位是时尚、流行、性感、潮流等多重年轻风格，目标人群是 18~35 岁的年轻人群体。大悦城曾提到：“商业地产商有一些是做地产，有的是做渠道，大悦城做的是人流和客流。客流量一直是我们关注的重点之一，更确切地说是有效的客流量，即我们目标客群的客流量。所以大悦城不是单纯做一个商业地产的项目，更多的是经营年轻人客流。”

正因为大悦城的定位非常清晰，所以大悦城的主题活动非常多，利用这种活动营销迎合了年轻人时尚、潮流的品位。如当年变形金刚4热播的时候，大悦城举办变形金刚展晒照片主题活动，利用照片分享活动，赢取限量版变形金刚好礼，吸引了很多年轻父母和小孩的参与。

前面我们从一个具体的活动分析了万达百货的案例，读者可以学习如何利用活动获取更多的粉丝。一旦拥有了更多的粉丝后，我们就要举办更多的活动保持粉丝的黏性，而且活动还必须与热点结合，搭上时事热点的顺风车。

我们以变形金刚的热映为例，看看上海某个大悦城是如何做的。

【活动一】微信变形金刚晒照片活动

在微信官方服务号发布晒照片活动，如图4-93所示。活动不能是简单的分享，还要有一些趣味玩法。分享和自己心爱的变形金刚玩具的合影，并@大悦城上海微博，有机会收获变形金刚马年铂金版擎天柱玩具。促进粉丝的分享，让更多人知道这个活动。

图4-93 晒照片活动

【活动二】微信扫码看变形金刚展

变形金刚里有很多角色（如擎天柱、红蜘蛛），每个角色有不同的定位。如果不是变形金刚迷，可能不知道这些角色到底是干嘛的。趁着变形金刚4的热映，大悦城也用展览+二维码的形式宣传了这些角色，如图4-94所示。扫描这些带特定参数的二维码，就会显示对应角色的介绍。特展期间，大悦城消费不仅有满额赠礼、电影票、现金券、变形金刚玩具、变形枕等好礼大放送；另有消费集点，可兑换领袖级擎天柱！联合线下其他活动，促进粉丝消费。

本次扫码展，共计 1500 人次参与，新增 2110 粉丝。

图 4-94　扫描带参数的二维码

【活动三】微信换变形金刚壁纸

趁变形金刚热映的时机，给自己的手机来一套变形金刚壁纸，会不会觉得很时髦？大悦城同期举办了微信换壁纸的活动，如图 4-95 所示。只要在微信中回复“壁纸”、“壁纸 1”等就会获取一张图片，我们将图片设计成自己的桌面就可以了，如图 4-95 右侧所示。本次微信换变形金刚独家壁纸，每周会更换 3 种模板，共计上万人次下载。

图 4-95　微信换变形金刚壁纸

【活动四】微信变形金刚拼图

不仅玩游戏，还能获赠变形金刚模型，如图 4-96 所示。为了让更多的人参与，游戏设计了初级、中级、高级的不同难度，小孩、女生、老人也都可以玩。微信换变形金刚拼图活动上线 1 周共计 4513 人次参与。游戏中设计了排行榜，可以让粉丝拉更多的朋友参与进来。

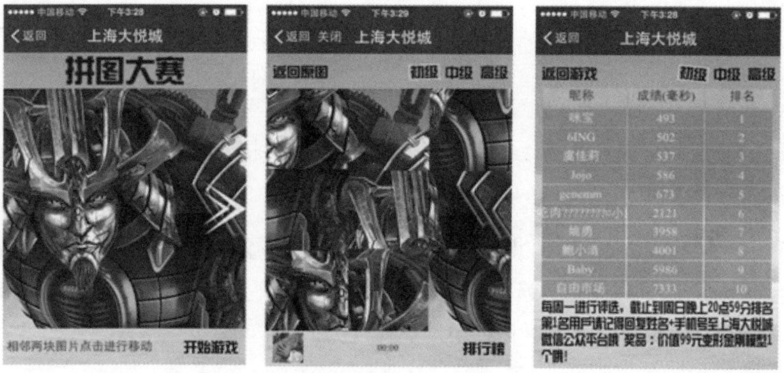

图 4-96　微信变形金刚拼图

从以上几个活动我们可以看出，大悦城围绕社会上的一个热点，举办了多个主题活动，而且设计了不同的参与场景，有的活动适合带小孩的年轻父母，有的适合情侣，有的适合有个性的时尚青年。

不管是举办什么样的主题活动，都离不开强大的客流和完善的推广运营策略。大悦城有两大线上推广策略和四大 O2O 战略，正是这些运营策略相辅相成，才促成了一个主题活动的参与和传播。

【两大线上推广策略】

（1）首先建立广泛的线上平台，完善基本配置。建立 APP 端、微信端、微博端、官网等渠道及电子会员卡功能，完成平台的全覆盖。目前的线上平台资源成果是：大悦城打通了整个会员的平台，仅北京朝阳大悦城就有 84 万人的会员，有 200 万微博和微信粉丝。

（2）精准营销。大悦城启动了名为“购物篮计划”的精准营销，将会员分为 21 个层级，为每一个层级推送完全不同但与之相应的信息。通过“综合云数据中心”为客户提供更加精准的个性化营销，管理层也能及时掌握每家商户的销售业绩及市场状况。

【四大O2O战略】

（1）北京朝阳大悦城与银泰网联手合作的线下体验店。线上客流引导、线下商品体验，线下消费下单、在线支付体验，大悦城与银泰更深层次地探索O2O商业模式。

（2）大悦城与阿里巴巴合作的同时，也在与中粮集团内部的我买网进行合作，把我买网的购物平台植入到大悦城中，通过流量导入、会员共享以及物流配送等方面资源的结合，实现合作互赢。

（3）节假日的线上战役。如2014年3月8号，北京朝阳大悦城和上海大悦城与阿里巴巴有一个线上、线下的互动，打造“手机淘宝3·8生活节”。两个大悦城将近600家商户有85%参与了移动支付。

（4）线上导流。例如，北京朝阳大悦城在商场的不同位置安装了将近200个客流监控设备，并通过Wi-Fi站点的登录情况获知客户的到店频率，通过与会员卡关联的优惠券得知哪些是受消费者欢迎的优惠产品。

4. 八宝粥的品牌推广和公关活动

前面介绍的万达和大悦城都有很多线下的资源可以使用，而如果是一个没有那么多线下资源的品牌，如何利用活动来推广自己的品牌，吸引大家的关注呢？这就需要策划一个好的线上公关活动。

品牌通过一系列线上公关活动策划，要捕捉社会热点借势营销，从而提高品牌的知名度，树立良好的品牌形象，最终达到促进销售的目的。这里的社会热点包括当下的一些火爆事件（如优衣库试衣间），还有一些流行的节日（如情人节、圣诞节）。

在策划活动前，首先要考虑品牌的诉求，活动要与品牌相得益彰，这样受众在参与活动时，才能留下深刻的印象。线上活动就像拍广告，如果受众看完了广告根本没看出来是手表还是戒指，那广告的效果就没有达到。

这里先提出一个问题：假如银鹭要推出五种口味的八宝粥，但银鹭又不想借助电视或平面媒体的广告版面，又没有万达那样的线下店，那该如何推广这种产品呢？

我们首先想到的肯定是网络，利用网络的力量和人与人之间的连接，让更多的人知道有这么一种产品。这里，我们通过一个完整的线上公关活动策划，来展示一个没有线下资源的品牌如何进行推广。

图 4-97 是本次公关活动的策划内容，本例主要介绍品牌在线推广的策划过程，不涉及具体工具、渠道的使用。

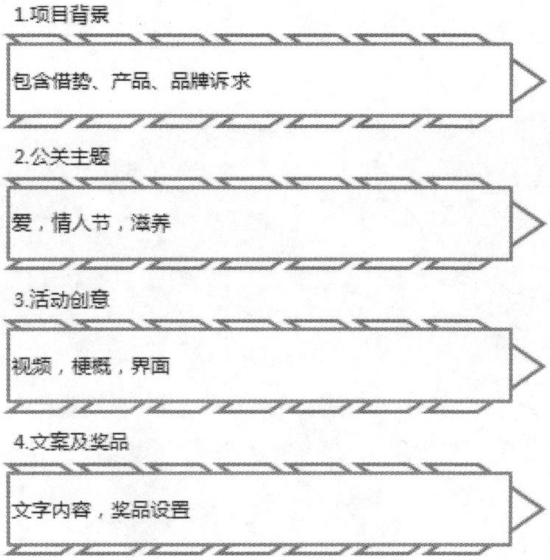

图 4-97　策划内容

1）项目背景

2016 年情人节即将到来，品牌定位群体为情侣，推出“五色滋养”的推广战略，强调“让爱香浓”的品牌诉求，体现生活中的关爱与幸福。这是借助情人节的关联推广，如图 4-98 所示。

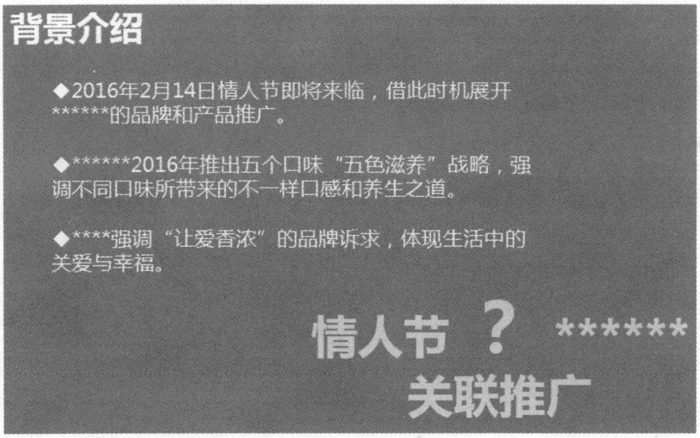

图 4-98　项目背景

2）公关主题

公关主题一定要与推广活动的契合度高，情人节与爱情有关，那我们的主题就要突出爱情，品牌的诉求也要突出“爱”。在线推广为了传播得更广，一般会设计一个口号，如“爱一世”、“让爱滋养”。这些主题可以作为微博的#话题#，也可以作为贴吧或论坛的标题。主题可以设计多个，但一定要突出“爱”，如图 4-99 所示。

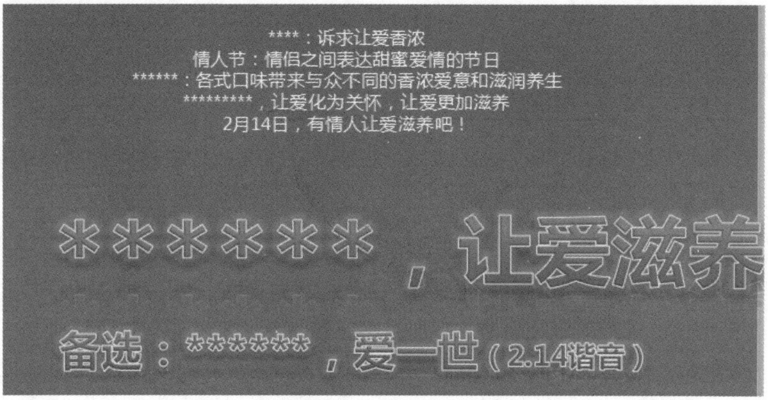

图 4-99　公关主题

3）活动创意

在信息爆炸的时代，单纯的文字很难给人留下深刻的印象，这里我们可以选用视频来进行推广。本例将通过 4 段创意视频，将******四种口味分别以“热恋”、“暗恋”、“异地恋”、“网恋”的爱情故事（图 4-100）进行推广，犹如红豆和薏米、黑米、椰奶和燕麦、莲子和玉米（产品的几种原材料）的香浓融合。视频的形式要有特色，可以用简笔画或沙画；爱情要有个主人公，可以是卡通形象，如图 4-101 所示。

图 4-100　视频爱情故事

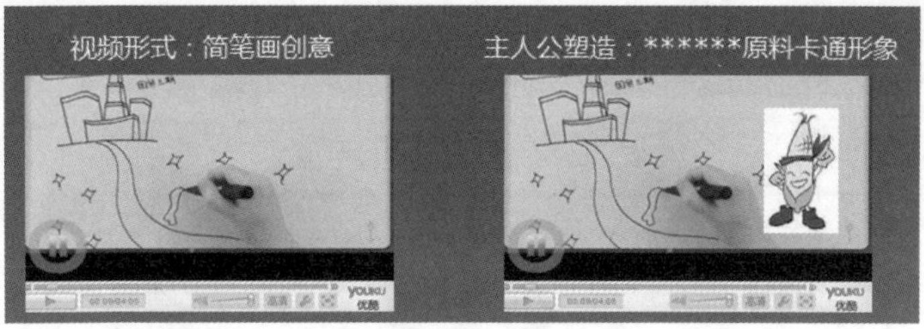

图 4-101　视频形式

故事的主题、视频的形式在这一阶段设计好后，给出故事的梗概，如图 4-102 所示。

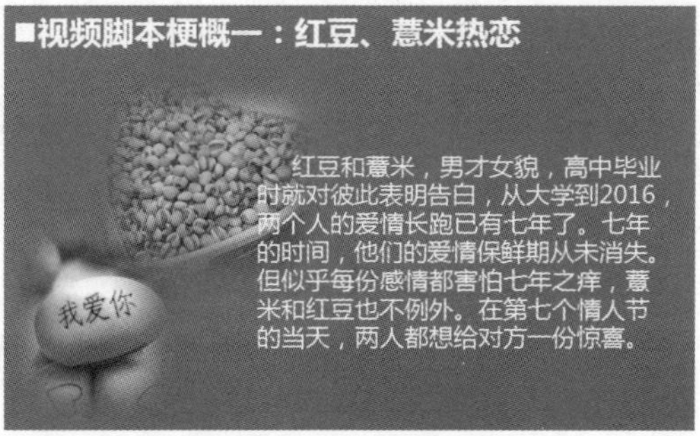

图 4-102　故事梗概

创意完成后，要设计好活动主页面，如图 4-103 所示。其他渠道的宣传是为了将所有用户导流到活动主页来。

图 4-103　活动主页面

为了让更多的在线人员参与，一定要设计好分享功能，如图 4-104 所示。不仅可以分享到目前所有流行的 SNS，还分享有礼（如图 4-105 所示），促进情侣和朋友之间分享，带动更多的粉丝参与进来。

图 4-104　分享功能

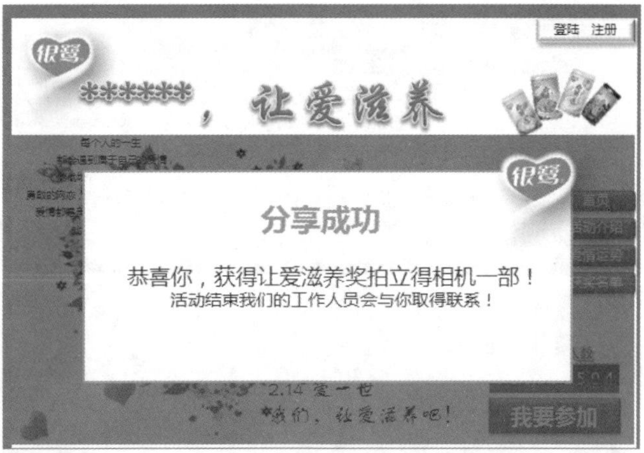

图 4-105　分享有礼

4）文案及奖品

在线策划一个活动，不能只有一个文案，尤其是五种口味的产品可能需要五个以上的文案。文案要突出爱情，又突出产品，如“你的爱情犹如创意视频里的莲子和玉米；对于网恋，你是又期待，又怕受伤害。”好的文案能促使人转发的欲望，尤其是对于爱情，人类本身就有一种冲动，谁不愿意有更好的爱情呢？本例的其中一个文案如图 4-106 所示。

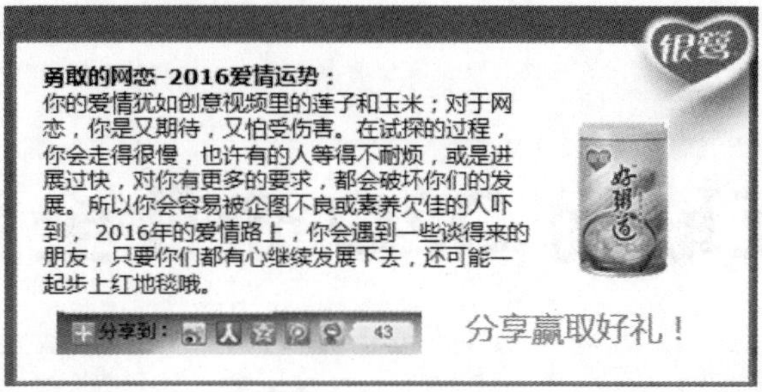

图 4-106　文案

活动的奖品设置可以是自己的产品，也可以是与活动相关的一些其他产品，如拍下爱情记忆的照相机，或用来煲爱情电话粥的电话充值卡。奖品的设计一定要能引起大众的兴趣，当然如果成本有限，可以与其他品牌合作，联合推广，如图 4-107 所示。

图 4-107　奖品展示

第五篇

移动互联网 O2O 企业全案篇

本讲主要内容：

- 罗辑思维：线下自组织设计和运营
- 大朴网：用户参与传播的商业模式重塑
- 90 号茶室：探索个人自媒体赢利模式
- 青春小酒：江小白的互联网逆袭
- 三只松鼠：客户文化战略看干果品牌
- 益涂：产品化、用户参与产品的安装

1. 罗辑思维：线下自组织设计和运营

罗辑思维是目前影响力最大的互联网知识社群，包括微信公众号、知识类脱口秀视频、会员体系、微商城、贴吧、微信群等多种流行的互动形式，主要服务于 80 后 90 后有“爱智求真”强烈需求的群体。这些群体来自不同的地方，根据地域又成立了线下组织，这些组织都是自发的，经常会举办一些线下活动。

对于企业来说，如何做社群，如何运营社群，如何让社群自组织发展，是社群经济过程中必然碰到的问题。本节就以罗辑思维为例，分析粉丝社群的运营方式。

1）罗辑思维社群的由来

2012 年 12 月 21 日，媒体人申音携手资深电视媒体人罗振宇打造了一个自媒体“罗辑思维”，以“有种、有趣、有料”的口号，“死磕自己，愉悦大家”的态度，做了一个互联网的读书求知社群。初期的罗辑思维，在接近半年的时间里都是录制以 80 后 90 后的年轻人为用户主题的内容。迅速地完成了以 80 后 90 后群体为主受众用户的粉丝社群。

然后，借助罗振宇和申音的自身媒体影响力，还有强大的搬运知识的能力，罗振宇开始了各地的社群活动和群体性演讲，在本身集结人气的影响下，迅速形成了线上品牌向线下品牌的迁移能力。

80 后 90 后人群是互联网用户的主体，以读书求知的定位出发完全符合 20～30 岁左右的年轻人在当下生活的一种生存需求，依托节目自身知识的加工能力，在传达观点和正能量上促进了社群的裂变式发展。以移动互联网新式社交为出发点，集合相同认知的人群，完成了社群经济的第一步。

企业要发展社群经济，首先要有自己的粉丝。企业要精准定位自己的用户群体，如是面向 90 后的产品还是面向年轻妈妈的产品。定位好用户后，我们要研究这些用户在互联网或移动互联网常住的场所。如年轻人喜欢去贴吧，年轻妈妈们喜欢微信朋友圈晒娃。知道自己的用户群体在哪儿，我们就要去这些地方宣传。拉来用户后，我们要想办法留住他们，就要提供一些增值型的服务。类似罗辑思维这样提供各种视频和知识的分享，企业要想办法从自身品牌出发，提供传播或分享的内容。整个社群的初期形式如图 5-1 所示。

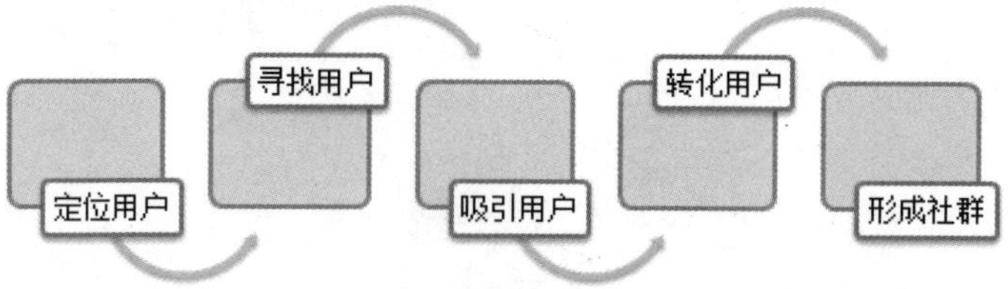

图 5-1　整个社群的初期形式

社群，是通过“萃取”、“结晶”等方式，将混乱的人群凝结成具有一致意识的稳态组织体。

2）自组织

微博上有一个自组织的例子，4 月 20 日是 EXO 成员鹿晗的生日，他的粉丝就约定让他的微博评论数定格在 420 万条整整一天。这是粉丝自发的行为，但最后真的实现了。这就是一种自组织的行为。

罗辑思维截止到目前有 502 万粉丝，但罗辑思维的公司里只有 80 几个人，用这些人来管理粉丝是不可能的。后台的数据工具也只是起到分析数据的辅助作用，靠技术无法更好地与这些粉丝互动分享。有那么多粉丝怎么办呢？有一些人就主动站出来，成立了各地的同城会，这就是自组织。

自组织就是粉丝自发组织的一种形式，前面介绍过小米的线下活动，也是自组织的形式。自组织一般以地区社群为主，能自发地举办一些读书、聚会等分享活动。

自组织的人和传统组织的人是不一样的，传统组织的人可以通过工资、企业规范来规定他的行为。自组织的人很难用规范来约束，他们是为了心中的理想自由组织、自由聚散、自由发展的寻常的组织。自组织是自觉个体，他们有共同的理想，这个理想具象化成一个价值观，一个理论体系，一个口号，因为行为规则所凝聚的。社群成员自组织的形态如图 5-2 所示。

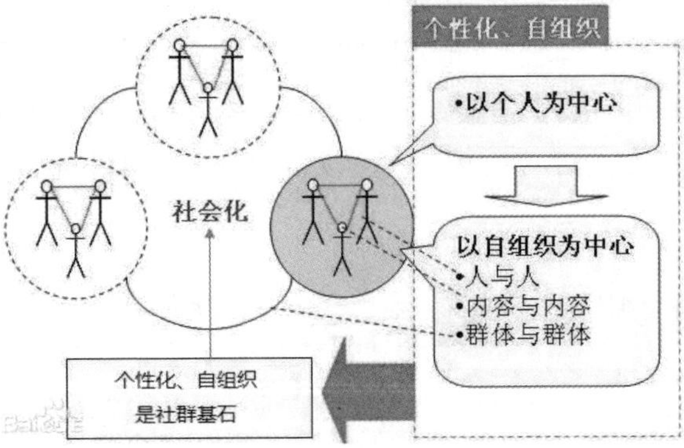

图 5-2　社群成员自组织的形态

罗辑思维发现，价值观契合的社群的自组织是惊人的。在社群发展过程中，很多原本需要外包的活都可以在社群内组织完成。譬如视频发布前发给会员挑错别字，可以省了雇校对的开支；要出书，就在群里招人帮忙画个海报，即使做得不好也没关系。

自组织强大后，可能很多行为会失控，所以社群的发展一定要有意见领袖。对于自媒体而言，意见领袖一般都是创始人，而对于企业来讲，意见领袖可以是社群的创始人（隶属于公司）或资深粉丝（对品牌极度信任的人）。不管是线上的社群还是线下的同城会，都需要有 1~3 个意见领袖来保驾护航，以免社群自组织的反噬。

自组织的目的是聚合更多有相同想法的人，并让这些人发挥更大的传播作用。所以自组织会举办一些活动，如 2015 年 6 月 6 日，罗辑思维陕西社群举行了一场线上线下结合的快闪活动，共有 18 家机构及商家参与此次活动。

3）社群的价值在于运营

有了社群后，如何让社群产生价值，则必须学会如何运营社群。还是来看罗辑思维的社群运营心法，主要有五点，如图 5-3 所示。

图 5-3　社群运营五大心法

【心法一：用死磕自己唤醒尊重】

罗辑思维死磕精神的最典型体现是每天早上六点半的 60 秒语音。很多人无法理解为何非要 60 秒，但罗振宇看来，60 秒代表一种仪式感，代表对用户的尊重，通过死磕和自虐获得用户发自内心的尊重与信任。

电视台在录制节目时，通常会有提词器，但罗辑思维决不这么做。罗振宇要完全采用纯脱口秀的方式来进行讲述，节目充满强烈的对话感，出现 BUG 就立即从头重录，每期不到一小时的节目都要花 8～10 小时才能录制完成。

【心法二：用情感共鸣黏住用户】

第一次做线下活动时，罗辑思维设置了两个特殊环节。第一个是爱的抱抱，鼓励人们表达自己的真实情感，结果演讲结束后一群年轻人冲上台去拥抱罗振宇。第二个设计是两个箱子，一个名为打赏箱，一个叫吐槽箱，如果对活动满意可以进行不限金额的打赏，如果不满意可以写下意见以助改进。

在日常的运营中，罗辑思维的创始人团队长期坚持亲自在微博、微信及客服系统中面向用户回复意见，解决客服问题，与用户进行直接互动。

“为什么我们能够感动这些用户呢？在中国有太多的年轻人活在体制里，活在组织里，他们希望享受互联网带来的自由连接，让他们可以去平等，去分享，去创造，去自由。我们帮助用户打开这样一扇窗，在我们跟用户之间建立真实的连接。”

【心法三：用人格思维凝结社群】

在互联网时代，连接的成本迅速降低，每个人都可以成为一个具有高连接力的节点，价值将越来越快地回归到个人。在很多创新领域，魅力人格都将战胜庞大的传统组织。工业社会用物来连接大家，互联网社会要用人来连接大家。创新就必须要从物化的、外在的东西，重新变回到人的层面进行思维。因此，罗辑思维一直强调 U 盘化生存，“自带信息，不带系统，随时插拔，自由协作”。未来大家可以用自己的人格、自己的禀赋，为自己创造价值，市场进入万物有灵的时代。

【心法四：用势能思维建立品牌】

罗振宇将传统的品牌建设与“势能思维”分别比喻为“塔”与“浪”。 他认为““工业社会一直在造塔。品牌就是塔，因为地基坚实，不会改变，只要有钱有时间，你就能造出塔来；移动互联网时代，我们只能造浪，因为水无常形，急剧变化，我们只能像造浪机一样，不断掀起新的浪潮。”基业长青是工业时代的妄念，移动互联网时代不会再有长久的商业势能，势能呈现出“浪”的特征。所以“势能”本质上就是被连接的可能性，“势能思维”就是造浪的能力，这种能力的养成需要跨界协作。

【心法五：用社群力量拓展边界】

罗辑思维与其他自媒体、互联网产品最大的差异在于，除了数百万用户，罗辑思维还建立了一个由数万人组成的付费会员群体。这个群体成为罗辑思维不断扩展事业边界的核心力量。而且在每年只开放一次招募会员，明确宣布罗辑思维会员群体有最终上限，绝不扩大。在每次会员招募时，罗辑思维都不承诺任何的会员物质回报权益，会员更多的是秉持“供养社群”与“价值认同”的理念来支付会员费。罗辑思维会员群体是一个以价值观为基础的创业和知识社群。

我们分析罗辑思维这五大心法，发现最重要的一点，就是要激发社群成员的兴趣，让成员觉得有价值。

4）罗辑思维的盈利模式

罗辑思维刚开始招聘会员时就提出，让社群内的人一起去赚社群外的人的钱。目前来看，这一目标虽然还没有达到，但是罗辑思维已经利用社群实现了自己的盈利。我们来看一下它的几种赢利模式。

（1）收费会员。502 万订阅用户中，有 6 万是付费会员，每个人年费是 200 元。

（2）高毛利商品的饥饿营销。主要产品有去年的月饼和一直持续礼品版的图书套装。目前以订制图书为主，预计 2015 年在卖书方面达到 1.5 亿元到 2 亿元的营业额，计划成为微信环境中最大的一家书店。

（3）企业培训。罗辑思维火了以后，罗振宇搞互联网讲座的出场费直线飙升，现在按小时算可以达到 6 位数。

【总结】社群经济的发展

未来的零售业一定是社群经济的时代，而不再只局限于广告入口，更多的是有谁愿意买你的东西，有谁愿意去主动分享你的东西，甚至把这种分享当作自己的一种“成就感”。在这样的商业形态里，商品就是一个传播体，销售过程也是一个传播体，这整个就是一个社交过程。在罗辑思维看来，品牌销售和服务的每一个环节，都应该是有趣的，让粉丝转化成销量，让整个品牌得到更好的口碑和传播。

在移动互联网时代，人们的日常消费已经不再是“专门去商场选购一件东西”，而是去吃个饭随便转转给家里人买了一堆东西，或者看到朋友分享某个东西随手买了，看到自己信任的某个达人推荐一个宝贝毫不犹豫直接入手。这些购物路径是一个“去中心化”的形态，没有任何中心点，随着人们的行为和话题不断地碎片化，不断地蔓延，从而促进不断地产生消费。每一个人、每一个品牌行为都可能带来一场未能预料的风暴，而这些个人和品牌会随之渗透到人们生活和每一个角落。

不管是品牌商还是零售商，当前最应该关注的不是我马上通过互联网成交多少订单、带来多少交易量，而是我该如何通过互联网和社区与我们的客户建立连接。只要这种连接可以建立，消费是不是在线上直接完成其实并不重要。当商家可以和消费者产生互动，一切将接踵而至。

不论在企业中，还是在一个组织中，人类究竟想要什么？其实就是两个字“连接”。从我们发明语言、电话、互联网就可以看出，这一切的尝试都基于连接的本能，就是向更广阔的世界连接。

2. 大朴网：用户参与传播的商业模式重塑

前面我们曾提到过大朴，这里我们借助详细的大朴产品和定位理念，剖析传统企业转型移动互联网的一些思路。

从传统工业思维到互联网思维到移动互联网思维，大朴一直想办法与时俱进。在传统工业时代，讲究中心化、集中化、标准化，只有这样才能规模生产，降低成本，但互联网时代，又讲究去中心、碎片化、多元化，在这种情况下，作为传统制造企业的大朴，也选择了改变，改变主要从三方面入手：

- 找到正确的用户。
- 做出令人尖叫的产品。
- 用社群将企业、用户和产品聚合到一起。

1）找到正确的用户

大朴最初定位的人群是：

- 中产阶级；
- 30～45 岁的女性；
- 事业有成或家庭经济自由的人群。

这部分人群的定位偏中高端，有消费能力，经济情况比较乐观，但最大的缺点就是没有传播习惯。大朴对此定位也进行了反思：如果目标人群不爱传播你的信息，那一定是定位出了问题。这并不是说这样一个人群没有号召力，而是你的产品、你做的事情，并没有方便于他们传播。

于是，大朴重新定位了目标群体：

- 中低端，降低价格，购买后愿意分享的人，有时间和钱能够购买，如家庭主妇。

- 愿意在微信、微博分享。

最新的定位强调移动互联网的自媒体传播，而且重新定位后，服务和传播都发生了变化：

- 通过微博、微信与用户直接交流，离用户近了。
- 用户活跃度参与度高了，互动多了。
- 用户主动晒单，推荐产品。

2）做出令人尖叫的产品

定位转变带来的不仅是营销方式的转变，大朴也将所有产品的价格下调了 15%，力求从高质平价到高质低价，打造让用户尖叫的产品。降价又产生了新的问题，降低毛利后如何赢利？

当你放弃毛利率时，规模的增加是件自然而然的事情，如图 5-4 所示。扩大规模，就得放弃毛利率；提高毛利率，就得放弃用户规模。

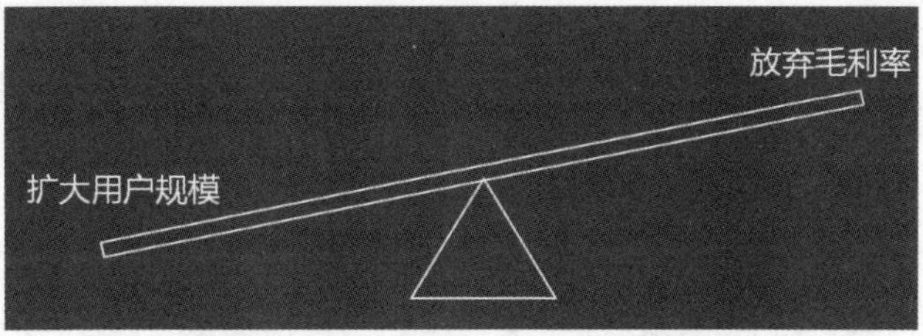

图 5-4　用户规模和毛利率的平衡

薄利多销的道理大家都懂，但为什么传统家纺企业要维持高毛利率的运营模式呢？核心原因在于传统家纺企业运营效率太低，运营成本太高，中间环节太多，必须维持高毛利率才能存活下去。毛利率就好似一个引爆点，降低后，就引爆了销量和毛利额，如图 5-5 所示。

图 5-5　降低毛利率后的连锁反应

上述连锁反应有一个很关键的前提：要有性价比足够高的产品。产品不好的话，多低的毛利率也无法引起人们的兴趣和传播。移动互联时代，产品已经不仅仅指的是一件物品，它包含了太多的内容，如服务、体验、情怀，如图 5-6 所示。锤子手机刚开始定位高企，就是主打了产品的情怀这一点。

产品=功能+服务+体验+情怀+逼格+......

图 5-6　互联网产品的定义

大朴也坚信“好的产品会说话”，所以，大朴坚持以人为本，所有功能和设计都以人的舒适、安全为出发点，始终推崇返璞归真的家居美学，回归生命最本质的需求，执著于好产品本身。

3）用社群将企业、用户和产品聚合到一起

前面讲社群的时候单独讲过大朴的例子，大朴的目的就是用社群将产品与用户聚合到一起。社交网络时代，品牌的建立与发展取决于粉丝，大朴要做一家由粉丝成就的品牌。

在大朴，粉丝的参与度非常高，如图 5-7 所示。

- 粉丝参与产品设计。
- 粉丝参与产品推广。
- 粉丝开店卖产品。

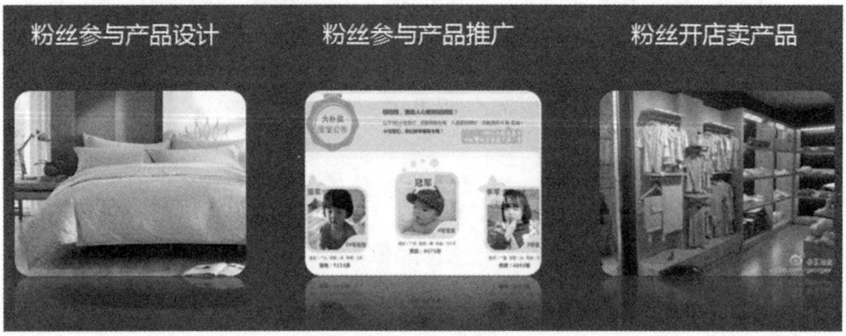

图 5-7　粉丝参与度

【总结】传统产品到互联网产品的转型

大朴的转型主要关注在四点上：

- 专注产品：有自己的大朴产品美学，推出基本款，小批量试错快速调整。

- 高质低价：先确定价格，再倒推成本，利用移动互联网降低渠道费用和营销成本。
- 极致体验：好的产品，好的服务，构成用户好的体验。
- 口碑传播：组建社群，发挥粉丝和口碑的力量。

3. 90 号茶室：探索个人自媒体赢利模式

基本上所有的自媒体的开始都是从个人影响力入手的，而且大部分自媒体也依然停留在个人运营的阶段。本节要探讨的这个案例，是一个典型的自媒体运营案例，它从博客时代一直走进了微信时代，它就是 90 号茶室，其微信公众账号如图 5-8 所示。

图 5-8　90 号茶室

1）90 号茶室的定位

90 号茶室是一个定位非常清晰的自媒体。

- 人群定位：创业家、企业家、投资人、小业主、中高级白领。
- 内容定位：分享财经资讯、投资理财、经营管理、商业模式。
- 价值定位：利用个人影响力成就圈子的影响力，资源共享。

有定位之后，90 号茶室针对人群定位，聚拢了一批粉丝，并给粉丝起了一个好玩的名字“卤粉汇”。卤粉汇是 90 号茶室系列微信公众号的读者交流组织，以企业经营者、创业者、企业管理人员、小业主、专业人士为主，实名登记，免费加入，围绕分享、人脉、商机三大主题开展交流活动。目前卤粉汇已经开展各种形式交流活动几百场，实名登记汇员几万名。

2）90 号茶室的特点

90 号茶室目前把自己定位一个平台，利用平台来为粉丝谋取资源和价值。90 号茶室平台的 8 大特点如图 5-9 所示。

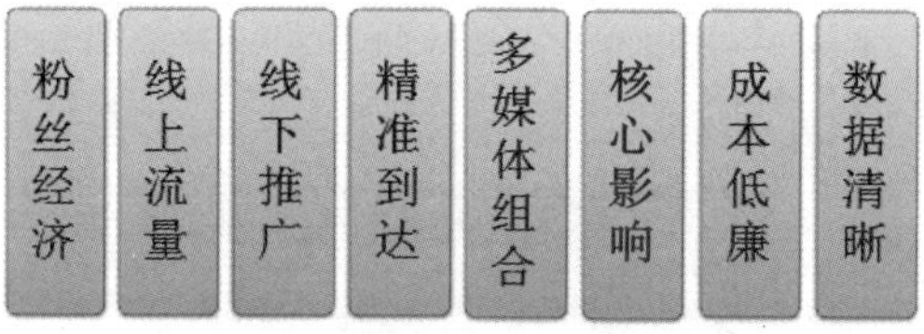

图 5-9　90 号茶室平台的 8 大特点

- 粉丝经济：平台几十万高端读者汇员粉丝覆盖全国及海外，影响力较强。
- 线上流量：以微信为主包括微博、网站、交流群等每天有数十万人次的线上流量。
- 线下推广：遍布全国各地的卤粉汇、地区商务代表、加盟店，线下互动推广威力强大。
- 精准到达，定向推送：群友、粉丝、读者一个不漏。定时、定群、定内容强制送达。
- 多媒体组合，快速阅读：文字、图片、声音多种手段组合，短小精悍，直达目标，第一眼冲击。
- 核心影响，圈层扩散：权威人物，影响力核心的平台放大作用。个→群→个→群的裂变扩散。
- 成本低廉，高效便捷：极低成本的市场推广费用，运作流程快捷方便，组织顺畅。
- 数据清晰：后台实施监控，运营一目了然。

3）90 号茶室的移动端运营

简单了解了 90 号茶室的特点后，我们看看在微信平台，他们又是如何运营的？

90 号茶室强调移动互联网的威力，主要运营模式是：微信粉丝+线下茶馆+书籍电商售卖。

微信的粉丝来自于定位准确的内容运营。90 号茶室每天清晨，从几百篇文章中精选挑选的 8 篇财经资讯、商业模式、经营管理文章进行推送。公众号每年无偿分享数万篇最前沿财经管理、商业模式、技术发展趋势等文章，无需再在数十个网站上浏览，花最少的时间来提升自己。聚集一定量的粉丝后，打造卤粉汇和各地微信群，实行实名登记，并不定期举办线下交流活动，可以在交流中挖掘高端人脉资源。这是比较典型的利用内容打造线上影响力。

90 号茶室的创始人本身就开着一个茶馆，利用线上影响力，他又发展了很多线下的茶馆作为加盟商和线下交流场地，目前在全国已经有几十个茶馆。这些线下茶馆又可以提供绿色、环保、优质的产品，以卤粉汇汇员产品为主，以信誉为担保，为汇员提供放心、质优、价廉的商品。

除了卖茶叶，90 号茶室还开通了微店，销售创始人签名的电商书籍和其他相关书籍。

【总结】好的运营要带来价值

90 号茶室通过微信粉丝+线下茶馆+书籍电商售卖这种运营模式，为平台汇员提供了价值：人脉和商机：

- 不管是找项目还是找资源，卤粉汇通过公众号、微信推送、“90 号商城”等系列平台，给汇员提供大量的商机信息。
- 不管是找市场还是找销路？卤粉汇通过“90 号商城”以及系列微信公众号为汇员企业及产品进行商业推广。

4. 青春小酒：江小白的互联网逆袭

中国是酒的故乡，可以说五千年的历史就是一部飘散着酒香的历史。大部分中国的白酒的销售都是传统渠道，白酒的消费群体也主要是在请客吃饭、商务宴请上。而现在，“江小白”从定位、人群、营销（网络和 O2O）、渠道上实现了传统行业的互联网逆袭，全部重新适应了目前的移动互联网和 80 后、90

后的习惯。

江小白是由重庆江小白酒类营销有限公司推出的青春小酒，定位时尚青春群体，富含时代感和文艺气息，根据 80 后、90 后年轻消费人群的口味需求，具有开创性、颠覆性的酒类产品。

江小白是一个比较典型的全渠道营销案例，本节我们主要从以下几个方面详细剖析“白酒”这种传统行业如何适应当下的时代变革：

- 用户群体改变；
- 定位形象包装；
- 江小白个性；
- 产品线销售渠道变革；
- 传播营销方式改变；
- 移动互联网化；
- O2O；
- 用户参与。

2013 年，国内白酒行业进入冬天，让“挣惯懒钱”的白酒企业在冷风中醒过来。就在这一年，成立不到两年的江小白逆势崛起，销售额达到 5000 万元。从成立公司到在业内打响名声——“我是江小白”——这个品牌仅用了一年的时间！在“高大上”的传统白酒品牌纷纷“冬眠”的时候，身为“屌丝”的江小白为什么能够脱颖而出，实现“逆天”发展？下面，让我们一起来看看江小白是怎样玩转白酒品牌的。

1）草根品牌，定位 80 后、90 后年轻人群

江小白的出现，源于国内白酒行业的同质化严重，营销手段千篇一律，很难做出差异化的品牌和产品。现在是文化多元的时代，白酒行业的单一诉求并不合理。而且，白酒的消费者以中老年为主，年轻人更喜欢的是啤酒、红酒或洋酒。但随着 80 后、90 后逐渐走上社会舞台的中心，江小白的创始人陶石泉意识到：白酒品牌的年轻化和时尚化是个值得尝试的方向，应该能做出个性化、差异化的产品。于是乎，定位朋友之间时尚休闲的青春小酒品牌“江小白”出现了。

2）有态度，有个性，有情绪

80 后、90 后的群体有什么特征呢？有态度，有个性，有情绪。针对这个群体的特征，江小白也努力让产品具备这些特征，在名字、包装、形象上下足了工夫，如图 5-10 所示。

图 5-10　有态度，有个性，有情绪

（1）有态度的品牌

根据 80 后、90 后这群人的思想特征，创始人提出了“我是江小白，生活很简单”的品牌理念。江小白代表着青春而简单的个性，甚至有些自嘲的屌丝文化情结，有着强烈个性表达、爱憎分明的文艺青年情结。他们希望“我是江小白，生活很简单”的生活理念成为每一个人生活的态度，成为 80 后、90 后自己的表达。

（2）容易记住的名字

“江小白”的品牌名称来源于青春影视剧的启发。许多大热的电视剧主人公都以“×小×”的公式命名，如《爱情公寓》里贱贱惹人爱的男主叫“曾小贤”，《男人帮》中那个略害羞、略文艺的主演叫“顾小白”，这种调调的名字有鲜明的 80 后、90 后印记，简单通俗又亲切，十分符合他们的目标消费者。

（3）拟人化的形象

一个长着大众脸，鼻梁上架着无镜片黑框眼镜，系着英伦风格的黑白格子围巾，身穿休闲西装的帅气小男生卡通形象，就是江小白的形象代言人，如图 5-11 所示。这样的青春文艺，完全颠覆了传统白酒以稳重、传统、历史悠久为主的形象。他时尚、青春、简单、快乐，爱护环境、不喜人情世故，有点文艺范儿，不是高富帅亦绝非纯屌丝。这些性格特质无一例外都契合了 80 后一代人的生活形态，很多人都可以在他身上找到自己的影子。

图 5-11　卡通形象江小白

（4）个性化的包装

江小白瓶子上面印着都印有短小精悍的个性化语录，令品牌包装独一无二，这些文字或感性，或幽默，不知哪句话就戳中你的笑点或泪点，令江小白赢得青睐无数。

3）简单高效，将简单做到极致

雷军做产品有个七字方针：专注、极致、快、口碑。专注和极致的核心就是小而美，江小白也努力将产品做到简单极致，这主要体现在如图 5-12 所示这四大方面。

图 5-12　小而美的江小白

（1）产品线简单

一般情况下，企业经营一个品牌会有较长的产品线，种类繁多，价格从几元到几千上万元不等，大销量都是由多个品种拼凑而成，实际的单品销量并不大。江小白只有 1 个单品，3 种容量规格，比单品销量不输给那些大型白酒企业，甚至比一些大品牌的单品卖得好。

（2）包装简单

以往的酒类包装十分复杂，走高贵、奢华、典雅路线者众多，动辄穿金戴银，至少也带个盒子，有的包装成本高达 25%～30%，这些最终都会附加到消费者头上。江小白则放弃豪华包装，采用玻璃磨砂瓶，裸瓶销售，采用“简装版”光瓶设计无外盒，磨砂瓶身，将成本控制在 10%。

（3）渠道简单

传统渠道从总代理，省级、市级、县级，层层代理，到终端，网络复杂，层层加价，层层收费。江小白只有一级渠道，稍偏远的地方有 2 级，顶多有个分销商，同时积极对电商进行探索，电商相当于直销，不仅可以让消费者更近地获得产品，也没什么费用，效率还高。因为渠道的简单高效，江小白的渠道费用可以省 15%左右，这又为消费者省掉很大一笔钱。江小白的渠道结构如图 5-13 所示。

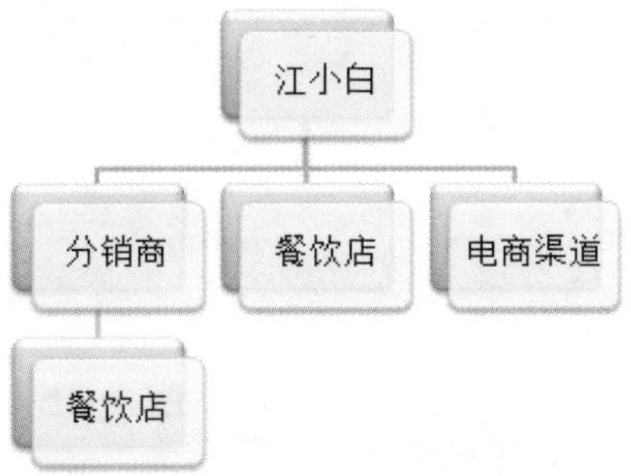

图 5-13　江小白的渠道结构

（4）传播简单

传统的酒类企业广告费用一直是很大的一个成本，电视报纸、楼宇公交等多种形式的大手笔投放，基本需要达到 20%~30%的广告费。目前江小白的广告费用不到 10%，当然这也是微博和微信的功劳，因为预算控制，除了在地铁上放点互动广告牌以外，江小白主要在微博、微信上做文章，通过它跟消费者零距离接触。

4）以社交传播为主的 O2O 营销模式

传统营销模式中，广告费、包装费及中间流通环节的层层加价，都让酒品终端价格居高不下，而江小白几乎从不在主流媒体做广告，利用得最多的是免费的社交媒体，是一个近乎完全依赖社交媒体造势出来的品牌。

江小白一开始就把互联网社区论坛、微博、微信、社群等社会化营销工具玩得很熟，采取线上线下结合的方式，称之为“O2O 营销”，如图 5-14 所示。

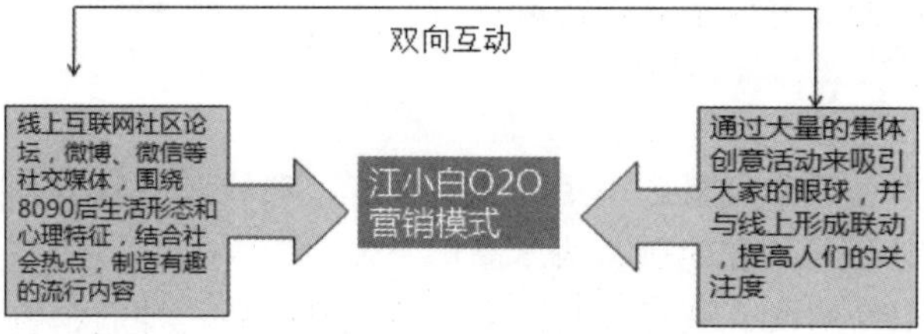

图 5-14 江小白 O2O 营销模式

江小白 O2O 营销模式采用了四大社会化营销法则，如图 5-15 所示。

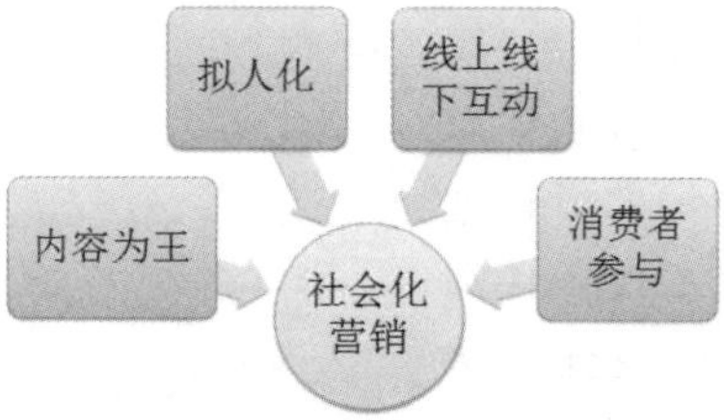

图 5-15 社会化营销法则

（1）内容为王

江小白长于文案植入，将有意思的话题与自己的产品联系在一起，发布一些年轻人喜闻乐见的幽默段子或者焦点话题。整个营销活动中，江小白语录功不可没。在线上，诙谐的标语被称为“江小白体”，产生了病毒式的传播效果，网友甚至自发组织参与“江小白体”的创作，如图 5-16 所示。

图 5-16 江小白语录

（2）拟人化

对应自己的品牌形象，将微博的运营完全拟人化，在所有的热点事件时发声，表明自己的态度。如“且行且珍惜”流行的时候，江小白的文案如图 5-17 所示。

图 5-17　拟人化文案

（3）线上线下互动

利用微博互动作为线上工具，组织线下活动，善于制造引发粉丝主动转发的传播点，与线上形成互动，以增强粉丝黏性。如图 5-18 所示是成都地铁发布的一个广告，当时跟微博也是做了一个连接互动。当网友看到这条广告语的时候，很多人会拍下来，微博分享并@他想念的那个人，给消费者制造了一个主动传播的点，引发粉丝疯狂转发。

图 5-18　线下和线上

（4）消费者参与

比如曾经发布网上的#遇见江小白#活动，粉丝在任何地方看到江小白的东西，用手机拍下来@我是江小白的微博，就可能成为中奖用户，江小白经常会给消费者一些分享参与的机会，如图 5-19 所示。类似的活动江小白常做，因为它既简单又给品牌提供了传播的点。

图 5-19　#遇见江小白#活动

【总结】传统行业如何逆袭

江小白的成功，在于突破传统行业的营销手段，重新审视行业、市场生态，从用户定位、品牌价值、用户体验、传播手段、商业模式方面创新，针对 80、90 后的特性来打造品牌：

- 简单专注，专注于特定人群和市场，把简单做到极致。
- 用户至上，一切以消费者利益为先，提供让用户尖叫的产品，鼓励消费者参与表达，以此积累用户。
- 充分利用社交化媒体社群进行传播，内容要围绕消费者生活方式，紧扣社会热点发掘传播点，让传播成为大众流行事件。

5. 三只松鼠：客户文化战略看干果品牌

安徽三只松鼠电子商务有限公司，是中国第一家定位于纯互联网食品品牌的企业，也是当前中国销售规模最大的食品电商企业，三只松鼠品牌于 2012 年 6 月 19 日上线，当年实现销售收入 3000 余万元，2013 年销售收入突破 3.26 亿元，2014 年双十一单日销售额达 1.09 亿，全年销售额破 10 亿人民币。目前三只松鼠融资 3 亿元，正在向全品类进发。

如果我们正在吃核桃的时候，核桃皮很难剥，有人递给你一把小钳子；如果我们吃榛子的时候掉了一地碎渣渣，有人递给你一个小垃圾袋；如果你开快递纸箱的时候，正想找把刀子，有人递给你一个开箱器。在这些场景下，你是否特别感谢这些小工具！这些工具就是三只松鼠的服务之一。

三只松鼠的成功得益于服务语言的网络化、年轻化，并提供超越客户期望的服务惊喜，尤其是三只松鼠的客户文化战略给了用户最优质的互联网购物体验，这种客户文化正是我们今天要讲的。

三只松鼠定位于 80、90 互联网群体中“慢食.快活”的新生活理念追随者和认同者。既然是年轻群体，三只松鼠就从语言、包装、名字上入手，打造了新时期的“客户文化”，这一点跟江小白有些相似。

（1）客户文化体验：名字

跟喜羊羊与灰太郎一样，三只松鼠也给每只松鼠都起了名字，鼠小贱、鼠小酷、鼠小美，如图 5-20 所示。

图 5-20　三只松鼠

（2）客户文化体验：带 LOGO 的外包装和袋子

三只松鼠的外包装，也使用统一带 LOGO 的箱子和袋子，如图 5-21 所示。并且还给这个包装箱起了一个名字“鼠小箱”。

图 5-21　统一外包装

（3）客户文化体验：细节就是客户价值体现

从图 5-21 的箱子包装上，我们还可以看到一个“开箱器”，如图 5-22 所示。再也不用为如何撕烂纸箱子苦恼了。

图 5-22　开箱器

（4）客户文化体验：超越客户期望赠品

360 老总周鸿祎曾经说过“超出用户预期的互联网应用才叫体验”。怎么才能超过用户预期？三只松鼠从一开始在淘宝上销售，就办到了这一点，各种赠品真是超出用户的预期，而且还实用、有趣，如图 5-23 所示。后来淘宝卖东西都会打出“买一赠三”、“买一赠七”的标语，这种形式也越来越成为标配。

图 5-23　赠品

（5）客户文化体验：语言

淘宝的语言文化已经深入人心，一个简单的“亲”拉近了客服和用户的距离。三只松鼠也在语言这一方面极力打造更好的服务，如图 5-24 所示是三只松鼠的客服在与客户打招呼。每个客服都有自己好玩的名字，如鼠小妖、鼠小心。可以看到每个客服打招呼的方式都是先从“主人”开始，这也正是三只松鼠在服务体系中打造的“主人”文化，“我们是一群松鼠，一群为主人服务的松鼠”。

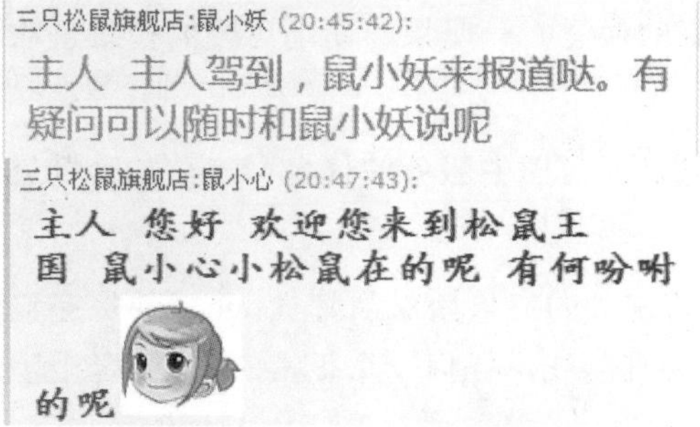

图 5-24　客服的名字和打招呼的方式

不同于传统的店家，三只松鼠在使用微博和微信的时候，也会注意语言和形象，如图 5-25 所示。

图 5-25　三只松鼠的微博和微信

【总结】客户真的是松鼠的主人

（1）“三只松鼠”品牌名称完全诠释了公司的产品、服务，并给客户最为直观的良好感受。

- 产品：松鼠的最爱——坚果，萌动可爱的松鼠喜欢挑选一个又一个质地优良的坚果。
- 服务：松鼠是大自然中服务的代名词，总是勤勤恳恳地劳作，服务好家人。

（2）设计出超萌统一的三只松鼠品牌 Logo，并贯穿整个产品系列，直击 80、90 后网购一族心理防线，任何一个正常的人类都会因为松鼠可爱而喜欢。

（3）从品牌店铺装修到产品包装设计，从快递外箱到微小开箱器 Logo，从防潮纸袋的双层包装到纸袋夹子，从瓜壳回收袋到擦手湿巾的准备……每一个微小的细节无不体现折射出企业超强的客户体验意识。

（4）主人文化极度体验——通过天猫店铺的运营，与客户的沟通过程中，你能时刻感受到在线的那头就是一直勤勤恳恳的小松鼠，正在利索努力地为你服务，或许是陪你笑，或许陪你说话，几位客服的说话方式虽然不相同，但是只要你想，他就会竭尽全力服务好主人。

在移动互联网时代，三只松鼠正在考虑通过独特的文化理念吸引已经成为其客户的消费者，并将这些已经存在的客户群体打造成自己的核心粉丝群！

6. 益涂：产品化、用户参与产品的安装

益涂是什么？我们先来看图 5-26，可能很多人只听说过立邦、多乐士，其实益涂也是涂料产品应用领域中的佼佼者。

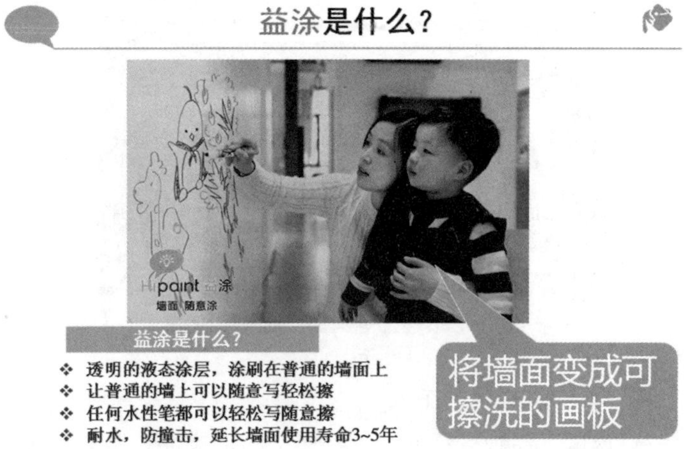

图 5-26 益涂

益涂是真正的传统企业，甚至连互联网的边都还没摸到，就进入移动互联网时代了。益涂作为传统产业，最难的就是太专业了，又没法标准化，而且一般只有在装修的时候我们才会想到涂料，平时谁会没事买涂料玩呢？

益涂找到了涂料产业转型难的三个主要原因。

- 涂料是专业产品：专业性造成了信息不透明，降低了互联网化的转换率。
- 涂料是装修时才用的：特定场景使用的观念，限制了产品的大流通，降低了互联网化的曝光率。
- 涂料是需要专人施工的：涂料产品无法顺利互联网化最致命的缺点——需要服务。有服务就意味着加入了人的不确定性，降低了产品标准化。专人服务的加入，使得使用涂料更麻烦了。增加了消费者的选择成本，让消费者做决定更困难了。

针对以上三大转型难点，益涂提出了“不是涂料是玩具”的新型互联网玩法，如图 5-27 所示。

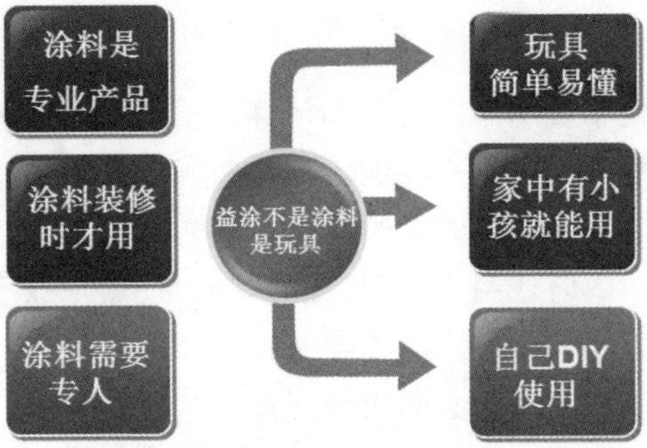

图 5-27　益涂重定义

面对三大难题，益涂提出了三种对应的方案，来打破大家对涂料的传统观念。

- 玩具，简单易懂：产品的互联网化很重要的就是让产品标准化。
- 家中有小孩就能用：玩具的定义针对所有有孩子的家庭，给孩子一个创意园地，任意写任意画不受局限。
- 自己 DIY 使用：去除服务的 DIY 套装，使得产品可以标准化在网上售卖。DIY 礼盒套装包括益涂透明涂层，施工的滚筒工具，儿童绘画笔和绘画模板。

除了将产品重新定义之外，益涂又积极进行渠道的转型，利用互联网进行营销和推广：

- 以玩具的品类进驻各众筹平台，获得首批种子用户。
- 线上各大内容网站、视频网站推广，真正无死角。
- 全网企业信息网站实名注册，方便用户搜索。
- 微信、微博定时内容更新，紧跟时事，展现品牌力量。

在产品服务方面，益涂也尽力做到：

- 细致耐心的客服，随问随答。
- 优质高效的售后，放心购物。

通过这些新型的推广方式和完善的售后服务，益涂也完成了互联网时代的转变。

【总结】

传统企业的转型非常困难，还是那句话，不转型是等死，所以大部分企业都在尝试转型。转型不仅仅是产品的转型，实际上还有最重要的一点就是观念上的转型。影响传统企业转型成功的三点如图 5-28 所示。观念、产品、渠道其实都与企业主有关，如何让用户获取好的体验，使用户获取产品更方便是我们一直思考改进的。另外了解用户就需要有种子用户或社群，而社群的建立和发展又给这些转型提供了成功的必要市场反馈要素。

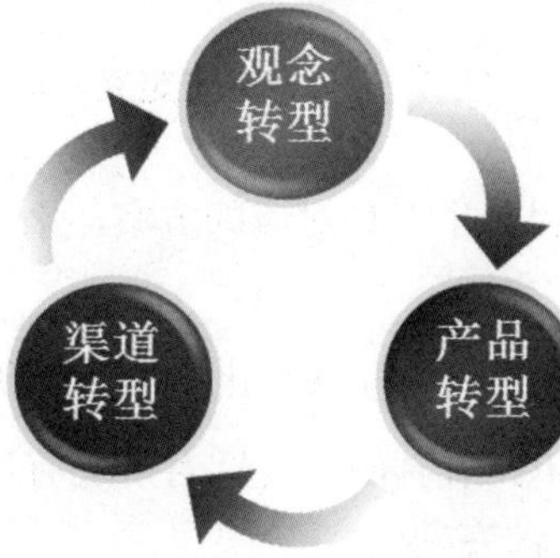

图 5-28　转型必需

第六篇

移动互联网 O2O 运营思维篇

本讲主要内容：

- 大数据思维在营销里面的应用
- 什么是场景思维及传统企业应用
- 未来生活中大数据和 O2O 展望

1. 大数据思维在营销中的应用

数据，简单来说，其实是描述一个用户的信息。例如，你知道一个用户的电话，你就可以打电话问他是否需要某种产品；你知道一个人喜欢喝酒，你可以送酒给他当礼物。这是一个连接的社会，人与人之间，就是通过各种信息流连接起来的。

大数据的提出，一是说明网络上的数据越来越多，二是如何掌握庞大的数据信息为我所用变得越来越重要，也就是说利用大数据实现企业的增值。大数据分析的案例，除了我们耳熟能详的婴儿尿布和啤酒案例，最典型的是林彪元帅在辽沈战役，根据每天缴获的战利品的不同，据传刚好那天林彪元帅发现缴获的手枪和小型汽车比往常多，判断出了敌人的司令部所在地，抓取到国民党将领廖耀湘的故事。我们通过这个故事来分析下如何利用大数据，如图 6-1 所示。

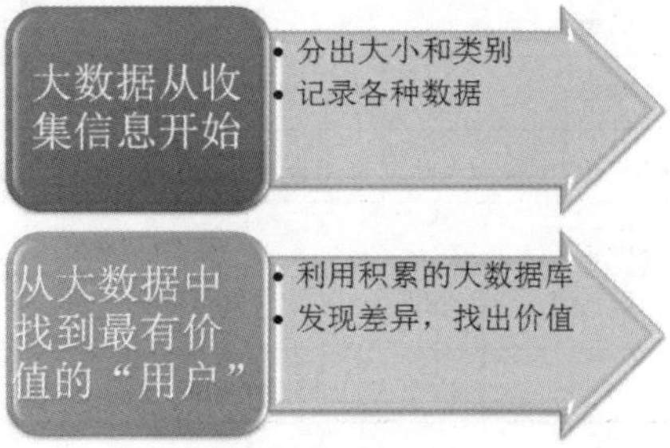

图 6-1　利用大数据

从图中可以看出，使用大数据我们完成了两部分工作。

（1）大数据的收集

（2）大数据的分析

最早的门户网站时期，我们只需要浏览页面的内容，一般不会有什么个人信息残留在网络上，所以那会儿的数据没有这么海量，我们也基本不会收集什么用户数据。随着电子商务的发展，数据更加完善，大数据在会员营销里面的应用更加广泛。这时候我们成了很多网站的会员，也就是网站开始利用会员系统来收集我们的数据了。

我们看看合生元的数据库给会员营销带来的业务变化，它推出了妈妈 100 平台，用来进行会员统一管理，如图 6-2 所示。前面我们曾经介绍过，利用这个会员系统，可以实现好的服务和二次销售的转化。

妈妈100平台：刚开始“妈妈100”只是个积分兑换工具：买六盒益生菌产品可以免费获赠一盒。现在大数据营销平台会提醒店员编号为X1的会员已经试吃三天，应做效果回访；编号为X2的会员产品只剩一天的食用量，请提醒购买。妈妈100发现经常购买400元或以上价位产品的客户不在乎价格促销信息，更偏向服务类信息，比如免费的妈妈课堂或是特别的活动安排。而购买200元左右价位产品的客户们往往对促销活动更有兴趣。

图 6-2　妈妈 100 平台数据应用

以上只算会员营销的范畴，大数据在商业里面的应用，需要利用到外部数据对本身的会员数据进行补充，根据补充后的数据，判断会员的特征属性，有针对性地进行营销。举个例子，比如当当网原来记录的主要是会员购买书的记录，如表 6.1 所示。

表 6.1　会员购买记录表

会员信息：

会员编号	会员名字	手机号	邮箱	性别	地址	出生日期
HY20120*******600	张守辉	139***35*	shzhang@*****.com	男	上海	1973-*-*

购买记录：

交易编号	会员编号	类别	名称	时间	金额
JY***1	HY20120*******600	管理书	品牌建设	201*-*-*	40

通过这些记录我们获取的信息很少，没有办法判断会员的身份，用户的画像也很模糊。但大数据公司可以借助互联网把会员脸谱更加地清晰化，比如我

们拿以上邮箱和手机在网络上面搜索，获取以下信息：

邮箱：shzhang@*****.com
邮箱类型：企业邮箱（邮箱后缀访问判断）
在前程无忧上，6月份，发布过招聘广告
2年前在某房产中介网站注册，发布信息，销售静安区1套大于100平方的房子信息
手机号码：139***35*
3年前，在多个化工类网络平台上，有注册发布产品销售信息25条
1年前曾经在一个二手汽车网站，发布过卖二手车的信息
在邮箱结尾的网站的联系方式里面有此手机号

根据以上信息和系统设置的数据匹配规则结合，我们可以初步判定，此人为 40 岁男性，是一个企业主，化工行业，公司规模不大，有一定的经济实力。可以根据这些信息，在会员营销中，推送汽车用品、中高档服饰、企业管理书籍等与其基本信息相关的产品。而这种精准的推送，是数据分析的结果，有数据又有分析，才最终实现了新时代的精准营销。

2. 什么是场景思维及传统企业应用

场景这个词可能会让人觉得很高大上，前面我们介绍新 4C 模式的时候，其中也包括场景这一项。其实场景我们可以理解为背景、环境，他们是同一个英文单词。

比如同样是推广微信支付，地推人员在以老年人为主的小区推广就会碰到很多问题：没有网银、手机不支持、不会用必须得培训。但以在年轻人为主的小区推广就方便得多，这些问题都不存在。这就存在一个“场景”的问题。场景除了与地理位置相关，也与时间相关。比如上班时间在马路上发小广告比下班时间发出去的少，中国人太忙了，上班怕迟到！

场景思维是一种思维方式，这种方式要求企业家要想象生活中的消费场景，然后设计产品和场景对应，比如买东西免费停车。

图 6-3 是一家生鲜网站的晚餐产品的场景思维模式图。客户白天在单位上班，中午定下晚饭的菜品包，选择时间 6:30 送到家；客户 5:30 下班，6:10 到家，接到菜品后开始做饭，7 点前其他家人到家，开始吃饭。这个产品刚好就满足了这部分人群的需求，而且送上门的时间和他们到家吃饭的时间和场景很匹配。希望我们营销和设计产品的时候，和我们目标客户的动作时间场景能够

对应，更好地满足客户需求，很好地销售我们的产品。

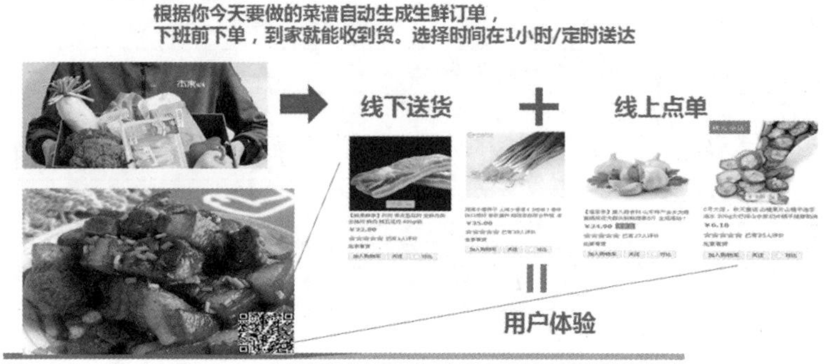

图 6-3　场景思维案例

什么是“场景化”？

举例来说，朋友聚会，大家在挑去哪里吃饭这个场景中，自然而然地想查询下附近有哪些餐厅，哪些餐厅好吃且实惠，最好的办法当然就是去网上搜一搜。因此，“大众点评”这个应用就能契合这个需求，吃饭前挑馆子，这就是一个“场景化”，由此也能产生出一个需求——“去哪儿吃”。所有能充分发掘用户这个需求的如“大众点评”类的产品，都得研究这类场景下，用户有什么习惯、想法、需求，以及如何更方便、更低成本地满足他们的这个需求，才能更好地赢得用户。

还是拿“大众点评”来说，就同样满足用户挑馆子这个需求而言，它需要用户“下载→安装→打开→搜索→比较→决定→预订→下载优惠券”，但在这个场景下，如果“微信”能够更方便地满足用户这个场景下的应用，比如，我只需要摇一摇，附近的餐厅就出来，那我就可以省掉“下载→安装→打开→搜索”这四个步骤，直接进行下面的环节（如图 6-4 所示）。显然，在这个场景下，“微信”比“大众点评”要方便很多，毫无疑问，微信就能获得更多用户的青睐与选择。所以，“场景化设计”如何更方便、更低成本地满足用户需求，常常是产品经理皓首穷经的必争之地。

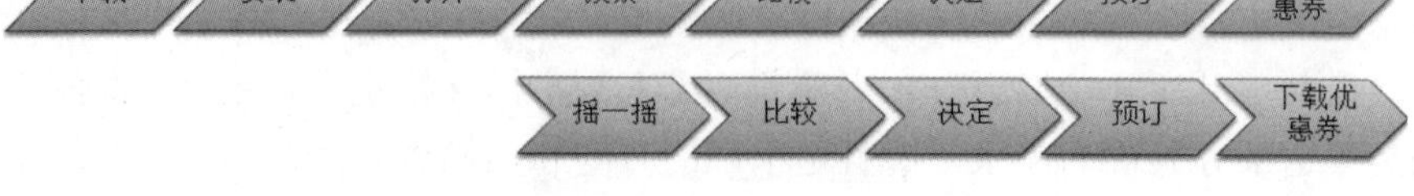

图 6-4　场景过程比较

上面举的例子比较正面，再来看一个反面的例子。

有一个生鲜产品的公司，在策划一个情人节活动时，针对年轻人在情人节希望浪漫、有新意、有“心”意这样的诉求。运营团队策划了几个有鱼有虾有肉蛮不错的“半成品净菜”套餐，四菜一汤，包括饭后水果，只要 69 元。

我们来分析一下。

【人群诉求满足】

年轻的情侣往年情人节习惯在外吃大餐，已经没什么新意，而买半成品净菜，回家做饭，只要 20 分钟搞定四菜一汤，让情侣们既有自己 DIY 动手的新意，也反映了“男生”（情人节其实 95%以上都是男生买礼物安排场景让女生浪漫）擅长居家过日子，对女生的这个节日很用“心”——人家都去餐厅过节，咱们自己动手 DIY 做烛光晚餐，过只有两个人世界的情人节之夜，并且，整个 DIY 只需花 20 分钟，给年轻人进入浪漫正题的甜蜜省下了大量的时间。还有一点加分的是，会过日子的男生，也容易获得丈母娘的青睐。所以，目标客户诉求的满足，基本完美。

【产品定位和定价】

一如既往地走全网最低价路线，有鱼有虾有肉的四菜一汤“半成品净菜”，外加美国进口红提，只要 69 元。这么便宜，一定符合年轻男生喜欢买便宜的网购心理吧。这样的产品和定价，按照以往团队运营电商的经验，加上足够引流的投放，成为爆款，基本是板上钉钉的事。

【结果】

但操作的结果是，这样的套餐，最后的销量很惨淡。

【复盘】

事后复盘，公司对几十个顾客进行深度访谈，最后得出的结论是——在情人节这样的消费场景下，即使收入一般的男生，对价格的敏感度也会较平时低很多。如果平时情侣一顿晚餐的消费是 200 元左右，情人节他们的晚餐消费愿意支出的费用是 300~500 元，因为在“情人节”的场景下，男生花钱太少，很容易被女生取笑或作为事后吵架说男生不够爱她的把柄。在家 DIY 的“净菜”，显然应该将客单价定在 300~500 元左右。由此，再去匹配食材，就不是简单的鱼、虾、肉，而是应该有澳洲龙虾、帝王蟹等更高大上食材的四菜一汤，然后再把这类食材应该定价的价格拉到全网最低，就会好卖得多。

【总结】

对于我们做营销做O2O的人，能站在客户的角度思考是基本功，如果能把客户当时的行为和环境考虑进去，变成本节说的场景思维，我们策划事件做决策就更切合客户实际，更容易成功。

3. 未来生活中大数据和O2O展望

在未来，O2O已经没有了明确的定义，因为生活已经基本没有了线上线下之分，而且一部手机全部搞定，也没有移动互联网之说，一切已经潜移默化到了我们生活中的细枝末节中。大数据已经无处不在，我们走过的路、说过的话、买过的东西、看过的风景，已经被人（技术）实时掌握。这些技术可以分析我们留下的所有数据，能精准地推算出我们需要什么，会做什么，会买什么，会什么时间去买，以及如何购买！！

这里我们通过两个案例来简单设想一下未来！

【买咖啡的案例】

一个周末的早晨，老兵斗牛士正在散步，突然想要喝一杯星巴克的拿铁咖啡，然后拿起手机说了一句话。过了15分钟后，一个星巴克的小伙就将热腾腾的咖啡送到了他手中。这背后的O2O商业逻辑是当老兵在向手机讲话的同时，他的地理位置信息一起授权推送给了星巴克，星巴克根据他的区域位置选择离他最近的门店为他提供配送服务，整个支付环节甚至都不需要输入密码，因为语音识别发现他就是老兵，当配送员的距离离他一米之内时，系统默认已经成交，直接付款，并取消位置的授权，防止星巴克的后续跟踪，保障他的隐私。

【家中定制的案例】

早晨散步后，老兵刚好想起之前在尚品宅配旗舰店预约定制了一套卧室家具套餐，今天想去看看方案设计得怎样。马上掏出手机进入手机淘宝，通过高德地图的LBS功能，查找到离他家附近500米以内有一家尚品宅配门店，于是他通过手机预约了对方设计师，到了店面后，设计师给他呈现的方案是欧式风格，非常符合他的个性化要求，原因是他们有他以前购买客厅家具的数据，根据他以往喜欢的风格进行了智能匹配。到了支付环节，老兵掏出支付宝钱包扫了一下店面提供的二维码，几秒即完成了整个支付，同时老兵之前在其天猫旗舰店有领取过一张线上线下通用的优惠券，在支付时也一同被核销。